아이의 마음을 사로잡는
성공적인 부모 코칭

아이의 마음을 사로잡는

성공적인 부모코칭

그레고리 블랜드 지음 ●
이소희·도미향·김응자 옮김 ●
한국코칭학회 ●

북허브

그레그는 다시 한 번 사회의 간절한 부름에 응해 주었습니다. 명성과 실력이 검증된 기독교 리더십 코칭 전문가인 그레그는 우리 사회에서 가장 중요한 문제, 즉 좋은 부모가 되는 법을 이 책에서 다루었습니다. 이 책의 기본 전제는 '아이의 마음을 사로잡는 성공적인 부모 코칭'이라는 제목에 명시되어 있습니다. 부모는 현대 사회에 만연한 유혹과 압박을 이겨 내고 아이의 정서에 긍정적인 영향을 줄 수 있도록 최대한 노력해야 합니다. 부모의 가르침이 중요하다는 것은 성경에도 강조되어 있습니다.

"지혜가 네 마음에 들어가니 지식이 네 영혼을 즐겁게 할 것이요" -『잠언』 2:10(NIV)

이 책에는 주제와 관련된 뜻깊은 이야기, 지혜로운 성경 말씀, 관계 개선에 유익한 제안, 동기가 샘솟는 과제 등 귀중한 내용이 가득합니다. 책의 글귀 하나하나가 부모로서 아이의 마음을 사로잡고 바람직한 영향을 미치는 데 많은 도움을 줄 것입니다. 이 책을 읽는 내내 독자들은 「시편」 37장 31절의 말씀, "그 마음에는 하나님의 법이 있으니 그 걸음에는 헛됨이 없으리로다"를 실천할 수 있습니다. 자녀의 마음과 부모의 마음이 하나가 되길, 부모가 자녀의 마음속 깊이 단단한 주춧돌이 되길 기원합니다! 보람찬 여정을 경험해 보시기 바랍니다.

－캐나다 오순절 성회 지방 감리사 겸 담임목사 더글러스 무어

그레그와 린, 그리고 이 부부의 아이들과 가까이 지내면서 항상 성공적인 부모 코칭의 원칙을 적용하는 모습을 곁에서 지켜보았습니다. 사소한 일상부터 가족이 함께 결정을 내려야 하는 중대한 사안에 이르기까지 그레그의 가족은 성공적인 부모 코칭을 기반으로 가족 간의 건전한 역동성을 잃지 않았습니다. 실생활에 그대로 반영되는 실용적인 부모 코칭의 핵심은 건전한 가족 관계에 대한 그레그의 두터운 믿음에 바탕을 두고 있습니다. 자녀와 밀접한 관계를 유지하고 싶은 모든 부모에게 이 책을 권합니다. 이 책은 아동이나 10대 청소년이 책임감을 가진 성인으로 성장하는 과정에서 하나님 속에서 자녀를 성장시키고자 하는 부모에게 특히 큰 도움이 될 것입니다.

－유치부·중고등부 목사 새러베스 스트래스디

그레그의 놀라운 통찰력 덕분에 한 가지 깨달은 사실이 있습니다. 가끔 아이가 부모로부터 벗어나고자 한다면 이는 아이가 부모로부터 벗어나려는 것이 아니라 부모의 독단적인 양육 방식에서 벗어나려 한다는 것입니다. 부모 역할을 하는 데 이와 같은 인식의 전환은 매우

중요합니다. 그레그의 실용적인 조언을 실천한다면 부모는 자녀와 진실한 관계를 맺고 소통할 수 있습니다. 관계를 되살리고 굳건히 해 줄 성경의 가르침을 밑바탕으로 한 이 책은 자녀의 나이에 상관없이 모든 부모가 꼭 읽어야 할 필독서입니다.

-7세, 12세 자녀를 둔 얼레어 부부

이 책은 자녀가 특별한 소명과 재능을 발견하도록 도우려는 부모에게 매우 유용합니다. 자녀가 몇 살이든 진정으로 변화가 시작되어야 하는, 바로 아이의 마음에서부터 우러나는 변화를 북돋고 키워 나갈 수 있도록 도와줄 것입니다. 이 책을 통해 하나님이 우리 아이들과 항상 함께하시며, 아이들이 의미와 목적 있는 삶을 발견할 수 있도록 부모가 하나님 곁에서 돕는 귀한 기회를 부여해 주셨음을 생각하게 됩니다.

-애틀랜타 침례교 총회 목사이며 4세, 10세 자녀를 둔 미첼 폴리

부모들은 이 책을 읽으면서 감탄을 금치 못할 것입니다. 나는 아이들이 어렸을 때 이 책을 접할 수 있었더라면 정말 좋았겠다고 생각했습니다. 훌쩍 자란 두 아들의 엄마로서 사회복지와 심리학을 전공한 나는 우리 부모 세대와는 아주 다른 양육 방식을 실천했습니다. 하지만 아이들을 키울 때 그레그의 코칭 모델에서 제시하는 간단명료한 지침을 알았더라면 분명히 많은 도움을 받았을 것입니다. 성공적인 부모 코칭을 실천하려는 가정에는 이 책이 아주 유용할 것입니다.

-성인이 된 두 자녀를 둔 린 퀸

이 책의 출간 과정에 참여할 수 있게 되어 정말 영광입니다. 이 책의 기본 개념을 읽고 또 읽으면서 10대 자녀를 대하는 자세 그리고 자녀와의 교감 및 반응 방식에 대한 인식의 변화를 스스로 경험하고 있습니다. 이 책은 자녀의 인생을 바꿀 만한 중대한 결정을 내릴 때나 심각한 대화를 할 때 든든한 기반이 되는 하나님의 선물입니다. 질문을 할 때 응원의 메시지를 잊지 않고 함께 표현하는 방식이 제 딸이 건전한 선택과 행동을 통해 올바른 방향으로 나아갈 수 있도록 하는 데 얼마나 결정적인 역할을 하는지 항상 느끼고 있습니다. 성공적인 부모 코칭을 실천하는 것은 결코 쉽지 않지만 단연코 가장 효과적인 방법이라고 생각합니다.

-10대 청소년과 성인 자녀를 둔 코니 드라모란디에르

코칭을 통한 성공적인 부모 코칭에 함께하신 것을 환영합니다.

처음에 선물로 다가온 아이가 어느 순간부터 힘들고, 지치고, 미운 존재로 변하기 시작하는 것을 느끼는 부모도 있을 것입니다. 아이를 양육하는 것은 그리 호락호락한 일이 아닙니다. 내 뜻대로 되지 않는 아이와 함께 소통하고 꿈을 나누며, 아이가 부모를 통해 행복을 느끼고 자신의 자긍감과 잠재력을 발휘한다면 얼마나 멋진 일일까요?

그러기 위해서는 아이의 마음을 사로잡아야 합니다. 이 책은 아이의 감성을 이해하고 함께 나아감으로써 성공적인 부모가 되는 방법을 제시하고 있습니다. 특히 하나님의 사랑 안에서 우리에게로 온 아이는 칼릴 지브란의 시처럼 당신의 아이가 아닙니다. 아이는 자기 자신이 되고자 하는 열망을 가진 인생의 아들과 딸입니다. 이 책에서는 이러한 점을 인식하면서 코칭 대화 모델을 통한 경험과 코칭 방법을 소개합니다. 이 책은 코칭을 처음 접하는 독자, 코칭 전문가가 되고자 하는 독자, 자녀 양육에 어려움을 겪거나 자녀를 성공적으로 키우려는 독자에게 도움을 주기 위한 것입니다.

코칭은 모든 아이에게 무한한 잠재력과 가능성이 있고 스스로 해답을 찾아갈 수 있으며, 다만 그렇게 하기 위해 부모가 파트너로서의 역할을 해야 한다는 기본 철학을 가지고 있습니다. 그리고 아이의 목표와 동기를 도우려는 마음, 그리고 중립 언어, 긍정적 패러다임에 의한 긍정 언어의 사용으로 아이와 부모 간에 신뢰를 구축하는 것은 성공적인 부모 코칭을 위한 환경이라고 할 수 있습니다.

부모는 이러한 관점에서 아이를 바라보면서 몇 가지 기술을 갖추어야 합니다. 그중 코칭의 꽃은 강력한 질문입니다. 나는 어떤 부모인가? 아이는 어디로 나아가고 있는가? 아이가 진정으로 바라는 것은 무엇인가? 이와 같은 질문을 끊임없이 해야 하고, 아이를 온전히 받아들이는 아이의 존재에 관한 인정이 필요합니다.

한국코칭학회는 그동안 전문 코치 양성을 위해 노력해왔는데, 이 책을 통해 부모 코치가 더 많이 양성되기를 바랍니다. 이 책을 읽는 독자가 아이의 마음을 사로잡는 성공적인 부모 코치가 되기를 기대합니다.

우리의 중심에 서 계신 주님께 이 책의 번역 및 출판에 대한 깊은 감사와 영광을 드립니다. 그리고 지난한 번역 과정을 기다리고 지원해 주신 북허브 박찬후 사장님께 감사드립니다. 마지막으로 이 멋진 책을 번역할 수 있도록 늘 우리를 지지하고 격려해 주는 코칭 고객이자 우리의 코치인 아이들과 가족에게 고마움을 전합니다.

2018년 3월의 어느 멋진 날에
성공적인 부모 코칭을 위한 마스터 코치 저자 일동

나는 자녀 양육은 고사하고 결혼이라는 생각만으로도 두려웠습니다. 어머니의 정성 어린 보살핌과 사랑을 받으며 자랐지만 남성적인 면이 부족했기에 남편이나 아버지가 된 나 자신을 상상할 수 없었습니다. 열아홉 살이 되던 해에 주님에게 헌신하기로 결심한 후에야 나는 내 성장 배경이 약점이 아니라는 것을 깨닫게 되었습니다. 나에게는 누구나 바라는 가장 위대한 부모님이신 그분, 바로 하나님이 계셨습니다.

성경을 공부하면서 하나님께서 그분의 자녀인 우리와 어떻게 소통하시는지 되새겨 보았습니다. 하나님과 함께하는 시간이 쌓여 감에 따라 자녀에게 스스로 선택할 권리를 주는 부모가 된다는 것이 어떤 의미인지 이해하게 되었습니다. 놀라운 사랑과 이해심을 바탕으로 직접 경험하고 아픔을 겪으며 책임감을 스스로 키워 갈 수 있도록 허락하려는 의지가 있어야 합니다. 하나님의 지혜를 배울수록 결혼에 대한 헌신은 물론이고 좋은 남편과 부모가 될 수 있다는 자신감도 생겼습니다.

나는 하나님의 도움으로 생겨난 이 자신감을 바탕으로 용기 내어 린에게 청혼을 했습니다. 17년간의 결혼 생활 동안 멋진 세 아이인 케이틀린, 한나, 조슈아와 함께 성공적인 부모 코칭의 기틀을 마련했습니다. 앞으로 독자들이 체험하게 될 코칭 원칙은 내 아이들이 아주 어린 시절부터 실천한 사례를 통해서도 그 효과가 입증된 것입니다. 그동안 꾸준히 다양한 의견을 제시해 준 토니와 여러 차례 논의를 거쳐 정립한 코칭 모델을 이제 완성된 모습으로 독자들과 공유할 수 있어서 매우 기쁩니다.

우리 가족이 거쳐 온 여정을 독자들이 읽고 직접 적용해 보기 바라며 하나님 안에서 성공적인 부모 코칭이 되기를 기원합니다.

우리 가족에게 전환점이 된 것은 새 교회로 옮겨 가는 문제를 가족이 함께 결정하기로 한 바로 그 순간입니다. 우리가 몸담게 될 교회는 아이들이 중심이 되어야 한다고 하나님께서 우리 부부에게 말씀해 주셨기 때문에, 우리 부부의 성향과는 무관하게 아이들에게 적합한 교회를 찾아야 했습니다. 큰 모험이었지만 아이들의 성장이 우선이었기에, 하나님께서 우리 가족 모두에게 어디로 가야 할지 말씀해 주시리라 믿기로 했습니다.

"여러 교회를 가 보고 그때마다 기도를 하면 하나님께서 우리에게 어느 곳이 가장 적당한지 말씀해 주실 거야. 더 궁금한 건 없니?"

자기 표현이 확실한 열 살 먹은 큰딸이 질문을 쏟아 냈습니다.

"어디로 갈 건데요? 어느 교회가 좋은지 우리가 어떻게 알아요? 우리는 거기서 뭘 하게 되나요?"

차근차근 설명하는 동안 여덟 살배기 아들은 똘똘한 표정으로 조용히 앉아 한 마디도 놓치지 않으려는 듯 열심히 듣고 있었습니다. 아들이 아무 질문도 하지 않았기 때문에 그날 저녁 그 녀석이 무슨 생각을 했는지 도통 알 수가 없었습니다.

최종적으로 우리는 두 교회로 선택의 폭을 좁혔습니다. 한 곳은 건전한 모임과 훌륭한 리더십을 기반으로 탄탄한 청소년 프로그램을 운영하고, 예배 시간에는 아이들이 직접 그 의미를 체험할 수 있도록 설교가 끝날 때까지 예배당에 머무르게 하는 교회였습니다. 다른 교회에서는 어른들이 예배하는 동안 아이들에게 사탕과 음료수를 제공하고 인형극과 비디오를 보여 주었습니다.

그때부터 나는 나름 통찰력을 갖고 마련한 내 계획에 대해 불안해지기 시작했습니다. 아이들이 하나님의 음성에 귀를 기울일까? 그저 사탕을 먹고 영화를 볼 수 있는 곳을 택하면 어쩌나? 우리 부부는 첫 번째 교회로 거의 마음을 굳혔지만 아이들과 의견이 다르면 어떻게 해야 할까? 그리고 아이들이 하나님의 음성을 못 들었다고 해도 하나님께서 여전히 말씀하고 계시다는 얘기를 어떻게 해 주어야 할지 많은 고민에 휩싸였습니다.

후보 교회에 두 번째로 다녀오는 길에 우리는 차 안에서 다시 한 번 가족회의를 열었습니다. 우선 나는 큰딸에게 어떤 느낌을 받았는지 물어보았습니다. 아이는 첫 번째 교회의 '영적인 분위기'가 더 나았다며 그 교회로 가야 된다고 생각한다고 말했습니다. 원래 말이 없는 여덟 살배기 아들도 사탕은 좋지만 그 교회에서는 아무것도 배우지 못하기 때문에 우리 가족이 하나님에 대해 더 배울 수 있는 곳으로 가야 할 것 같다고 했습니다. 아내와 나는 하나님께서 아이들과 진정으로 소통해 주셔서 우리 가족 모두가 한마음이 될 수 있어 뛸 듯이 기뻤습니다.

이 일을 계기로 중대한 결정을 내려야 할 일에 대해 모두 함께 하나님의 말씀에 귀를 기울이는 것이 우리 가족에게는 당연한 절차가 되었습니다. 그로부터 7년 뒤, 아이들이 아직 고등학교를 마치지 않았지만 아내와 나는 우리 가족이 다시 움직여야 할 때라는 생각이 들었습니다. 이런 생각에 대해 여느 때처럼 아이들과 상의했는데, 이미 하나님께서 아이들에게 말씀을 전하신 상태였습니다. 아이들은 학교 공부와 친구 등 모든 것을 흔쾌히 내려놓고 먼 타지로 떠날 준비가 되어 있었습니다. 우리 가족의 다음 행선지는 딸아이의 마음이 향한 곳이었습니다. 하나님께서 아이들을 통해 전하신 말씀에 귀를 기울이지 않았다면 내 인생의 소명을 다할 수 있는 이곳으로 올 생각은 꿈에도 하지 못했을 것입니다.

나는 이 책이 출간되기를 수년간 고대하면서 그레그에게 책 집필을 재촉했습니다. 양육에 코칭을 적용하면 세상을 변화시킬 수많은 아들과 딸을 양성할 수 있다고 믿었기 때문입니다. 우리는 갓난아기를 돌보는 일이나 멘토로서 어린아이들을 지도하는 데에는 자신이 있습니다. 하지만 대부분의 부모는 10대 자녀를 어떻게 대해야 할지 알 수 없는 난처한 상황에 자주 처하게 됩니다. 부모들은 아이가 성인이 되어 스스로 자립할 준비를 갖추도록 해 주어야 한다는 사실을 잘 알고 있습니다. 하지만 우리가 알고 있는 양육 방법을 아무리 찾아봐도 알맞은 해결책이 보이지 않습니다. 이 빈자리를 채우고 아이들의 진정한 성장을 돕는 방법이 바로 코칭입니다. 아이가 스스로 책임감을 갖도록 하는 효율적인 방법(아이가 책임감을 배우는 유일한 방법)이면서도 부모로서 아이에게 계속 영향력을 끼칠 수 있기 때문입니다.

10대 아이들 중 다수가 자신의 마음에 귀를 기울이고, 믿어 주고, 신뢰하는 부모를 필요로 합니다. 이 책을 통해 그런 부모가 될 수 있습니다. 많은 부모는 자녀가 점점 더 멀어진다는 생각에 괴로워하면서도 그 벌어진 틈새를 어떻게 메워야 할지 알지 못합니다. 이 책은 아이가 바라는 방식으로 부모의 사랑을 전하면서도 아이의 책임감을 더 강화할 수 있는 방법을 알려 줍니다. 부모가 자녀와 진정으로 독립적인 관계를 형성하고자 할 때 성공적인 부모 코칭보다 더 나은 방법은 없다고 생각합니다.

그레그는 우리 가족이 실천에 옮기는 데 시행착오를 겪었던 것에 비해 코칭에 대한 이해가 깊을 뿐 아니라, 내가 성취한 코칭의 범위도 훌쩍 뛰어넘었습니다. 수년간 그레그에게 코칭을 전수해 온 나는 이런 성과가 그레그의 인생에서 우러난 결과라는 것을 확신했습니다. 그레그 가족이 밟아 온 믿음의 여정과 그레그 부부가 그러한 여정을 통해 아이들이 스스로 성장해 갈 수 있도록 배려하는 모습은 감동적이었습니다.

이 책은 누구나 부모 코칭을 할 수 있도록 단순한 코칭 모델을 통해 일상 대화에 코칭이 어떻게 적용되는지를 잘 보여 줍니다. 모든 연령대의 자녀에게 효과가 있지만, 우리처럼 아이가 어릴 때부터 시작하면 더욱 적용하기가 좋습니다.

여기서 제안하는 개념은 매우 간단하지만 양육 방식을 바꾸기가 쉽지만은 않습니다. 아주 기본적인 단계인 열린 질문 하기 단계에서도 지금까지 고수해 온 대화 방식을 바꾸는 노력이 필요합니다. 아이의 바람을 존중하고 진심을 듣기 위해 노력하는 동안 부모 자신이 버려야 할 오점을 발견하게 될 수도 있습니다.

몹시 고단한 과정이지만 그 보상은 이루 말할 수 없을 정도입니다. 아이가 존중과 신뢰를 받고 있다고 느낄 수 있는 관계를 형성할 때 적용했던 방식을 그대로 이용하면 배우자, 친구, 동료, 나아가 모든 사람에게 동일한 효과를 기대할 수 있습니다.

기본적으로 코칭은 우리가 상대방을 신뢰하고 있다는 의사를 훈련된 방식으로 전달하는 것입니다. 이는 곧 하나님께서 당신이 사랑하는 이들과 이미 함께하시며 하나님의 말씀을 전하시고 영향을 주신다는 것에 대한 굳은 믿음으로부터 비롯됩니다. 나는 내 아이들이 하나님의 음성을 들을 수 있다고 믿었습니다. 아이들은 그 믿음에 부응했고 아이들의 능력은 결국 내 인생에 큰 영향을 주었습니다. 아이들을 믿고 책임감을 공유하는 과정에서 아이들은 그저 어린아이에 그치지 않고 동료가 되었습니다. 우리 가족은 이런 아름다운 관계를 평생 누릴 것입니다.

코칭을 양육 영역에 접목함으로써 예수님의 교회가 세상을 이끄는 빛이 될 수 있다고 믿습니다. 우리는 모두가 믿고 의지하는 부모 코칭의 모범이 될 수 있습니다. 우리 아이들은 고등학교에 들어간 다음에도 부모와 함께하는 시간을 좋아하고 건전한 사고와 정서적 안정을 바탕으로 가족 간에 서로 의지하는 존재로 성장할 것입니다. 이 꿈을 실현하는 데 이 책이 큰 도움이 되리라 믿습니다.

마스터 코치 트레이너,『Leadership Coaching』과『Coaching Questions』의 저자
토니 스톨츠퍼스

Contents

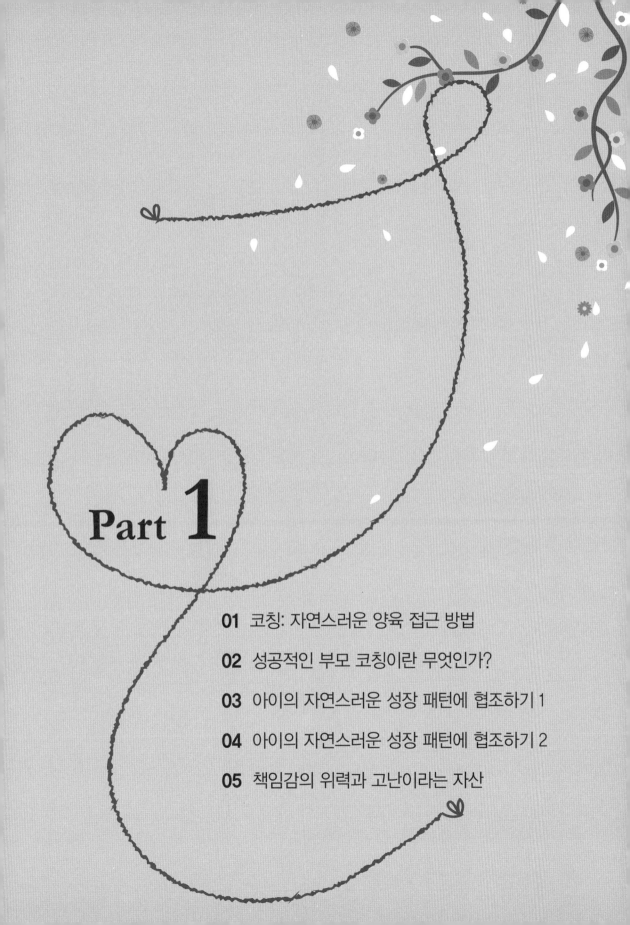

Part 1

01

코칭: 자연스러운
양육 접근 방법

"아이와 친해지는 것은 당신이 생각하는 것만큼 어렵고 복잡한 일이 아니다."

싱크대의 설거지통에 물이 가득 찼다. 나는 김이 서린 창으로 건너편 마당에 눈이 살포시 내려앉는 것을 바라보며 서 있었다.

"케이틀린, 준비되었니? 오늘 저녁은 우리가 설거지할 차례야!"

나는 행주를 집으며 케이틀린을 불렀다. 케이틀린은 곧장 달려와 내 옆에 섰고, 우리는 저녁 식사 때 썼던 그릇을 씻고 말리고 정리하는 고귀한 임무를 시작했다.

아이와 친해지는 것은 당신이 생각하는 것만큼 어렵고 복잡한 일이 아니다. 간단하게 아이가 가장 흥미로워하는 지점에서 아이를 만나는 것이 친밀해지는 데 가장 쉽고 효과적이며 강력한 방법이다.

한 예로 평범한 일상이 마음을 연결해 주는 특별한 순간으로 바뀐, 나와 열 살 난 딸의 코칭 대화를 읽어 보길 바란다. 다음 코칭 대화에서 아래 사항을 주의 깊게 살펴본다.

- 나와 딸 사이의 진정한 연결을 가능하게 하는 열린 대화를 만들어 낸 것은 무엇인가?
- 대화 중에 일어난 중요한 변화는 무엇인가?
- 코칭 대화에서 나타난 새로운 패턴은 무엇인가?

일상적인 활동에서 기억할 만한 순간으로의 변화

저녁 식사 후 싱크대에서 그릇 씻는 소리가 나는 것은 일상적인 집안일이 이뤄지고 있다는 것을 의미한다. 오늘 저녁 케이틀린의 중요하고 강력한 질문에 이 소리가 잠시 멈췄고, 그 순간 나의 관점이 극적으로 바뀌었다.

코칭 대화	관찰
"아빠, 아빠는 어렸을 때 삶에서 무엇을 바라셨어요?" 이 질문에 나는 즐겁게 놀라면서 아이의 눈을 바라보고 분명하게 말했다. "아주 좋은 질문이구나, 얘야. 너는 어렸을 때의 나보다 더 유리하게 시작하는 거란다." "어떤 면에서요?" "우선 나는 자랄 때 아버지 없이 어머니하고만 살았지. 너처럼 하나님이 삶의 한 부분이었던 것도 아니고 교회 식구들도 없었단다. 그때 나는 삶에 중요한 의미나 목적 같은 건 없다고 생각했어. 그 순간 이후의 삶에 대해서는 생각조차 하지 않았지. 당시에 나는 그 순간의 나 자신만을 위한 삶을 살았단다. 내가 원하고 열망하는 것이 좋고 옳	내가 어렸을 때 삶에서 바랐던 것에 대한 케이틀린의 관심의 지점에서 케이틀린을 만남으로써 나와 케이틀린이 연결된다. 이 대화가 계속되면서 나는 그 순간에 케이틀린과 연결될 뿐 아니라 나 또한 케이틀린에게 그런 질문을 할 수 있다. 이 대화를 통해 나는 관계에서 솔직함을 만드는 중요한 특성인 투명성을 보여 주는 모델이 된다. **대화의 패턴**: 친밀해지기, 질문하기, 경청하

은 것이었어. 그런 것들을 좋아야 한다고 생각했으니까."

"그게 뭐였는데요, 아빠?"

"친구들이 아주 중요했지. 그리고 그들에게 받아들여지고 인정받는 것이 굉장히 중요했어. 10대 시절을 뒤돌아보니 내가 다른 아이들에게 아주 좋은 친구는 아니었던 것 같구나. 그보다도 내게 더욱 중요했던 것이 하나 더 있었지. 아주 강한 직업의식."

"강한 직업의식이 뭐예요?"

"그건 내가 아주 열심히 일하는 사람이었다는 뜻이야."

"아, 알겠어요."

"강한 직업의식으로 나는 어린 나이에 일을 구해 계속할 수 있었고 돈의 달콤함을 알게 되었지. 돈은 내가 전에 느낄 수 없었던 안전함과 자유를 누리게 해 줬지. 나는 나만의 것을 아주 많이 샀고 그걸 꽤 자랑스러워했어. 열다섯 살 때 처음 차를 샀고, 열여섯 살이 되었을 때 면허를 땄지. 열여섯 살 때는 오토바이도 샀단다. 그리고 어머니가 끝내 허락해 주시지 않았지만 아주 비싼 것을 하나 샀어."

"그게 뭔데요?"

"또 다른 차 카마로 Z28. 사실 그 차를 사기 전에 어머니에게 사도 되는지 여쭤봤어. 어머니와 함께 살고 있었기 때문에 예의를 표하고 싶은 마음이 있었거든. 그런데 어머니는 내가 그 차를 사는 걸 탐탁지 않아 하셨고, 그 차를 어머니의 주차장에 주차하는 게 싫다고 하셨어. 어머니가 안 된다고 하셨기 때문이 아니라 허락 여부에 관계없이 내가 그 차를 샀다는 것 때문에 어머니와 나의 관계는 상처를 입었단다. 너도 알다시피 지금은 사이가 좋지만 한동안 우리의 관계는 아주 힘들었지. 게다가 그 차를 사는 바람에 나는 빚이 생겼어. 그 빚을 갚기 위해 나는 열심히 일을 할 수밖에 없었는데, 그건 학교생활을 하는 10대로서는 힘든 일이었지. 그런데 내가 10대 때 저지른 최악의 선택은 그게 아니란다."

기, 확실히 이해하기 위해 명료화하기

케이틀린의 질문은 어릴 적 내 삶에 대한 호기심에서 불거졌다는 것을 주목하라. 케이틀린은 "무엇처럼요?", "그게 뭔데요?", "좀 더 자세히 얘기해 주세요." 등 간단한 질문을 통해 더 자세한 정보를 끌어냈다.

"그래요?"

"응. 최악의 선택은 지금의 너보다 한두 살 더 많았을 때 알코올 중독에 빠지게 되었다는 거야. 나는 마음속으로 '이건 내 인생이고, 내 몸이고, 내 선택이야. 내가 하는 일에 누구도 참견할 수 없어!'라고 생각했지. 나는 내 선택이 주변 사람들에게 미칠 영향을 생각하지 못했단다."

케이틀린은 접시를 하나하나 천천히 닦고 조심스럽게 찬장에 정리해 넣으며 흥미롭게 들었다. 케이틀린은 잠시 멈추고 돌아서서 미소를 일그러뜨리며 실망스러우면서도 흥미롭다는 듯이 나를 보았다. 나는 궁금해서 물었다.

"지금 무슨 생각을 하고 있니?"

아이는 당황해하며 나를 보고 웅얼웅얼 대답했다.

"그러니까 아빠가 이기적이었다고 말씀하시는 거예요?"

나는 아이가 무슨 생각을 하는지 확신하고 크게 웃으면서 대답했다.

"네, 그렇습니다, 아가씨. 핵심만 간추리자면 내 말이 바로 그거야. 그게 모두 나였어."

아이는 소리 내어 웃으며 말했다.

"더 얘기해 주세요, 아빠."

"좋아. 나는 이게 이 얘기의 끝이 아니라는 걸 감사해. 너도 알겠지만 내가 열여덟 살 때 내 생각과 인생의 방향을 완전히 바꿔 준 아주 중요한 사건이 있었지. 어느 날 저녁 나이트클럽에 있을 때, 하나님께서 내 관심을 끌기 위해 노력하신다는 것, 내가 하나님과 내 삶에 대해 달리 생각하도록 하시고자 한다는 것을 깨닫는 흥미로운 경험을 했단다. 그 순간 나는 깨닫게 되었지. 나 자신을 포함해 나를 둘러싼 많은 것들이 사실은 우리가 행복한 척하고 살아가는 것만큼 행복하지 않다는 걸 말이야. 그날 밤 나는 아주 중요한 일을 하나 했어. 그 클럽을 나와 기도를 했지. '하나님, 만약 당신이 실재하시고 저를 원하신다면 제게 당신을 보여 주세요!' 하나님께서는 그렇게 하셨어. 하나님

나의 투명성은 케이틀린이 마음을 열 수 있는 장을 마련한다.

께서는 내 기도에 응답하셨지만 번뜩이는 섬광이나 뭔가 기이한 방법으로 자신을 드러내시지 않고 가장 평범한 방법으로 응답하셨단다. 하나님께서는 다른 사람들을 통해 자신을 드러내셨는데, 우리의 삶이 다른 이들에게 영향을 준다는 것을 나에게 보여 주시기 위해 그렇게 하셨다고 생각해. 당시에 한 청년이 청년 사역 모임에 나가자고 했는데 나는 거절했지. 그의 성격상 분명히 그다음 주에도 다시 가자고 했을 거야. 나는 그의 초대를 받아들여 그와 함께 갔단다. 마침내 나는 거기서 나 자신을 찾았고, 10대들 30명과 함께 아주 멋진 시간을 보냈어. 그런데 한 가지 아주 큰 차이점이 있었지."

"그게 뭐예요?"

"거기엔 술이 없었어."

"우와~ 멋져요."

"응, 그건 아주 멋진 일이었어. 이 모든 것에 대한 큰 호기심으로 나는 청년 모임과 교회에 빠지지 않고 참석했지. 나는 청년부 목사님, 교회의 다른 분들과 아주 좋은 관계를 맺게 되었단다. 몇 달 동안 두 무리, 그러니까 교회 식구들, 나이트클럽 친구들과 어울렸지. 그런데 내가 두 가지 삶을 살고 있다는 것과 하나님을 섬길 것인지, 아니면 그분께 등을 돌릴 것인지 결정해야 한다는 것을 깨닫기 시작했어. 처음에는 나이트클럽을 선택했단다. 그러던 어느 날 저녁, 열아홉 번째 생일이 막 지나고 나는 마침내 하나님께 돌아갔지. 그건 내게 정말 엄청난 사건이었고, 그날 밤 나는 하나님에 대한 매우 가치 있는 교훈을 배웠단다."

"그게 뭐죠?"

"그때 나는 변기 앞에 쭈그려 앉아 토하고 있었어. 그다지 아름다운 모습이 아니라는 걸 나도 아는데, 나는 우리가 어디에 있든 하나님을 찾으면 하나님께서 우리를 만나 주신다는 것을 배웠단다."

"와우!"

"그건 또 내게 특별한 것을 보여 주었어. 그분은 우리가 어떤 사람이든 받아 주시고 우리가 처음부터 완벽하게 깨끗해지길 기대하시지 않는다는 걸 말이야. 그날 밤 하나님께서는 나에게 알코올 중독을 거둬 가셨단다. 그리고 그 때부터 지금까지 나는 단 한 방울도 술을 마신 적이 없지. 나는 하나님께서 나를 받아들이셨는지, 하나님의 소유가 되게 하셨는지를 아무런 의심 없이 알게 되었어. 그리고 내 모든 삶의 모습이 바뀌었다고 진심으로 말할 수 있게 되었단다."

"어떤 방식으로 변했는데요?"

"음, 그 이후로는 삶에 의미가 있다는 것을 이해하기 시작했는데, 그건 단순히 나를 위한 물건을 사들이는 것보다 훨씬 더 많은 의미가 있었지. 그리고 또 우리의 삶이 이 삶 이후에도 지속되어 다른 사람에게 믿을 수 없는 영향을 미친다는 것을 깨닫고 나는 그 영향이 긍정적이기를 바랐어. 또 하나님은 내가 모든 결혼 생활이 이혼으로 끝난다는 두려움을 극복하고 이해하도록 도우셨단다. 그래서 나는 위험을 무릅쓰고 네 엄마에게 결혼하자고 했지. 엄마의 대답이 '예스'였다는 건 너도 알 거야. 하나님께서는 적당한 때 사랑스러운 세 아이를 주셨고, 우리를 멋진 교회 식구들이 있는 이곳 라이블리의 목회자로 삼으셔서 다른 사람들을 돕도록 계속 인도하셨단다."

케이틀린은 내 이야기를 집중해서 들었다. 이 모든 것을 마음으로 받아들이고 얼마 동안 침묵한 다음 케이틀린은 신중하게 물어보았다.

"아빠, 아빠는 제가 삶에서 무엇을 해야 한다고 생각하세요?"

케이틀린의 질문은 대화의 중요한 전환을 보여 준다. 이때까지는 아빠에 대해 더 이해하는 데 초점을 두었지만 이제 자기 자신으로 초점이 바뀌었다.

앞의 대화로 부모 코칭 대화를 시작하기 전에 잠시 시간을 갖고 "아빠는 제가 삶에서 무엇을 해야 한다고 생각하세요?"라는 케이틀린의 질문에 대해 생각해 보자. 이것은 부모가 받을 수 있는 엄청난 질문이다. 만약 자녀에게 이런 질문을 받는다면 어떻게 대답하고 행동할지 생각해 보자.

• 당신의 마음에 가장 먼저 떠오른 생각은 무엇인가?
• 자녀가 이런 질문을 한다면 어떻게 접근할 것인가?
• 무슨 이야기를 할 것인가?

좀 더 긴 시간을 갖고 자녀의 입장에서 생각해 보자. 마음을 여는 위험을 감수하고 부모에게 이와 같은 중요한 질문을 하는 진지한 자녀가 되어 보는 것이다. "엄마(아빠), 제가 삶에서 꼭 해야 할 것이 뭐라고 생각하세요?"
당신의 부모님이 어떻게 반응해 주길 바라는지 묘사해 보자.

• 부모님의 몸짓 언어는 당신에게 무엇을 말하는가?
• 특별히 어떤 말씀을 하는가?
• 부모님의 말씀에서 어떤 태도와 가치관이 전달되는가?
• 그 순간을 포착하고 그 순간을 살자. 당신의 마음 안에서 무슨 일이 일어나는가? 당신은 어떤 느낌, 생각, 감정을 경험하는가?
• 부모님의 말씀과 행동이 이후 당신의 생각과 태도에 어떤 영향을 미치는가?

기억하라. 그 순간 당신이 부모님에게 기대한 것이 바로 당신의 자녀가 당신에게 바라는 것이다.

코칭 대화	관찰
"아주 중요한 질문이구나, 케이틀린." 나는 분명하게 말했다. *"네가 네 삶에서 무엇을 해야 하는지에 대한 얘기를 하기 전에, 너에게 도움이 될 만한 또 다른 생각에 대한 얘기를 조금 나눠도 될까?"* *"그럼요."*	단순히 자신이 원하는 것을 공유할 기회를 가졌다는 의미를 넘어 케이틀린의 다른 생각을 공유할 수 있는지 질문을 함으로써 나는 케이틀린을 존중할 수 있었다. 케이틀린이 동의해 준 다음 나는 내 생각을 나누었다.

"내 생각에 하나님께서는 우리가 어떤 사람이 되는지나 우리의 성격보다는 우리가 무엇을 하는지에 더 관심을 가지신단다. 그러니 그분께서 우리 안에 이루신 어떤 것, 우리가 경험한 것을 통해 그분이 형성하신 우리의 성격, 우리에게 주신 재주와 재능, 우리의 삶 위에 놓으신 특별한 부르심과 같은 것들에 집중하는 게 매우 중요한 것 같구나. 보렴, 하나님께서는 끊임없이 우리를 만들고 빚으시지. 우리가 무엇을 하는지는 그분이 우리를 어떻게 창조하셨는지에 따라 자연스럽게 정해진단다. 케이틀린, 네 삶은 자연스럽게 다른 사람들에게 영향을 줄 거야. 그리고 네가 훌륭한 성품을 가진 젊은 여성이라면 그 영향이 오래 지속될 뿐만 아니라 긍정적이기도 할 거야. 하나님께서 꿈꾸시는 젊은 숙녀가 되도록 계속해서 널 만들고 빚으시겠지. 아마도 그분은 네가 삶에서 할 수 있는 몇 가지 선택을 갖고 네게 나타나실 거야. 그 선택 사항 중 어떤 것을 선택하든 그분께 받아들여질 것이고 그분이 너를 만들어 가시는 데 잘 맞을 거란다."

여기서 잠깐 멈추고, 나는 케이틀린이 방해를 받지 않고 지금까지 한 얘기에 대해 고민해 볼 수 있도록 가벼운 침묵에 빠지게 두었다. 얼마 후 나는 질문으로 대화를 이어 갔다.

"이걸 생각해 보렴, 케이틀린. 너는 많은 시간 동안 무엇에 대해 생각하고 있니?"

몇 분간 조용히 있다가 드디어 케이틀린이 입을 열었다.

"음, 저는 살 곳이 없고 먹을 것을 살 돈도 벌 수 없는 노숙자들에 대해 많이 생각했어요."

"와, 아주 흥미로운걸! 좀 더 얘기해 줄래?"

"먼저 넓은 땅이 있는 집을 갖고 싶어요. 지금 살고 있는 우리 집 같은 건데 외양간과 말 등의 동물이 있는 농장이요. 그래서 집 없는 누군가를 만나게 되면 농장에 와서 살 수 있도록 할 거예요. 그 사람들은 나와 함께 일할 수 있고, 기술 같은 걸 배워서 자기 것을 만들 수 있게 될 거

대화 패턴: 침묵은 아이와 대화하는 중에 아이가 의미 있는 이야기나 질문을 했을 때 자기가 말한 것에 대해 방해받지 않고 깊이 생각해 보도록 하는 데 자주 사용된다.

예요. 그리고 준비가 되면 이사도 할 수 있고 자기 집도 갖게 되는 거죠. 이게 제가 오랫동안 생각했던 건데, 전 정말 이 일을 하고 싶어요. 어떻게 생각하세요, 아빠?"

깊이 생각하기

이 코칭 대화에 참여하여 나는 케이틀린의 마음을 얼핏 엿볼 수 있는 기회를 가졌다. 부모로서 우리 부부는 케이틀린의 가슴에 다른 사람들을 향한 연민이 있다는 것은 알고 있었지만, 솔직히 우리는 그 아이가 이런 마음을 가지고 있으리라고는 짐작조차 하지 못했다.

"어떻게 생각하세요, 아빠?"라는 간단한 질문은 아이와 나 사이에 쌓은 신뢰와 함께, 내 의견을 물어봄으로써 취약해질 수 있는 아이의 자발성을 보여 준다. 그 순간 나는 아이에게 영향을 미칠 수 있는 힘을 가졌다는 것을 깨달았고, 이는 내가 중요한 결정을 내려야 한다는 것을 의미했다. 나는 어떻게 반응해야 할까?

선택 대안

A. 전형적인 어른들의 대답을 하면서 어린아이의 바보 같은 생각이라며 무시하고 대화의 주제를 바꾸거나, 다음과 같은 대답 중 하나로 자녀가 입을 닫게 할 수 있다.

• "얘야, 너도 알겠지만 이런 얘기는 어린아이에겐 너무 고매한 생각이야. 큰일은 어른들이 고민하도록 두는 게 어떻겠니?"

• "뜬구름 잡는 소리 그만하고 언제쯤 현실로 돌아올래? 그게 얼마나 이상적인 생각인지 곧 깨닫게 될 거다."

• "너는 그게 얼마나 돈이 많이 드는 일인 줄 알고 있니?"

• "너는 정말로 하나님께서 그렇게 큰일을 열 살짜리의 마음에 두셨다고 생각하니?"

• "그게 네가 정말로 하고자 하는 것이라면 네가 뭘 해야 할지 알려 줄게."

B. 코치의 자세를 취할 수도 있다. 하나님이 이미 아이의 가슴 안에서 일하셨다는 것을 믿고……

a. 아이에게 내 생각에 대해 간단히 말하는 것을 삼가기

b. 열린 비유도적 질문을 함으로써 아이가 더 깊이 생각하고 심사숙고하도록 하기

c. 진정으로 경청하여 그 꿈을 더 깊이 탐색할 수 있도록 하고, 하나님이 아이 안에서 일하고 계시다는 것을 발견할 수 있도록 하기

d. 하나님이 아이 안에서 행하실 것을 인식할 수 있는 능력이 성장하도록 지지함으로써 책임감 있는 사람으로 자라나도록 돕는 기회로 삼기

부모 코치는 다음과 같은 반응을 통해 더 많은 대화를 할 수 있다.

- "그거 참 흥미롭구나. 그것에 대해 좀 더 얘기해 줄 수 있겠니?"
- "놀랍구나. 아마도 하나님께서 어떤 방법으로든 너를 거기로 이끌고 계신가 보다. 이것에 대해 우리 좀 더 탐색해 볼 수 있을까?"
- "그 생각 중에서 널 흥분시키는 건 뭐니?"
- "우리 이것에 대해 좀 더 생각해 보자. 이 밖에 더 생각해 본 건 뭐니?"

코칭 대화	관찰

코칭 대화

"내가 어떻게 생각할 것 같니? 얘야, 이건 아빠로서 아주 흥미롭구나. 그리고 이건 하나님께서 네 성격을 어떻게 형성하셨는지에 대해 나에게 많은 것을 알려 준단다. 너의 동정심과 다른 사람을 도와주려는 마음은 존중하고 칭찬하고 싶은 부분이야. 내가 네 아빠라는 사실이 자랑스럽구나. 그 '꿈'에 대해 몇 가지 더 물어봐도 괜찮겠니?"

"그럼요."

"네가 농장을 갖고 있고 집 없는 사람들을 그런 방법으로 도와준다고 생각하면 어떤 느낌이 드니?"

"너무 좋아요! 저는 제가 그런 방식으로 사람들을 돕기 좋아한다는 걸 알아요. 아빠도 이런 도움이 필요한 사람이 많다는 걸 아시잖아요. 농장에서 일하면서 그들이 필요한 기술을 배울 수 있도록 돕는다는 건 정말 멋진 일 같아요. 저도 물론 말이나 농장 같은 걸 좋아해요. 제가 좋아하는 일을 하면서 다른 사람도 도울 수 있을 거예요. 참 멋진 일이겠죠."

"그래! 네가 다른 사람들을 그런 방식으로 도와준다고 생각하면 마음속에 무엇이 떠오르니?"

"저는 그냥 다른 사람들을 도와줄 수 있다는 생각이 좋아요. 제가 그런 일을 하고 그들이 고마워할 때 저는 내면에

관찰

코칭 패턴: 나는 케이틀린의 생각과 아이디어를 함께 나누어도 되는지 동의를 구함으로써 케이틀린이 대화의 주도권을 가질 수 있도록 하고 더 깊은 질문을 한다. 그럼으로써 케이틀린을 하나의 완전한 인격체로 존중하고 케이틀린이 대화의 속도, 방향, 깊이를 결정할 수 있도록 허용한다.

코칭 패턴: 열린 비유도적 질문을 하고 나서 반응 경청하기. 개방적인 상황에서 더 많은 정보를 알 수 있다. 이는 생각하고 느끼고 경험하는 것이 무엇인지에 대해 진정으로 이해할 수 있도록 한다. 또한 잘못된 결론으로 건너뛰는 것을 막는다.

대화의 의미 있는 전환. 지금까지 나는 케이틀린이 무슨 생각을 하는지 이해하기 위한 정보를 모았다. 이제 나는 이해에서 성장을 지원하는 것으로 넘어간다.

서 기쁨을 느껴요. 이건 저에게 의미가 커요."

"네 꿈에 대해 또 말해 줄 수 있는 건 뭐가 있을까?"

케이틀린은 기뻐하면서 농장은 어떻게 생겼는지, 그리고 노숙자들을 허드렛일과 정원일에 끌어들이는 계획과 그들이 무엇을 배워서 자기 집을 갖게 할지 세부 계획에 대해 계속 얘기했다. 케이틀린은 농장에서 키우고 싶은 모든 동물의 목록도 읊었는데, 나에게 가장 중요한 것은 "아빠도 저를 도와주실 수 있어요. 저는 훌륭한 정비공이 필요하거든요."라고 알려 주었다는 점이다.

케이틀린이 자기 생각을 공유하는 동안, 나는 아이가 마음 안에 있는 생각을 말로 표현할 수 있는 시간을 많이 주기 위해 의도적으로 접시 닦는 속도를 늦췄다. 결론에 이르렀을 때 나는 케이틀린이 자신의 이야기를 나눠 준 것이 고마웠고, 확실하게 말했다.

"케이틀린, 하나님은 그 꿈이 네 마음속에 아주 잘 자리 잡게 하신 것 같구나. 어떻게 하면 그 꿈에 대해 좀 더 알아보고 하나님이 네게 하시는 말씀이 무엇인지 알 수 있을까?"

가능한 대안 탐색하기

"음, 저는 기도를 더 해 볼래요."

"그렇구나! 하나님이 네게 하시는 말씀을 네가 이해하도록 돕는 다른 방법은 뭘까?"

"승마 교습을 받는 것도 좋을 거 같아요. 그러면 제가 생각하는 만큼 말을 정말로 좋아하는지 알 수 있을 거예요."

"모두 다 아주 가능성이 있는걸. 또 다른 건?"

-생각할 시간-

"농장이나 동물병원에서 자원봉사를 할 수도 있겠죠."

"훌륭해. 너는 가능성을 찾아내는 능력이 뛰어나구나. 네가 생각한 걸 한 가지만 더 말해 줄래?"

"이게 다예요."

"좋아. 네가 말한 가능성, 그러니까 기도, 승마 교습, 자원봉사 중에 무엇을 가장 먼저 해 보고 싶니?"

"오늘밤 그것에 대해 기도를 시작할 거예요."

코칭 패턴: "또 다른 건?"이라고 계속 물어보는 것은 아이가 뻔한 것을 넘어서 창의적인 영역으로 갈 수 있도록 도와준다. 이는 케이틀린이 생각하지 못한 새로운 가능성을 생각하기 시작한 지점이다.

욕구 파악하기: 나는 이 일이 케이틀린의 내면에 동기를 부여했는지 알고 싶었다.

"그래, 그럴 수 있지. 약속할 수 있겠니?"

"네, 할 수 있어요. 잠자기 전에 기도할 거예요."

"정말 멋진 시작이구나. 네 결정에 어떤 기분이 드니?"

"그걸 생각하면 몹시 흥분돼요! 이것에 대해 함께 얘기 나눠 주셔서 고마워요, 아빠."

"천만에. 이 꿈에 대해 하나님께서 네게 하시는 말씀을 듣게 되기를 기대할게. 우리 언제 다시 얘기하면 좋을까?"

"다음 주가 좋을 것 같아요."

"좋아. 아빠가 지금 당장 너를 도와줄 게 있을까?"

"없어요. 모두 괜찮아요."

"그래, 하나님과 대화할 때 내가 필요하다면 언제든 여기 있다는 것만 알아주렴. 다음 주가 오기 전이라도 하고 싶은 말이 있으면 하고."

"네, 아빠, 고마워요."

전념하기: 나는 케이틀린의 행동을 위한 구체적인 약속을 함으로써 확실히 하고 싶었다. 이 과정은 자녀의 발전을 격려할 수 있는 이후의 대화를 조성한다. 나는 케이틀린이 지금 여기에서 발견한 것을 격려하고 성원하고 싶어서 이에 대해 언제 다시 얘기하면 좋을지 물어보았다. 이는 케이틀린이 따라올 것이라는 내 기대를 전달하고, 건강한 책임 구조를 제공하며, 하나님이 말씀하시는 것이 무엇인지를 케이틀린이 인식할 수 있으리라는 내 믿음을 지지한다.

후기

케이틀린과 내가 코칭 대화를 나눈 지 3년이 지났고, 이제 이 장을 마무리하려 한다. 하나님께서 케이틀린의 안에서 이루시는 일들이 무엇인지를 케이틀린이 알아 가는 동안 지켜보고 계속 코칭하는 것은 우리 부부에게 놀라운 여정이었다. 케이틀린은 그날 저녁에 만들어 낸 다른 가능성을 실천했고, 그것은 케이틀린이 결정을 내리는 과정을 찾아가고 하나님의 음성을 듣는 능력을 발전시키는 데까지 이어졌다.

케이틀린이 동물병원에서 자원봉사를 하기에는 너무 어리다고 하면서 다른 어른들이 그 꿈의 '현실성'에 대해 이의를 제기할 때, 케이틀린은 꿈의 실현 가능성을 두고 씨름하는 고통을 통해 일을 할 수 있는 영광을 가졌다. 케이틀린은 말을 다루는 데 아주 능숙해졌고, 승마 교습을 받으면서 자신이 말을 다루는 데 선천적인 소질이 있음을 알게 되었다.

최근에 우리는 케이틀린이 처음 승마 교습을 받았던 말 농장 바로 옆에 있는 집을 샀다.

케이틀린이 그 농장에서 자원봉사를 하기로 마음먹고 갔을 때, 농장 사람은 농장의 말 중에 사고 싶은 말이 있는지 물어보았다. 케이틀린은 "아니요. 사실 전 무료로 대여하고 싶어요. 제가 말을 사용하는 대신 돈을 받지 않고 잡일을 해 드릴게요."라고 했다. 농장 사람은 "그렇게 하자."라고 대답했다.

그날 오후 집으로 돌아와 케이틀린은 신이 나서 그 소식을 우리에게 전했다. 가족으로서 우리는 케이틀린이 학업, 교우 관계, 휴식 시간, 집안일과의 균형을 유지하며 농장에서 얼마나 많은 시간을 책임감 있게 일할 수 있을지 의논하고 결정했다. 그 후 케이틀린은 다시 농장을 찾아가서 제안서를 만들었다. 기쁘게도 그들은 케이틀린이 만든 계획표에 동의하여 무료 임대 기간이 정해졌다. 그 결과, 케이틀린은 하나님께서 이 꿈에 대해 아이에게 말씀하시는 것을 계속 찾아가면서 농장일을 통해 믿기 어려울 만큼 좋은 경험을 얻고 있다.

어느 날 오후 집에서 혼자 키보드를 두드리고 있을 때 갑자기 초인종이 울렸다. 나는 재빨리 현관으로 가서 우리 집 잔디에서 펼쳐지는 광경을 맞이했다. 케이틀린이 자랑스럽게 막내 조슈아를 로빈의 등에 태운 채 데려온 것이다. 얼마나 빛나는 광경이었던지! 내 마음은 지난 3년 전, 지금 이루어진 이 모든 것이 단지 꿈이었을 때 나누었던 대화의 기억으로 가득 찼다.

케이틀린이 계속 꿈을 추구하며 하나님의 말씀을 찾아가는 한, 우리 부부는 지지하고 격려하며 코칭을 통해 아이에게 필요한 교육을 제공할 것이다. 우리는 아이가 곧 스스로 해 나가기 시작하리라는 것, 그리고 이러한 코칭이 가능했던 순간들이 아이에게, 훗날 집 밖의 세상에서 인생의 방향을 읽음으로써 지혜를 끌어낼 수 있도록 도와주는 경험의 저장소를 마련해 주었다는 것 또한 아주 잘 알고 있다.

성공적인 부모 코칭은 자녀에게 성장과 발전을 위한 건강한 지지 구조를 제공하면서 자녀와의 관계를 강화해 주는 자연스러운 양육 접근 방법이다.

부모 코칭은 힘든 일인가? 물론이다.
헌신과 희생이 필요한가? 당연하다.
시간과 노력을 쏟을 만한 가치가 있는가? 분명히 그렇다.

02 성공적인 부모 코칭이란 무엇인가?

"부모 코치로서 우리는 아이의 꿈을 성원하는 데 매우 중요한 역할을 한다."

성공적인 부모 코칭은 자녀에게 성장과 발전을 위한 건강한 지지 구조를 제공하면서 자녀와의 관계를 강화해 주는 자연스러운 양육 접근 방법이다.

성공적인 부모 코칭 접근은 자녀를 지지하기 위해 구체적인 목표를 가진 두 가지 일상적인 대화 모델을 활용한다. 첫 번째 모델은 '친밀해지기, 질문하기, 경청하기, 명료화하기'를 사용하여 '이해를 통한 관계 증진'에 초점을 맞춘다.

이해는 지지적인 관계를 제공하며, 두 번째 단계 모델인 '성장 지지'로의 자연스러운 이행에 필요하다. 자녀의 성장 지지는 다음 네 가지 훈련, 즉 '가능성 탐색하기, 욕구 파악하기, 전념하기, 진전 격려하기'를 통해 성취될 수 있다.

성공적인 부모 코칭 모델은 하나님이 그분의 자녀인 우리에게 접근하는 방법을 본뜬 것이다. 먼저 관계를 맺은 다음 진정으로 변형적인 성장의 지지를 향해 하나님의 관심을 돌려야 한다.

성공적인 부모 코칭 모델

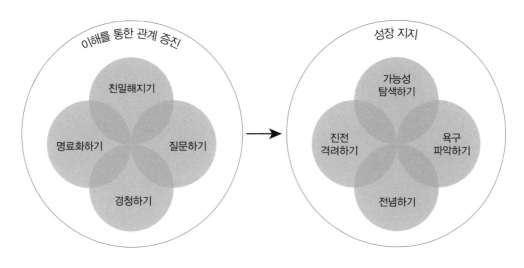

"부모님은 수년간 코칭을 이용하셨고, 그것은 내 삶에 큰 의미를 주었어요. 우리는 나의 미래, 선물, 재능 등 부모님이 보시는 내 잠재력에 대한 이야기를 나눠요. 부모님은 내가 목표에 도달하기 위해 노력하며 때때로 실패를 통해 개인적으로 성장해 나가도록 허락해 주시지만 항상 나를 위해 그 자리에 계시지요. 부모님은 나를 믿고 지지해 주시는 데 뛰어난 분들이에요."

– 부모 코치를 둔 재스민(17세)

하나님의 첫 번째 우선순위

의미 있게 주목해야 할 것은 성숙을 향한 우리의 성장에서 하나님의 첫 번째 우선순위가 관계라는 것이다. 성서를 읽어 보면, 하나님의 사람들로 행하신 그분의 뜻에서 이런 패턴이 나타난다는 것을 알 수 있다. 하나님은 관계에 초점을 맞추셨고, 믿음이 확고해지면 우리의 성장을 지지하는 것으로 관심을 돌리셨다.

불복종의 죄로 분명히 깨져 버린 관계를 복구하는 데 희생이 필요해지자 주님 자신을 첫 번째로 내어주심으로써 우리와의 관계를 시작했다. 그런 다음 주님의 마무리 작업으로, 믿음을 통한 주님과의 관계 속으로 우리를 초대하시기까지 하셨다. 어떤 전제 조건 없이 주님은 우리의 행동을 먼저 정결히 하도록 물어보시거나, 우리를 받아들이시기 전에 우리의 인생을 바꾸시지 않는다. 관계는 주님의 첫 번째 우선순위이며, 주님은 우리가 있는 곳에서 우리를 만나시고 주님의 관계 속으로 우리를 초대하신다. (『마태복음』 4:19, 『요한복음』 1:12, 『에베소서』 1:3~14, 2:1~10, 『사도행전』 9:1~18, 『요한일서』 4:9~10)

한번은 누군가가 "주님은 우리를 그 자체로 사랑하시지만, 너무 사랑하셔서 그런 방식으로 우리를 떠나신다."라고 말했다. 이 말은 우리와 주님의 관계를 정말로 잘 묘사한 것으로, 주님과의 관계는 지지적이며 자연스러운 성장 환경을 제공하시는 동안 사랑과 수용에 의한 것이라고 특징지을 수 있다. 하나님은 우리에 대해 알아야 할 모든 것, 특히 우리가 성장하고 성숙하기 위해 필요한 영역이 무엇인지를 알고 계시지만, 즉각적인 성숙이나 인생 속에서의 변화를 요구하시지 않는다. 대신에 하나님은 우리 자신만의 자연스러운 성장 패턴 내에서 영적으로 성숙하기를 끈기 있게 기다리신다. 그렇지 않았다면 우리는 격한 감정에 짓눌리고 낙담하여 아마도 그대로 포기했을 것이다.

하나님과 우리의 관계가 자리 잡으면 우리는 흥미로운 패턴이 나타난다는 것을 목격한다.

- 관계가 깊어짐에 따라 주님에 대한 우리의 믿음이 서서히 커진다.
- 믿음이 커짐에 따라 우리는 마음을 열기 시작하고, 우리 삶의 더 깊은 곳을 하나님께서 건드릴 수 있도록 받아들인다.
- 하나님께 우리를 열게 됨으로써 하나님을 신뢰할 수 있다는 우리의 이해가 성장한다.
- 하나님을 신뢰할 수 있다고 이해함에 따라 우리의 관계가 깊어지고 더 많은 방법으로 우리를 하나님께 열게 된다.
- 이것은 믿음, 개방성, 성장으로 특징지을 수 있는 건강한 관계적 주기를 활성화한다.

관계는 '성장 지지'의 핵심이며, 자녀와 건강한 부모 코칭 관계를 확립해 나가려고 한다면 하나님의 방법을 본뜨고 있는 것이다.

관계를 우선순위로 하라. 믿음을 얻음으로써 자녀는 대개 자연스럽게 삶의 깊은 영역에 부모를 초대할 것이고, 부모는 코칭을 통해 자녀를 지지한다.

초대를 통해 아이 삶의 더 깊은 영역에 다가가며, 그 초대는 아이가 부모를 믿을 수 있다고 느끼는 관계의 지점에서부터 가장 자연스럽게 나온다는 것을 반드시 기억해야 한다. 코칭은 건강하고, 상호 의존적이며, 성장 중심 관계—삶이 자연스럽게 던져 주는 시련과 역경을 견딜 수 있도록 해 주는 관계—를 촉진하는 데 필요한 도구를 제공한다.

"초대를 통해 아이 삶의 더 깊은 영역에 다가가라."

하나님의 자녀인 우리에 대한 부모 코칭 관계의 특징

- 관계가 우선순위이다. 하나님은 그 무엇보다도 관계를 먼저 시작하시고, 확고히 하시고, 찾으신다.
- 끊임없이 무조건적인 사랑을 주시고 우리 자체를 수용하신다. 하나님의 사랑을 받기 위해 '연기하거나' '어떤 일을 행하거나' '변화할' 필요가 없다.
- 우리의 성장 잠재력에 지속적으로 초점을 맞추신다.
- 우리의 능력에 따라 책임감을 주시고, 실패했을 때는 더 큰 책임감으로 보상하신다.
- 우리의 자연스러운 '영적 성장' 패턴에 협조하신다.
- 우리의 말에 진정으로 귀 기울이신다.
- 결정을 내리고 결정의 결과에 대한 책임을 지는 자유를 우리에게 주신다.
- 모든 고통으로부터의 피난처가 아니다. 그러나 성격을 발전시키고 단련하기 위한 고통 속을 우리와 함께 걸으신다.
- 우리를 버리시거나 우리에게 등을 돌리시지 않는다.
- 우리가 흔들리고 실패할 때 하나님은 팔을 벌리셔서 그분과의 관계 속으로 우리를 환영하신다.

성공적인 코칭 모델의 이해와 적용

양육을 할 때 성공적인 코칭 모델을 이해하고 적용하는 것을 돕기 위해 앞 장의 부모 코칭 대화를 다시 보자. 각 과정을 구성 요소로 나눠 놓으면, 내 마음속에서 어떤 일이 일어나고 있는지 그리고 성공적인 부모 코칭 모델로 관계와 성장을 지지함으로써 부모가 코칭하는 것을 보고 이해할 수 있을 것이다.

이 글과 코칭 대화를 읽으면서, 린과 내가 우리 아이들에게 코칭을 처음 시작했을 때 자연스럽거나 쉽지는 않았다는 것을 기억해 주기 바란다. 인내하고, 연습하고, 일관성과 헌신을 다하면서 코칭이 자연스러워지고 우리 가족의 삶에서 정상적인 일부분이 되었다. 우리 아이들은 이 코칭 모델로 자신들을 지지한다는 데 매우 감사해하면서 잘 반응하는데, 이는 물론 당신도 가능하다.

이 부모 코칭 대화의 처음 부분은 순수하게 관계적인 것이다. 우리는 아이와 나눌 수 있는 풍부한 대화의 진가를 인정하기 위해 성장 목적에 초점을 맞추지 않았다. 당신은 한 가지 방식으로 전개되는 이 대화의 발단에서 '이해를 통한 관계 증진' 작업의 구성 요소를 알아차릴 것이며, 케이틀린이 대화를 시도하고 아빠를 더 이해하기 위해 '친밀해지기, 질문하기, 경청하기, 명료화하기'의 원칙을 따른다는 것을 알 수 있을 것이다. 이것은 일관성 있는 원칙에 근거한 코칭의 혜택 중 하나를 강조해서 보여 주는데, 우리가 건강한 대인 관계 기술을 시범 보이면 아이는 곧 그러한 원칙을 스스로 발전시키고 사용하기 시작한다. "당신은 원하는 것을 가르칠 수는 있다. 그러나 이것은 현재의 당신을 만들어 내는 것이다."라는 옛말은 틀리지 않다.

케이틀린과의 코칭 대화

배경
케이틀린과의 대화는 부모인 우리에게 매우 의미 있고 놀라운 전환을 가져왔는데, 이러한 코칭 대화가 가능하도록 한 환경을 조성한 배경에 대한 이해도 중요하다.

우리의 개인적인 결정 사항은 다음과 같다.

- 아이가 독립해서 집을 나갈 때까지 단순히 인내하는 것이 아니라 책임감 있는 성인으로서 아이의 장래에 대해 이해한다.
- 우리는 아이가 말을 할 수 있을 때부터 정기적으로 대화에 참여하는 것을 가치 있게 생각했다. 우리는 열린 질문을 하고 아이의 대답을 경청하며, 아이가 자신의 생각을 완전히 나누도록 연습했다.
- 의사 결정을 할 때 일방적으로 아이를 위한 결정을 하지 않고 아이를 참여시켰다. 이는 결정에 조언을 하고 공을 들이는 기회가 되었고, 우리 사이의 유대와 존중하는 마음이 단단해졌다.
- 가족 가치로서 투명성의 모범을 보인다. 아이가 진심으로 마음을 열고 솔직해지기를 바란다면 나 자신이 아이에게 마음을 열고 솔직해야 한다. 우리는 투명성이 우리 모두의 관계에서 큰 신뢰감을 형성하고, 아이가 우리에게 다시 마음을 열고 솔직해지도록 격려한다는 것을 알았다.
- 관계 발달이 우선순위이다. 관계의 건강을 위한 우리의 의사 결정과 행동은 계획적이다. 또 하나 실천적인 측면에서 '관계 증진'의 목적을 위한 특별한 시간을 정기적으로 갖는다. 이러한 이유로 우리가 관계를 맺는 순간이 더 빈번하고 자연스럽다. 다음은 구체적인 예이다.
  - 데이트하는 날: 아이 하나하나를 위해 한 번에 한 명씩 특별한 시간을 별도로 가졌는데, 아이들이 아주 어렸을 때부터 시작해서 아직까지도 이어지고 있다. 아내와 나 또한 우리의 관계를 건강하게 하고, 배우자를 어떻게 대하며 대우받기를 바라는지 모범을 보이기 위해 매주 데이트를 한다.
  - 가족 나들이: 가족이 함께하는 정기적인 오락 시간을 갖기 위해 일부러 일정을 잡는다.
  - 설거지 시간: 식기세척기를 사용하는 대신 손수 설거지하는 시간을 갖는다. 이 시간은 속도를 늦추게 하고, 정기적으로 각각의 아이와 함께하는 시간을 더 가질 수 있다.

우리 코칭 모델의 첫 번째 원칙인 '이해를 통한 관계 증진'은 '친밀해지기'이다. 친밀하지 않으면 진심 어린 대화나 개방적인 관계가 가능하지 않을 것이다. '친밀해지기'는 코칭을 가능하게 만들어 주는 관계적 요소이다. 우리는 관계에 믿음을 쌓는 관계적 토대에 의도적으로 초점을 맞췄는데, 이는 이러한 종류의 관계 맺기와 대화를 가능하게 할 뿐만 아니라 일상적이 되도록 했다.

이와 같은 결정 사항은 모두 '이해를 통한 관계 증진'을 위한 부모로서의 바람에서 나왔으며, 연결의 C.A.R.T. 원칙으로 요약될 수 있다. 이는 지속성(consistency), 유용성(availability), 적절성(relevancy), 투명성(transparency)으로 자세한 내용은 7장에서 설명할 것이다.

관계에서 형성된 믿음과 서로 기꺼이 투명하고자 하는 마음 덕분에 대화가 깊어진다는 데 주목한다.

코칭 대화	관찰
"아빠, 아빠는 어렸을 때 삶에서 무엇을 바라셨어요?" 이 질문에 나는 즐겁게 놀라면서 아이의 눈을 바라보고 분명하게 말했다. "아주 좋은 질문이구나. 얘야. 너는 어렸을 때의 나보다 더 유리하게 시작하는 거란다." "어떤 면에서요?" "우선 나는 자랄 때 아버지 없이 어머니하고만 살았지. 너처럼 하나님이 삶의 한 부분이었던 것도 아니고 교회 식구들도 없었단다. 그때 나는 삶에 중요한 의미나 목적 같은 건 없다고 생각했어. 그 순간 이후의 삶에 대해서는 생각조차 하지 않았지. 당시에 나는 그 순간의 나 자신만을 위한 삶을 살았단다. 내가 원하고 열망하는 것이 좋고 옳은 것이었어. 그런 것들을 좇아야 한다고 생각했으니까." "그게 뭐였는데요, 아빠?" "친구들이 아주 중요했지. 그리고 그들에게 받아들여지고	나는 '와, 정말 멋진 질문이다!'라고 생각했다. 이 질문은 광장한 대화를 이끌어 내는 잠재력이 있다. 이와 같은 지지적인 발언은 케이틀린에게 이런 질문을 하는 것이 받아들여진다는 용기를 갖게 하며, 그 질문에 대해 아이와 함께 대화함으로써 아이를 존중할 것이다. 케이틀린은 보통 우리가 양육에서 쓰는 코칭 모델을 사용하고 있다. 케이틀린은 열린 질문으로 물어보고 내 대답을 경청함으로써 나와 관계를 맺는다. 케이틀린은 호기심에 따라 다음 질문을 하고, 내가 얘기하려는 것을 이해할 수 있으며, 자신이 이해했다는 것을 확실히 하기 위해 명료화한다.

인정받는 것이 굉장히 중요했어. 10대 시절을 뒤돌아보니 내가 다른 아이들에게 아주 좋은 친구는 아니었던 것 같구나. 그보다도 내게 더욱 중요했던 것이 하나 더 있었지. 아주 강한 직업의식."

"강한 직업의식이 뭐예요?"

"그건 내가 아주 열심히 일하는 사람이었다는 뜻이야."

"아, 알겠어요."

"강한 직업의식으로 나는 어린 나이에 일을 구해 계속할 수 있었고 돈의 달콤함을 알게 되었지. 돈은 내가 전에 느낄 수 없었던 안전함과 자유를 누리게 해 줬지. 나는 나만의 것을 아주 많이 샀고 그걸 꽤 자랑스러워했어. 열다섯 살 때 처음 차를 샀고, 열여섯 살이 되었을 때 면허를 땄지. 열여섯 살 때는 오토바이도 샀단다. 그리고 어머니가 끝내 허락해 주시지 않았지만 아주 비싼 것을 하나 샀어."

"그게 뭔데요?"

"또 다른 차 카마로 Z28. 사실 그 차를 사기 전에 어머니에게 사도 되는지 여쭤봤어. 어머니와 함께 살고 있었기 때문에 예의를 표하고 싶은 마음이 있었거든. 그런데 어머니는 내가 그 차를 사는 걸 탐탁지 않아 하셨고, 그 차를 어머니의 주차장에 주차하는 게 싫다고 하셨어. 어머니가 안 된다고 하셨기 때문이 아니라 허락 여부에 관계없이 내가 그 차를 샀다는 것 때문에 어머니와 나의 관계는 상처를 입었단다. 너도 알다시피 지금은 사이가 좋지만 한동안 우리의 관계는 아주 힘들었어. 게다가 그 차를 사는 바람에 나는 빚이 생겼어. 그 빚을 갚기 위해 나는 열심히 일을 할 수밖에 없었는데, 그건 학교생활을 하는 10대로서는 힘든 일이었지. 그런데 내가 10대 때 저지른 최악의 선택은 그게 아니란다."

"그래요?"

"응. 최악의 선택은 지금의 너보다 한두 살 더 많았을 때 알코올 중독에 빠지게 되었다는 거야. 나는 마음속으로

나는 내가 진짜 어떤 사람이고 어떤 실수를 했는지 알려 주기 위해 투명성의 모범을 보이고 케이틀린에게 솔직하게 터놓기로 의식적으로 결정했다. 세부적으로 빠뜨린 이야기가 있지만, 내가 경험했던 것을 아이가 이해하도록 돕는 데 충분할 만큼 공유한다. 이는 우리 관계에 인간미와 호감을 느끼게 하며, 바라건대 내가 이해하려 했다는 것을 아이가 알게 될 것이다.

케이틀린이 삶에 대해 그리고 결정이 우리와 다른 사람들에게 미치는 영향에 대해 생각해 보기를 진심으로 바랐기 때문에 나는 몇 가지 매우 중요한 것을 공유한다. 아이가 받아들이기에는 다소 어려울 수도 있는 것

'이건 내 인생이고, 내 몸이고, 내 선택이야. 내가 하는 일에 누구도 참견할 수 없어!'라고 생각했지. 나는 내 선택이 주변 사람들에게 미칠 영향을 생각하지 못했단다."

케이틀린은 접시를 하나하나 천천히 닦고 조심스럽게 찬장에 정리해 넣으며 흥미롭게 들었다. 케이틀린은 잠시 멈추고 돌아서서 미소를 일그러뜨리며 실망스러우면서도 흥미롭다는 듯이 나를 보았다. 나는 궁금해서 물었다.

"지금 무슨 생각을 하고 있니?"

아이는 당황해하며 나를 보고 웅얼웅얼 대답했다.

"그러니까 아빠가 이기적이었다고 말씀하시는 거예요?"

나는 아이가 무슨 생각을 하는지 확신하고 크게 웃으면서 대답했다.

"네, 그렇습니다, 아가씨. 핵심만 간추리자면 내 말이 바로 그거야. 그게 모두 나였어."

아이는 소리 내어 웃으며 말했다.

"더 얘기해 주세요, 아빠."

"좋아. 나는 이게 이 얘기의 끝이 아니라는 걸 감사해. 너도 알겠지만 내가 열여덟 살 때 내 생각과 인생의 방향을 완전히 바꿔 준 아주 중요한 사건이 있었지. 어느 날 저녁 나이트클럽에 있을 때, 하나님께서 내 관심을 끌기 위해 노력하신다는 것. 내가 하나님과 내 삶에 대해 달리 생각하도록 하시고자 한다는 것을 깨닫는 흥미로운 경험을 했단다. 그 순간 나는 깨닫게 되었지. 나 자신을 포함해 나를 둘러싼 많은 것들이 사실은 우리가 행복한 척하고 살아가는 것만큼 행복하지 않다는 걸 말이야. 그날 밤 나는 아주 중요한 일을 하나 했어. 그 클럽을 나와 기도를 했지. '하나님, 만약 당신이 실재하시고 저를 원하신다면 제게 당신을 보여 주세요!' 하나님께서는 그렇게 하셨어. 하나님께서는 내 기도에 응답하셨지만 번뜩이는 섬광이나 뭔가 기이한 방법으로 자신을 드러내시지 않고 가장 평범한 방법으로 응답하셨단다. 하나님께서는 다른 사람들을 통해

에 대해 얘기하고 있다는 것을 알고 있으므로 대화 중에 그저 침묵한다. 이는 아이의 생각을 다른 곳으로 돌림으로써 그 효과를 잃지 않도록 하기 위해 충분히 생각할 기회를 주는 것이다.

나는 아이가 생각할 만한 것을 추측하기보다는 무슨 생각을 하고 있는지 얘기해 달라고 한다.

그때의 내 성격에 대한 아이의 직관과 생각을 확인해 준다.

아이의 권유로 나는 계속 경험을 공유한다. 아이가 계속 주도권을 잡도록 함으로써 아이가 원하는 만큼 깊이 들어갈 수 있다. 아이는 계속 귀를 기울이고 흥미로워하면서 더 얘기해 달라고 한다.

나는 이 대화가 아이의 생각에 영향을 미칠 잠재력을 갖고 있으며 강력한 교육 도구가 된다는 것을 알고 있다. 나는 하나님과 함께한 경험과 어떻게 하나님께서 자신을 내게 보여 주시기 시작했는지에 대해 공유할 기

자신을 드러내셨는데, 우리의 삶이 다른 이들에게 영향을 준다는 것을 나에게 보여 주시기 위해 그렇게 하셨다고 생각해. 당시에 한 청년이 청년 사역 모임에 나가자고 했는데 나는 거절했지. 그의 성격상 분명히 그다음 주에도 다시 가자고 했을 거야. 나는 그의 초대를 받아들여 그와 함께 갔단다. 마침내 나는 거기서 나 자신을 찾았고, 10대들 30명과 함께 아주 멋진 시간을 보냈어. 그런데 한 가지 아주 큰 차이점이 있었지."

"그게 뭐예요?"

"거기엔 술이 없었어."

"우와~ 멋져요."

"응, 그건 아주 멋진 일이었어. 이 모든 것에 대한 큰 호기심으로 나는 청년 모임과 교회에 빠지지 않고 참석했지. 나는 청년부 목사님, 교회의 다른 분들과 아주 좋은 관계를 맺게 되었단다. 몇 달 동안 두 무리, 그러니까 교회 식구들, 나이트클럽 친구들과 어울렸지. 그런데 내가 두 가지 삶을 살고 있다는 것과 하나님을 섬길 것인지, 아니면 그분께 등을 돌릴 것인지 결정해야 한다는 것을 깨닫기 시작했어. 처음에는 나이트클럽을 선택했단다. 그러던 어느 날 저녁, 열아홉 번째 생일이 막 지나고 나는 마침내 하나님께 돌아갔지. 그건 내게 정말 엄청난 사건이었고, 그날 밤 나는 하나님에 대한 매우 가치 있는 교훈을 배웠단다."

"그게 뭐죠?"

"그때 나는 변기 앞에 쭈그려 앉아 토하고 있었어. 그다지 아름다운 모습이 아니라는 걸 나도 아는데, 나는 우리가 어디에 있든 하나님을 찾으면 하나님께서 우리를 만나 주신다는 것을 배웠단다."

"와우!"

"그건 또 내게 특별한 것을 보여 주었어. 그분은 우리가 어떤 사람이든 받아 주시고 우리가 처음부터 완벽하게 깨

회를 갖는다. 이것은 매우 개인적인 이야기로, 케이틀린은 내가 아주 중요하고 특별한 것을 공유한다는 것을 안다. 나에게 약점이 있다는 것을 알게 됨으로써 관계가 더욱 굳건해진다.

언젠가 케이틀린이 하나님에 대한 의문으로 고심하게 될 것임을 알기에, 우리가 어디에 있든지 하나님을 큰 소리로 부를 때 어떻게 하나님을 만나게 되는지 개인적인 예를 보여 주고 싶었다.

끗해지길 기대하시지 않는다는 걸 말이야. 그날 밤 하나님께서는 나에게 알코올 중독을 거둬 가셨단다. 그리고 그때부터 지금까지 나는 단 한 방울도 술을 마신 적이 없지. 나는 하나님께서 나를 받아들이셨는지, 하나님의 소유가 되게 하셨는지를 아무런 의심 없이 알게 되었어. 그리고 내 모든 삶의 모습이 바뀌었다고 진심으로 말할 수 있게 되었단다."

"어떤 방식으로 변했는데요?"

"음, 그 이후로는 삶에 의미가 있다는 것을 이해하기 시작했는데, 그건 단순히 나를 위한 물건을 사들이는 것보다 훨씬 더 많은 의미가 있었지. 그리고 또 우리의 삶이 이 삶 이후에도 지속되어 다른 사람에게 믿을 수 없는 영향을 미친다는 것을 깨닫고 나는 그 영향이 긍정적이기를 바랐어. 또 하나님은 내가 모든 결혼 생활이 이혼으로 끝난다는 두려움을 극복하고 이해하도록 도우셨단다. 그래서 나는 위험을 무릅쓰고 네 엄마에게 결혼하자고 했지. 엄마의 대답이 '예스'였다는 건 너도 알 거야. 하나님께서는 적당한 때 사랑스러운 세 아이를 주셨고, 우리를 멋진 교회 식구들이 있는 이곳 라이블리의 목회자로 삼으셔서 다른 사람들을 돕도록 계속 인도하셨단다."

케이틀린은 내 이야기를 집중해서 들었다. 이 모든 것을 마음으로 받아들이고 얼마 동안 침묵한 다음 케이틀린은 신중하게 물어보았다.

"아빠, 아빠는 제가 삶에서 무엇을 해야 한다고 생각하세요?"

"아주 중요한 질문이구나, 케이틀린."

나는 분명하게 말했다.

"네가 네 삶에서 무엇을 해야 하는지에 대한 얘기를 하기 전에, 너에게 도움이 될 만한 또 다른 생각에 대한 얘기를 조금 나눠도 될까?"

"그럼요."

이는 케이틀린이 내 이야기를 마음에 담아 두었음을 보여 주는 대화의 큰 전환이며, 케이틀은 이제 자신의 삶에 대해 생각한다. 나는 마음속으로 "바로 그거야!"라고 외친다.

"내 생각에 하나님께서는 우리가 어떤 사람이 되는지나 우리의 성격보다는 우리가 무엇을 하는지에 더 관심을 가지신단다. 그러니 그분께서 우리 안에 이루신 어떤 것, 우리가 경험한 것을 통해 그분이 형성하신 우리의 성격, 우리에게 주신 재주와 재능, 우리의 삶 위에 놓으신 특별한 부르심과 같은 것들에 집중하는 게 매우 중요한 것 같구나. 보렴, 하나님께서는 끊임없이 우리를 만들고 빚으시지. 우리가 무엇을 하는지는 그분이 우리를 어떻게 창조하셨는지에 따라 자연스럽게 정해진단다. 케이틀린, 네 삶은 자연스럽게 다른 사람들에게 영향을 줄 거야. 그리고 네가 훌륭한 성품을 가진 젊은 여성이라면 그 영향이 오래 지속될 뿐만 아니라 긍정적이기도 할 거야. 하나님께서 꿈꾸시는 젊은 숙녀가 되도록 계속해서 널 만들고 빚으시겠지. 아마도 그분은 네가 삶에서 할 수 있는 몇 가지 선택을 갖고 네게 나타나실 거야. 그 선택 사항 중 어떤 것을 선택하든 그분께 받아들여질 것이고 그분이 너를 만들어 가시는 데 잘 맞을 거란다."

여기서 잠깐 멈추고, 나는 케이틀린이 방해를 받지 않고 지금까지 한 얘기에 대해 고민해 볼 수 있도록 가벼운 침묵에 빠지게 두었다. 얼마 후 나는 질문으로 대화를 이어 갔다.

"이걸 생각해 보렴, 케이틀린. 너는 많은 시간 동안 무엇에 대해 생각하고 있니?"

몇 분간 조용히 있다가 드디어 케이틀린이 입을 열었다.

"음, 저는 살 곳이 없고 먹을 것을 살 돈도 벌 수 없는 노숙자들에 대해 많이 생각해요."

"와, 아주 흥미로운걸! 좀 더 얘기해 줄래?"

"먼저 넓은 땅이 있는 집을 갖고 싶어요. 지금 살고 있는 우리 집 같은 건데 외양간과 말 등의 동물이 있는 농장이요. 그래서 집 없는 누군가를 만나게 되면 농장에 와서 살도록 할 거예요. 그 사람들은 나와 함께 일할 수 있고, 기술 같은 걸 배워서 자기 것을 만들 수 있게 될 거예요.

이때 세 가지 일이 일어난다.

1. 이런 종류의 질문에 대해 생각해 보려는 아이의 욕구와 참여를 지지한다.

2. 나는 내 교구에서 맞이한 '자기 삶에 대한 주님의 의지'로 고심하는 많은 10대와 젊은이를 재빨리 기억에서 떠올렸다. 그들은 자신이 주님의 완벽한 의지를 파악하지 못하고 있다는 어떤 믿음 때문에 환멸, 심지어는 절망까지 느낀다. 나는 케이틀린에게 자기 인생에 대한 주님의 의지를 파악하는 건강한 방법을 보여 주고, 많은 사람이 겪는 '완전한 의지'라는 덫에 빠지지 않도록 돕고 싶었다. 이 점을 고려해서 아이의 질문을 미루고 자기 삶에서 무엇을 해야 하는지 인식하도록 돕는 또 다른 생각을 공유하고자 동의를 구했다. (이 주제를 다루는 훌륭한 책은 토니 스톨츠퍼스의 『Christian Life Coaching』이다.)

3. 우리는 훌륭한 관계적 대화에서 아이가 생각하고 있는 것에 대해 이해하고 성장을 지지할 수 있도록 하는 코칭 기회로 전환하기 시작했다.

여기서 케이틀린의 성장 기회는 자신의 삶 속에서 주님의 음성을 알아채는 법을 배우는 것이다. 케이틀린이 지금 그 기회를 잡을 수 있다면 살아가는 동안 내내 좋을 것이다.

그리고 준비가 되면 이사도 할 수 있고 자기 집도 갖게 되는 거죠. 이게 제가 오랫동안 생각했던 건데 전 정말 이 일을 하고 싶어요. 어떻게 생각하세요, 아빠?"

"내가 어떻게 생각할 것 같니? 얘야, 이건 아빠로서 아주 흥미롭구나. 그리고 이건 하나님께서 네 성격을 어떻게 형성하셨는지에 대해 나에게 많은 것을 알려 준단다. 너의 동정심과 다른 사람을 도와주려는 마음은 존중하고 칭찬하고 싶은 부분이야. 내가 네 아빠라는 사실이 자랑스럽구나. 그 '꿈'에 대해 몇 가지 더 물어봐도 괜찮겠니?"

"그럼요."

"네가 농장을 갖고 있고 집 없는 사람들을 그런 방법으로 도와준다고 생각하면 어떤 느낌이 드니?"

"너무 좋아요! 저는 제가 그런 방식으로 사람들을 돕기 좋아한다는 걸 알아요. 아빠도 이런 도움이 필요한 사람이 많다는 걸 아시잖아요. 농장에서 일하면서 그들이 필요한 기술을 배울 수 있도록 돕는다는 건 정말 멋진 일 같아요. 저도 물론 말이나 농장 같은 걸 좋아해요. 제가 좋아하는 일을 하면서 다른 사람도 도울 수 있을 거예요. 참 멋진 일이겠죠."

"그래! 네가 다른 사람들을 그런 방식으로 도와준다고 생각하면 마음속에 무엇이 떠오르니?"

"저는 그냥 다른 사람들을 도와줄 수 있다는 생각이 좋아요. 제가 그런 일을 하고 그들이 고마워할 때 저는 내면에서 기쁨을 느껴요. 이건 저에게 의미가 커요."

"네 꿈에 대해 또 말해 줄 수 있는 건 뭐가 있을까?"

케이틀린은 기뻐하면서 농장은 어떻게 생겼는지, 그리고 노숙자들을 허드렛일과 정원일에 끌어들이는 계획과 그들이 무엇을 배워서 자기 집을 갖게 할지 세부 계획에 대해 계속 얘기했다. 케이틀린은 농장에서 키우고 싶은 모든 동물의 목록도 읊었는데, 나에게 가장 중요한 것은 "아빠도 저를 도와주실 수 있어요. 저는 훌륭한 정비공이 필요

주목해야 할 점: 나는 이 이야기에 놀랐지만 케이틀린이 무엇을 생각하고 있는지 이해하기 위해 더 말해 보게 함으로써 새로운 대화의 장이 열린다.

이는 내가 자기 통제를 더 연습했어야 하는 부분이며, 케이틀린의 꿈의 발달에 초점을 두고 머물렀어야 하는 지점이다. 나는 이런 것들에 쉽게 흥분하고 이를 현실화할 전략을 짜고 계획을 세우기 시작하며, 더 나쁜 것은 케이틀린이 해야 할 일을 말해 버리는 것이다. 아이를 위한 이런 성장 기회를 미숙하게 다루는 경향이 있는데, 과정을 알아 가는 것은 아이가 해야 할 일을 말해 주는 것보다 더 이롭다. 나는 코칭을 통해 아이의 성장을 지지하기로 한다.

우리는 꿈을 이룰 수 있는 안전한 환경을 만들고자 한다. 아이의 꿈을 공유하기 위해 질문하고, 내가 들은 바가 맞는지 아이에게 확인하면서 경청한다.

꿈에 대한 케이틀린의 생각을 이해하게 되면서 계속 좀 더 깊이 생각해 보도록 격려하고 싶다. 이는 아이에게 아주 좋은 성장 기회가 될 잠재력을 갖고 있어서 '성장 지지' 코칭 모델로 이행한다. 나는 주님께서 케이틀린의 가슴에 이 꿈이 자리 잡게 하셨을 것이라고 확신하며, 주님께서 케이틀린에게 하시려

하거든요."라고 알려 주었다는 점이다.

케이틀린이 자기 생각을 공유하는 동안, 나는 아이가 마음 안에 있는 생각을 말로 표현할 수 있는 시간을 많이 주기 위해 의도적으로 접시 닦는 속도를 늦췄다. 결론에 이르렀을 때 나는 케이틀린이 자신의 이야기를 나눠 준 것이 고마웠고, 확실하게 말했다.

"케이틀린, 하나님은 그 꿈이 네 마음속에 아주 잘 자리 잡게 하신 것 같구나. 어떻게 하면 그 꿈에 대해 좀 더 알아보고 하나님이 네게 하시는 말씀이 무엇인지 알 수 있을까?"

"음, 저는 기도를 더 해 볼래요."

"그렇구나! 하나님이 네게 하시는 말씀을 네가 이해하도록 돕는 다른 방법은 뭘까?"

"승마 교습을 받는 것도 좋을 거 같아요. 그러면 제가 생각하는 만큼 말을 정말로 좋아하는지 알 수 있을 거예요."

"모두 다 아주 가능성이 있는걸. 또 다른 건?"

－생각할 시간－

"농장이나 동물병원에서 자원봉사를 할 수도 있겠죠."

"훌륭해. 너는 가능성을 찾아내는 능력이 뛰어나구나. 네가 생각한 걸 한 가지만 더 말해 줄래?"

"이게 다예요."

"좋아. 네가 말한 가능성, 그러니까 기도, 승마 교습, 자원봉사 중에 무엇을 가장 먼저 해 보고 싶니?"

"오늘밤 그것에 대해 기도를 시작할 거예요."

"그래, 그럴 수 있지. 약속할 수 있겠니?"

"네, 할 수 있어요. 잠자기 전에 기도할 거예요."

"정말 멋진 시작이구나. 네 결정에 어떤 기분이 드니?"

"그걸 생각하면 몹시 흥분돼요! 이것에 대해 함께 얘기 나눠 주셔서 고마워요, 아빠."

"천만에. 이 꿈에 대해 하나님께서 네게 하시는 말씀을 듣게 되기를 기대할게. 우리 언제 다시 얘기하면 좋을까?"

는 말씀이 무엇인지 케이틀린이 발견하도록 격려한다. 나는 꿈에 대한 주님의 말씀을 케이틀린이 이해할 수 있게 돕는 '가능성 있는 대안을 탐색'하도록 질문을 시작한다.

이런 방식으로 계속 질문하면서 실제로 케이틀린이 주님에게 들을 수 있고 주님의 말씀을 이해할 수 있다는 것을 이야기 나누게 된다. 더 나아가 그것은 케이틀린의 꿈이지 아빠의 꿈이 아님을 강조한다.

나는 케이틀린이 찾아낸 대안에 깊은 인상을 받았다. 케이틀린은 자신이 매우 창의적이라는 것을 증명해 나간다.

나는 "또 다른 건?"이라고 물어봄으로써 아이가 생각할 수 있는 가능성이 바닥날 때까지 기다렸다. 그런 다음 "무엇을 가장 먼저 해 보고 싶니?"라고 물어봄으로써 '욕구 파악하기'로 옮겨 간다.

약속을 요구할 때는 열린 질문에서 직접적인 질문으로 바뀐다는 것을 주목하라.

케이틀린에게 진정으로 변화된 형태의 성장 경험이 되도록 이 대화에 대해 다시 논의해야 한다. 케이틀린의 진행 과정을 격려하며 방향을 찾아 나가도록 돕고, 인생에서 배운 것을 적용하도록 도우면서 건강한 책임 구

"다음 주가 좋을 것 같아요."

"좋아. 아빠가 지금 당장 너를 도와줄 게 있을까?"

"없어요. 모두 괜찮아요."

"그래, 하나님과 대화할 때 내가 필요하다면 언제든 여기 있다는 것만 알아주렴. 다음 주가 오기 전이라도 하고 싶은 말이 있으면 하고."

"네, 아빠, 고마워요."

조를 제공하는 것이 나의 바람이다. 그래서 나는 "언제 다시 얘기하면 좋을까?"라고 물어보아 진행 과정에 전념하고 다음 과정을 청한다.

다시 논의하기 위해 시간 약속을 잡고, 그 전이라도 아이가 원하면 언제든 얘기하자고 확실하게 말한다.

성공적인 부모 코칭 모델은 간단하고 실제적인 도구이며, 코칭이 양육의 자연스러운 접근 방법이 되도록 해 준다. 앞에서 본 것처럼 코칭은 관계적 유대감을 키우는 잠재력을 가졌을 뿐만 아니라, 책임감 있는 성인으로 성장하는 동안 아이들을 놀라울 만큼 지지해 준다.

코칭, 상담, 교육, 멘토링의 차이점

전체적으로 코칭은 관계적으로 새로운 원칙이며 상담, 교육, 멘토링과는 매우 다르다. 전문적인 상담자는 정서적 경험과 정신 건강 관련 문제를 가진 사람들을 돕기 위해 훈련받고 자격을 갖춘 사람이다. 상담자는 진단을 하고, 과거의 고통스러운 문제를 현재로 가져와서 치유함으로써 의뢰인의 문제를 해결하여 도울 것이다. 반면에 코치는 지금 현재를 가지고 작업하며, 의뢰인이 희망하는 미래에 다다를 수 있도록 하는 행동 계획을 만들어 내는 것을 돕는다. 코칭과 상담은 분명히 다르다. 만약 당신의 자녀가 전문적인 상담자의 도움을 필요로 하고 그편이 이로울 것 같다면 전문적으로 훈련받고 자격을 갖춘 상담자에게 도움을 구하길 권하고 싶다.

> "코칭은 자녀가 정말로 주님의 말씀을 듣고 이해할 수 있음을 의사소통하는 것이다."

부모는 자녀의 발달 시기에 따라 다른 역할을 할 것이다. 때로 부모는 지시하여 지식이나 기술을 아이에게 넣어 주는 교육을 할 것이다. 때로는 아이가 배울 때 부모의 전문성과 경험을 이용하도록 허용하는 멘토가 될 것이다. 교육과 멘토링 모두 부모가 자신의 자원을 이용하여 관계 맺기의 전문가로서 자리매김하게 한다.

반면에 코칭은 미래 지향적이며, 아이 안에 주님께서 이미 심어 놓으신 것을 이용하도록 한다. 코칭은 아이가 의사 결정을 하고, 자신의 삶에 책임을 지며, 진정으로 변화된 형태의 학습을 위한 인생 경험을 겪도록 격려한다. 게다가 코칭은 아이의 자연스러운 성장 패턴에 협력하는 방식으로 작업한다. 자연스러운 성장 패턴과 협력하여 작업하면 아이의 마음을 사로잡고 계속 유지하며, 건강한 대인 관계를 발달시키고, 아이 인생의 모든 관계에 영향을 줄 존재 방식의 모범을 보여 줄 수 있다. 자녀가 자람에 따라 코칭은 부모의 양육과 성인기 동안 즐길 수 있는 건강한 대인 관계를 형성하는 데 주요한 역할을 할 것이다.

> **아이가 이미 10대를 넘겼다면 코칭을 시작하기에 너무 늦은 것인가?**
>
> 절대 그렇지 않다! 내가 만나 본 코치들은 자녀가 10대가 될 때까지도 코칭을 시작하지 않은 경우가 많았다. 코칭과 그 혜택에 대해 잘 모르고 이해하지 못했기 때문이다. 코칭을 양육 도구에 더해 사용함으로써 얻게 되는 유익한 점은 ① 관계적 유대감의 강화, ② 책임감 안에서 자녀의 성장이다.
> 자녀가 지금 어떤 발달 단계에 있든 양육에 코칭을 추가하여 사용해야 하는 순간은 바로 지금이다.

앞으로 나아가기

다음에 이어질 장(章)들의 과정에서는 성공적인 부모 코칭이 어떤 방법으로 자연스럽게 양육에 맞아떨어지는지를 살펴보고, 책임감 있는 성인으로 자라는 자녀의 자연스러운 성장 패턴에 도움이 되는 방법을 살펴볼 것이다.

이 책의 2부와 3부에서는 두 대화 모델에 관심을 돌려 좀 더 자세히 살펴본다. 행동의 각 요소를 살펴보고 양육을 할 때 실제로 적용할 기회를 만들 것이다. 성공적인 부모 코칭을 향한 여정을 즐겨 보자. 자녀에게 최고의 코치는 바로 당신이다.

03

아이의 자연스러운
성장 패턴에 협조하기 1

"아비들아, 너희 자녀를 노엽게 하지 말지니 낙심할까 함이라." –『골로세서』 3:21(NASB)

"부모님은 아무 이유 없이 저에 대해서는 아무것도 믿지 않아요. 부모님이 믿지 못할 만한 행동을 하지 않았는데도요. 부모님은 저를 혼자서는 아무것도 할 수 없는 어린아이로 취급했어요. 부모님은 제가 스스로 결정을 내릴 만한 나이가 아니라고 하시면서 친구들, 통행금지 시간, 갈 수 있는 곳과 갈 수 없는 곳 같은 저의 모든 것을 통제해요. 정말로 모든 걸요! 솔직히 저는 이 집에서 나가 내 인생을 살 수 있을 때까지 기다릴 수가 없어요."

"목사님, 우리는 어찌할 바를 모르겠어요! 우리 딸은 버럭 화를 내고 항상 반항해요. 자기를 믿지 않는다고 우리를 비난하고, 우리가 너무 통제하려 한다고 해요. 그 아이가 우리에게 아주 등을 돌릴까 봐 무서워요. 우리가 내린 결정은 그 아이를 위한 것이고, 아이가 상처받지 않게 지키려는 노력이었다는 걸 이해하지 못하는 것 같아요."

– 관계에서 힘들어하는 10대 소녀와 부모

한집에서 살며 같은 경험을 하지만 서로를 전혀 다르게 이해하는 한 가정을 살펴보자. 이런 경험은 많은 부모에게 불행한 일인데, 이때 다음과 같은 질문을 할 수 있다.

- 부모와 자녀가 이렇게 반응하는 이유는 무엇인가?
- 좌절을 유발하는 진짜 원인은 무엇인가?
- 건강한 관계로 되돌리기 위해 나는 무엇을 할 수 있는가?

자녀와 부모가 이 중대한 시기에 함께 노력하며 서로에게 귀 기울임으로써 표면에 드러나는 익숙하고 일상적인 문제점을 들여다볼 수 있다. 앞의 설명과 같이 이런 갈등은 전형적으로 아이의 '자연스러운 성장 패턴'과 일상적이지만 '제한적인 양육 방식'이 충돌할 때 일어난다.

이 충돌은 아이에게 분노를 안겨 주고 부모의 환상을 깬다. 아이는 독립에 대한 강력한 욕구를 표현하기 시작하며 부모의 행동에 의문을 나타낸다. 한편으로 부모는 갑작스러운 아이의 변화에 느닷없이 뒤통수를 맞은 것 같고, 흔히 아이의 행동을 반항의 증거로 잘못 해석하고 이상하게 여긴다.

"아이는 무엇으로부터의 독립을 추구하는가?"

"순진한 우리 아이에게 무슨 일이 일어난 거지?"

머리가 혼란스럽고 가슴이 쿵쾅거리는 부모는 고삐를 더욱 잡아당겨 다시 상황을 통제하려고 노력한다. 그러면 아이는 "왜 나를 통제하려고 해요?"라면서 부모를 더 강하게 밀어낸다. 부모는 "이게 다 너를 사랑하고 위하기 때문이라는 걸 모르겠니?" 하고 반응한다. 이런 대화는 이 장의 시작 부분에서 인용한, 부모와 자녀의 오해와 긴장을 불러일으킬 수 있다. 때때로 부모는 무심코 그리고 교묘하게 자녀를 밀어내고 이렇게 의아해한다. "세상에, 도대체 무슨 일이 일어난 거야?"

오해가 있었다는 것을 깨닫게 되면 부모는 속도를 늦추고 조심스럽게 걸으면서 자녀를 이해하려고 노력해야 한다. 중요한 점은 불필요한 갈등을 막으려고 하지 않으면 서로 간에 더 깊은 분노가 쌓인다는 것이다. 자녀를 사랑하고 양육하고 부양하고 보호하는 부모의 속마음은 보통 따뜻하지만 흔히 잘못된 방법으로 드러난다.

자녀의 독립 요구에 대한 이해: 진실 혹은 허구?

결정적인 발달 단계의 10대 자녀, 부모와 함께 작업하며 부모와 자녀의 고통스러운 경험을 지켜본 나는 마음속에 진지한 질문이 떠올랐다.

"아이는 무엇으로부터의 독립을 추구하는가?"

이 질문을 가지고 씨름하는 동안 나는 일반적으로 청소년기가 독립을 추구하는 시기로 알려졌다는 것을 깨달았다. 청소년기는 자녀가 부모로부터 분리를 시도하고 자신의 정체성을 형성하려는 시기이기도 하다. 부모로서 듣고 교육자로서 독립을 향한 아이의 성장과 독립 추구, 독립에 대한 압력에 대해 이야기하다 보면 몇 가지 서로 상충하는 생각이 내 마음속에서 뒤섞여 버렸다.

자녀가 진정 부모로부터 독립을 추구한다면 인간에 대한 하나님의 의도된 계획과 어떻게 맞아떨어진다는 말인가? 그분께서 제대로 된 직분을 다하는 사람으로서 우리를 빚으셨던 방식과 상반되는 것은 아닌가?

이것은 사람과 관계에 관한 하나님의 욕구에 대해 생각하도록 내 마음속에 자리 잡았다. 우리는 하나님의 형상대로 창조되었고, 하나님은 그 자체로 진정 상호 의존적인 관계—하나님 아버지, 아들, 성령—의 완벽한 예이다. 이는 우리가 시작부터 독립적인 존재가 아니라 상호 의존적인 존재로 설계되고 빚어졌다는 것을 의미한다.

『창세기』 1장과 2장에서 설명하는 창조에 대해 생각해 보자. 알려진 바와 같이 시간의 시작에 하나님은 놀라운 힘으로 상상하시고, 우리가 알고 있는 연이은 6일에 대해 모두 존재하라고 말씀하셨다. 하루하루의 마지막에 하나님은 자신의 작품을 보셨고 그것은 그분이 보시기에 좋았다. 창조물의 으뜸은 사람으로, 하나님은 자신의 형상대로 사람을 창조하셨다. 이것은 다른 창조물과 우리가 분리되어 있다는 의미이다.

인류는 다른 모든 것처럼 존재하라고 말씀하시지 않았고, 오히려 하나님은 다른 작업과 달리 따로 시간을 내고 손수 더러워짐을 꺼리시지 않았다. 아이가 해변에서 모래성을 쌓듯이 진흙에 무릎을 꿇고 사람의 형상을 빚으셨지만 아직 생명을 부여하시지는 않았다. 나는 대지 위에 생명 없이 누워 있는 형상 옆에 하나님이 무릎을 꿇고 마음속에 그 형상을 위한 삶을 상상하시며 미소 짓는 모습을 상상한다. 하나님은 그 남자에게 구부려 형상의 입과 코에 자신의 입을 맞대고 영혼을 불어넣으신다. 다른 창조물들이 놀라움에 지켜보는 가운데 가벼운 침묵이 흐르고, 뒤이어 그 형상은 첫 숨을 내쉰다. 영혼이 부여된 하나님의 생명이 들어가 그 형상에게 삶을 주었고, 그는 '아담'이라 불렀다.

그 남자는 하나님이 그에게 맡긴 창조물을 돌보고 보호하는 책무를 부여받는다. 하나님이 자신의 작품을 관찰하니 그분의 눈에 좋지 않은 것이 하나 띄었다. 세상을 돌보고 보호하는 아담을 보고 하나님이 말씀하시길, "사람이 혼자 있는 것은 좋지 않으니 내 그를 위해 적당한 동반자를 만들어 줄 것이다."

이 말씀을 잘 이해하기 위해 잠시 생각해 보면, '사람이 혼자 있는 것은 좋지 않다'는 독립성을, '내 그를 위해 적당한 동반자를 만들어 줄 것이다'는 상호 의존성을 가리킨다고 볼 수 있다. 그래서 하나님은 아담을 깊이 잠들게 하고 그의 옆구리에서 갈비뼈를 떼어 내어 독립적이면서 상호 의존적인 관계의 적당한 동반자를 빚어 그에게 선물했다. 아담은 이브를 파트너로 받아들이고 바람직한 대인 관계를 즐겼다. 이는 불복종의 원죄와 원죄의 결과가 있기 전까지였고, 그 원죄와 분리는 관계에 대한 하나님의 본래 설계를 왜곡하고 파괴하기 시작했을 것이다. (『창세기』 1, 2, 3장 참조)

하나님의 본래 설계에서 상호 의존적인 관계 양식을 볼 수 있는데, 그것은 하나님 자신의 성격을 직접적으로 반영한 것이다. 더 나아가 우리는 '상호 의존적'이라는 말이 그분의 자녀, '교회', '신부', '가족', '육체', '건물', '국가'를 묘사하기 위해, 또한 상호 의존적인 관계의 독특한 특성을 암시하기 위해 성서를 사용하신다는 점을 명시한다는 것을

"아이의 독특한 정체성은 상호 의존적인 관계의 맥락 안에서 발견할 수 있다."

깨닫는다.

이것이 내가 가지고 있는 내적 갈등의 원인이었다. 우리는 자녀가 독립을 추구한다는 것을 배우고 있다는 것, 그리고 하나님과 하나님의 의도된 관계 설계에 관해 내가 이해했던 것과 사투를 벌이는 나 자신을 발견했다.

그래서 '그것'에 대한 질문의 대답은 무엇인가?
아이는 '그 무엇'으로부터의 독립을 추구하는가?
'그것'은 진정 부모로서 우리인가?

나는 당신이 큰 소리로 "아니요"라고 말하도록 격려하고 싶다. 아이는 부모로부터 독립하려는 것이 아니다. 아이가 독립을 원한다는 것은 사실이다. 아이는 부모와의 건강한 관계를 갈망한다. 나는 아이가 또 다른 매우 중요한 것으로부터 독립을 추구한다고 생각한다. 즉 아이는 어렸을 적에 부모가 했던 '제한적인 양육 방식'으로부터 독립하려고 하는 것이다.

> **"부모는 자녀가 자유를 추구하는 것을 반항으로 잘못 생각하곤 한다. 실제로 반항이 아닌 경우에도 말이다."**

'제한적인 양육 방식'은 아이가 스스로 할 수 있게 된 이후에도 대신해 주거나 무엇을 해야 할지 시키는 것이다. 부모는 종종 자녀가 성장하도록 그냥 놔두지 않고 과거에 사로잡혀 계속 어린아이처럼 대한다. 한편으로, 부모는 자녀가 성숙해 간다는 것을 알 수도 있고 심지어는 망설이며 받아들이지만 양육 방식을 바꾸는 데 실패하고, 제한적인 양육 방식을 청소년기, 청장년기, 때로는 그 이후까지 고수한다. 그러나 부모가 제한적인 양육 방식을 취할 때, 성장과 성숙을 표현하려는 자유를 갈망하는 자녀와 부모 사이에 갈등을 일으키게 된다.

자녀가 어린아이일 때는 대신 해 주거나 무엇을 해야 할지 시키는 제한적인 양육 방식이 필요하지만, 계속 이렇게 하면 아동기를 넘어 성숙함에 따라 자녀에게 혼란스럽고 혼합된 메시지가 전달된다.

혼합된 메시지 이해하기

아이가 태어난 후부터 정상적이고 '자연스러운 성장 패턴'이 형성된다. 이는 책임감 있는 어른이 되어 가는 완벽한 독립이며 건강한 진전이 특징적이다. 아이가 성숙하면서 '자연스러운 성장 패턴'은 다음과 같은 내적 메시지를 보내기 시작한다.

너는 자라며 성숙하고 있다.
너의 능력은 커지고 있다.
너는 네 문제를 다루며 결정을 내릴 수 있고 책임을 질 수 있다.
연습을 시작하라!

반면에 부모의 '제한적인 양육 방식'은 아주 다른 메시지를 보낸다.

너는 아직 어린아이이다.
너는 네 스스로 할 수 있는 능력이 없다.
너는 문제를 다루며 의사 결정을 하고 네 스스로 책임질 준비가 되어 있지 않다.
너는 무엇을 해야 할지 모르기 때문에 그것을 알려 줄 부모가 필요하다.

이때 부모는 자녀의 자연스러운 성장 패턴과 제한적인 양육 방식 사이의 충돌을 경험하고, 그들 사이에 자연스럽게 긴장이 생긴다. 부모는 실제로는 반항이 아닌데도 자유에 대한 자녀의 자연스러운 추구를 반항으로 여기는 실수를 범할 수 있고, 이때 부모와 자녀 간의 불필요한 관계 갈등이 야기된다.

이해를 돕기 위해 이를 다음과 같이 도표로 나타냈다.

자연스러운 성장 패턴

출생 후 책임감 있는 성인기까지의 자연스러운 성장 패턴

의사 결정을 하고 책임을 수행하는 아동의 능력은 성장하면서 자연스럽게 증가한다.

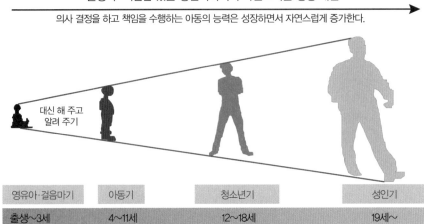

영유아·걸음마기	아동기	청소년기	성인기
출생~3세	4~11세	12~18세	19세~

부모에게 완전히 의존적인 상태로부터 책임감 있는 성인으로서 자신의 삶을 관리할 수 있는 능력을 갖도록 점진적으로 진전시키는 자연스러운 성장 패턴은 아이가 태어날 때 결정된다. 아이가 성숙함에 따라 의사 결정을 하고 책임을 지려는 욕구와 능력이 자연스럽게 증가한다.

제한적인 양육 방식

대신 해 주고 알려 주기

의사 결정을 하고 책임을 수행하는 아동의 능력은 성장하면서 자연스럽게 증가한다.

대신 해 주고 알려 주기

대신 해 주고 알려 주기

대신 해 주고 알려 주기

대신 해 주고 알려 주기

영유아·걸음마기	아동기	청소년기	성인기
출생~3세	4~11세	12~18세	19세~

아이의 성장 능력과 내적 요구는 부모가 제공하는 것보다 덜 직접적이다. 이는 아이가 성숙함에 따라 더 두드러져서 아이 안에서 내적 긴장을 유발한다. 자신의 성장 능력을 연습하려는 자유에 대한 아이의 욕구는 해야 할 것을 대신 해 주고 알려 주는 제한적인 양육 방식과 충돌한다. 이런 일이 계속되면 ① 부모에게 통제권을 아예 넘겨주고 성인기까지 이어질 수 있는 건강하지 않은 의존적 관계를 발전시키거나, ② 부모와 의무적인 관계를 맺고 건강하지 않은 독립 관계를 발달시킴으로써 성장 능력을 연습하려는 자유를 추구한다.

아이가 해야 할 것을 부모가 '대신 해 주고 알려 주는 제한적인 양육 방식'은 아기가 태어나면서 자연스럽게 익숙해진 것이다. 아기가 부모에게 완전히 의존한다는 것은 쉽게 알 수 있다. 부모는 아기를 키우면서 입히고, 먹이고, 기저귀를 갈아 주고, 보호해 준다. 자녀가 어릴 때 이는 자연스러운 일이며, 대신 해 주고 알려 주는 것은 두 번째 본성이다. 결과적으로 부모는 무심결에 더 오랫동안 그런 일을 지속한다.

아이의 '자연스러운 성장 패턴'은 완전히 부모에게 의존적인 상태에서 책임감 있는 성인기로 점진적으로 진전하는 것이다. 자녀는 성숙함에 따라 의사 결정을 하고 책임을 수행하는 능력 또한 성숙한다. 따라서 부모는 자녀가 해야 할 것을 대신 해 주고 알려 주려는 충동을 억누르고, 건강한 방식으로 자녀가 성숙하는 데 필요한 자유를 주는 양육 역할을 해야 한다.

부모가 자녀에게 의사 결정을 하고, 책임감을 갖고, 행동을 시작하고, 문제를 해결하고, 도전에 부딪치는 데 따르는 고통을 경험할 자유를 줄 때 자녀는 책임감 있는 성인으로 자라날 것이다. 자녀가 부모에게 건강하지 않은 의존을 하게 만들거나 자녀를 밀어낸다면 자녀는 성장 능력을 연습하기 위한 자유를 다른 곳에서 찾게 될 것이다.

깊이 생각하기

앞의 도표를 잠시 살펴보며 자녀의 자연스러운 성장 패턴과 제한적인 양육 방식을 비교해 보자. 자녀가 14세경일 때도 어린아이 다루듯 대신 해 주고 알려 준다면 어떤 일이 일어날지 생각해 보자.

- 자녀는 어떤 반응을 보일 것 같은가?
  a. 부모와의 관계에서 어떤 반응을 보일까?
  b. 자녀가 성장하면서 발달적으로는 어떤 반응을 보일까?
- 이 시기에 자녀가 경험할 내적 긴장은 무엇인가?
- 자녀가 독립적인 사고를 발전시키도록 어떤 방법을 제공해야 할까?

양육의 목적은 '가정이 주는 안식처를 넘어 책임감 있는 성인으로 살아가도록 인생을 준비시키는 것'이다.

- 이 목적을 충족하는 데 이 양육 방법은 얼마나 효과가 있는가?
- 자녀의 연령에 적합한 척도 지점에서 위의 질문을 자기 자신에게 던져 보라.

희망이 있는가

타협안이 충족될 수 있을까?

충돌을 피할 수 있을까?

피해가 최소화될 수 있을까?

이미 충돌이 일어났다면 회복될 수 있을까?

좋은 소식은 그 답이 "네! 가능합니다."라는 것이지만 다음과 같은 것이 필요하다.

자기 조절   *의도성*

이해   *시간*   *노력*

> "부모님이 나를 양육하는 방법은 엄청난 규칙을 내세우는 지배자가 아니라 동료로 여길 수 있도록 도
> 와주시는 거예요. 부모님은 내 한계와 결과, 그리고 그다음 일에 대한 의사 결정을 하는 데 관여하세
> 요. 그래서 내 마음을 부모님에게 말하기가 더 쉽고 부모님을 적이 아닌 친구로 대할 수 있어요. 내가
> 성장함에 따라 부모님은 의사 결정 과정에서 더 자주 나와 함께하셨고, 또한 내 자신을 위한 결정을
> 할 자유를 더 주셨어요. 그래서 나는 내 인생을 위한 준비가 더 잘된다고 느낄 뿐만 아니라 부모님과
> 좋은 관계를 유지하고 있지요."
>
> — 부모 코치를 둔 세일라(16세)

부모로서 주안점과 의도성을 유지하는 가장 중요한 방법은 양육의 목표를 이해하는 것이다. 자녀에게 모든 고통으로부터의 은신처를 제공해야만 할까? 아니면 가정이 주는 안식처를 넘어 책임감 있는 성인으로 살아가도록 인생을 준비시켜야 할까?

"우리가 자유를 줄 때 아이는 책임감 있는 성인으로 자연스럽게 성장할 것이다."

이 질문에 대한 답은 자녀의 출생부터 집을 떠날 때까지 여정의 방향을 어떻게 잡을지에 큰 영향을 미친다. 자녀의 '자연스러운 성장 패턴'을 돕기 위해서는 자녀가 성장함에 따라 양육 방식을 변화시켜야 할 것이다. '제한적인 양육 방식'에서 '자율권을 주는 부모 코칭 방법'

으로의 변화는 인생을 살면서 자녀와 즐길 수 있는 건강한 대인 관계를 발전시킬 것이다. 더 나아가 하나님이 부여하신 잠재력을 발휘하고 도달할 수 있도록 하는 지지적인 성장 환경을 제공할 것이다. 자녀가 성장함에 따라 부모로서의 책임을 버리지 말고, 자녀에게 맞서기보다는 함께 협조할 수 있는 양육 방식으로 대체해야 한다.

자율권을 주는 접근 방법

성인기 동안 건강한 대인 관계를 형성하도록 하는 '자연스러운 성장 패턴'과 어우러질 다음의 양육 모델을 살펴보자.

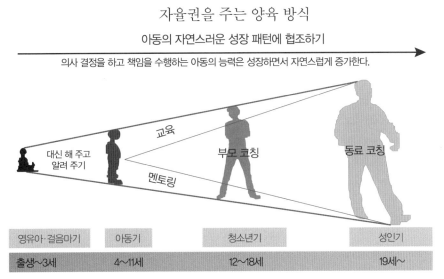

아이의 성장과 성숙은 아이의 자연스러운 능력 속도에 맞게 자유와 책임감을 기꺼이 늘려 주는 부모의 마음에 의해 이루어진다. 아이의 요구에 따라 양육 역할을 변화시킴으로써 부모는 아이의 자연스러운 성장 패턴에 맞추게 되며, 아이가 책임감 있는 성인으로 성장하는 것을 격려한다. 이렇게 건강한 관계와 자녀의 성장을 위한 지지적인 환경을 조성함으로써 아이와 부모 모두가 더 자연스러운 발달 단계로 이행한다. 이처럼 부모의 역할이 '대신 해 주고 알려주기'에서 티칭, 멘토링, 부모 코칭으로 전환되는데, 아이가 가정을 떠나는 성인기가 되었을 때는 동료 코치로서 상호 의존적인 관계에서의 역할을 대신 해 줄 수 있다.

'자율권을 주는 양육 방식'은 자녀가 해야 할 것을 부모가 대신 해 주고 무엇을 어떻게 해야 할지 알려 주는 때가 있지만 그 시기가 상대적으로 짧다. 자녀가 책임감 있는 성인이 되도록 준비시키기 위해 부모는 유연해질 필요가 있고, 자녀의 성장과 발달 동안 다른 '양육 역할'을 수행해야 하며, 계속해서 대신 해 주고 무엇을 해야 할지 알려 주고 싶은 유혹을 이겨 내야 한다.

> "많은 이유로 나는 부모님과 오랫동안 좋은 관계를 유지할 것이라고 믿어요. 그 이유 중 하나는 부모님이 나를 존중하면서 대하는 방법을 알고 계시다는 거예요. 부모님은 나를 존중하고 믿어 주시며 내 말에 귀 기울여 주세요. 부모님이 단호하지 않다거나 내가 부모님을 통제하는 것이 아니라 서로 존중하는 관계를 맺고 있지요."
>
> – 재스민(17세)

양육에서 부모의 역할은 어느 시점에 자녀의 요구에 따라 자연스럽게 변화할 것이다. 어떤 경우에는 지식을 전하는 교육을 할 것이고, 또 어떤 경우에는 경험을 통해 어렵게 얻은 것을 알려 주는 멘토가 될 것이며, 보통은 코치를 할 것이다. 자녀는 자라고 성숙하면서 부모가 뒤로 물러나기를 바랄 것이고, 부모는 자녀에게 더 많은 책임감과 자유를 주어야 한다는 점을 유념해야 한다. 성공적인 부모 코칭의 정신과 기술, 원칙은 부모들을 도울 것이며, 부모들은 아주 쉽게 해 볼 수 있다. 결국 부모는 진정으로 변화되어 배움으로써 자녀의 경험에 영향을 미치도록 도울 것이다. 마침내 부모는 하나님이 부여하신 독특한 정체성을 찬미하는 건강한 대인 관계를 만들어 낼 것이다.

독립: 가치관과 독특한 정체성에 대한 자신만의 태도를 발달시키면서 영향력과 지도. 부모의 통제로부터 자유롭고 싶은 내적 충동이다. 자녀가 스스로 독립적이라고 분명히 말할 수 있게 해 주며, 자신의 삶에서 자주적이면서 통제권을 가지게 한다.

상호 의존: 자신의 고유한 정체성을 유지하면서 각 사람이 건강한 성장과 발전을 위해 서로 의존한다. 상호 의존은 건강한 소속감을 만들고, 각 사람이 관계에 가져올 가치를 존중한다. 한 사람의 독특한 정체성은 상호 의존적인 관계 맥락 안에서 발견되고 축하받을 수 있다.

다음 도표를 잠시 살펴보며 자녀의 자연스러운 성장 패턴과 자녀의 성장 패턴을 받아들이고 성장 능력을 연습하도록 자유를 주는 양육 방식을 비교해 보자.

자녀가 14세경일 때 부모가 자녀의 성장 능력을 가늠하여 충분히 다룰 수 있을 만큼의 자유와 책임감을 준다면 어떤 일이 일어날지 생각해 보자.

- 이렇게 한다면 자녀에게 어떤 도움이 될까?
- 자녀는 어떤 반응을 보일 것 같은가?
  a. 부모와의 관계에서 어떤 반응을 보일까?
  b. 자녀가 성장하면서 발달적으로는 어떤 반응을 보일까?
- 자녀와 건강한 상호 의존적 관계를 발전시키기 위해 어떤 방법으로 제공해야 할까?

양육의 목적은 '가정이 주는 안식처를 넘어 책임감 있는 성인으로 살아가도록 인생을 준비시키는 것'이다.

- 이 목적을 충족하는 데 이 양육 방법은 얼마나 효과가 있는가?

자녀의 연령에 적합한 척도 지점에서 다음 질문을 던져 보라.

- 지금 어떤 방법으로 자유와 책임감을 주기 시작할 수 있을까?
- 부모의 품을 떠난 뒤 자녀는 어떻게 삶의 준비를 시작할 수 있을까?
- 이 양육 방법을 실천하기 위해 나는 무엇을 약속할까?

아동의 자연스러운 성장 패턴과 자율권을 주는 양육 방식의 비교

자연스러운 성장 패턴

출생 후 책임감 있는 성인기까지의 자연스러운 성장 패턴

의사 결정을 하고 책임을 수행하는 아동의 능력은 성장하면서 자연스럽게 증가한다.

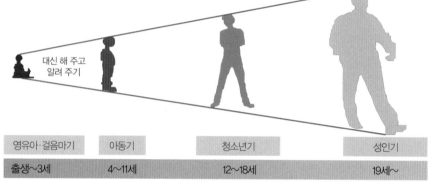

대신 해 주고
알려 주기

| 영유아·걸음마기 | 아동기 | 청소년기 | 성인기 |
| 출생~3세 | 4~11세 | 12~18세 | 19세~ |

자율권을 주는 양육 방식

아동의 자연스러운 성장 패턴에 협조하기

의사 결정을 하고 책임을 수행하는 아동의 능력은 성장하면서 자연스럽게 증가한다.

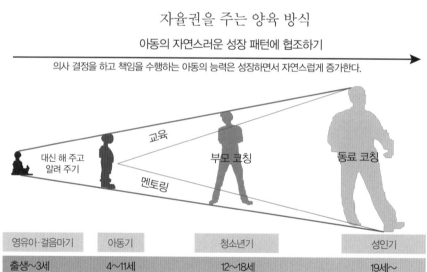

대신 해 주고
알려 주기

교육

부모 코칭

동료 코칭

멘토링

| 영유아·걸음마기 | 아동기 | 청소년기 | 성인기 |
| 출생~3세 | 4~11세 | 12~18세 | 19세~ |

아이의 '자연스러운 성장 패턴'을 이해하고 도와주면 지지하는 관계적 환경이 조성되고 부모와 자녀 사이에 전반적으로 협력의 분위기가 감돌 것이다. 성공적인 부모 코칭은 부모가 자녀와 건강한 관계를 형성하도록 돕고, 자녀의 자연스러운 성장 패턴과 책임을 수행하려는

성장 욕구에 대한 오해에서 초래되는 불필요한 갈등을 줄여 줄 것이다.

부모 코칭 연습

이번 주에는 아이와 대화하는 시간을 가져 보자. 당신이 진심으로 아이를 더 잘 이해하고 싶어서 아이에게 책임감 있는 성인으로 성숙할 자유를 줄 수 있다는 것을 알려 주자.

이렇게 이야기를 시작할 수 있을 것이다.

"네 안에서 무슨 일이 일어나고 있는지 계속 생각해 봤는데 말이야. 내가 네 말과 행동을 좀 오해했을 수도 있다는 걸 깨달았어. 처음에는 네가 반항적이 되어 간다고 생각했는데, 지금은 내 판단이 틀렸을 수도 있고 다른 일이 있을지도 모른다는 걸 알았지. 더 큰 자유와 책임, 의사 결정을 위한 조언에 대한 네 욕구가 어느 수준인지 내가 이해할 수 있도록 도와주겠니?"

- "자유와 책임, 의사 결정에 대한 네 개인적 욕구를 말해 보렴."
- "이 시점에는 어떤 방법으로 네 성장을 도와줄까?"
- "너를 지지하고 네 성장을 존중한다는 것을 보여 주기 위해 내가 무엇을 하거나 어떻게 말해 주면 좋을까?"
- "안전하게 하면서도 과보호가 아닐 정도로 너를 대해 주려면 우리는 무엇을 정해야 할까?"
- "우리가 이것을 함께 해 보는 데 너는 무엇을 기대하고 있니?"

04

아이의 자연스러운
성장 패턴에 협조하기 2

"부모가 아이에게 줄 수 있는 가장 큰 선물 두 가지는
책임감과 그 안에서 성장할 수 있는 자유이다."

꽉 쥐고 있는 통제력을 느슨하게 하고, 책임을 넘겨주며, 아이가 의사 결정을 하여 실패의 고통을 경험할 수 있도록 허용하는 것은 부모로서 가장 어려운 일일지도 모른다. 하지만 이러한 것들은 아이의 건강한 발달을 도모하여 책임감 있는 성인기로 향하도록 하는 데 정말 필수적인 요소이다.

깊이 생각하기

위의 문장을 생각해 볼 때……

• 가장 먼저 떠오르는 생각은 무엇인가?
• 마음속에서 어떤 감정이 일어나는가?
• 위의 문장 중에서 가장 동의하는 부분과 가장 거부감을 느끼는 부분은 무엇인가?

아이를 사랑하는 부모는 순수하게 돕고 싶다는 바람이 있기 때문에 아이에게 해결책을 제시하고, 문제를 풀어 주며, 고통스러운 경험에서 아이를 보호하려는 자연스러운 경향을 지니고 있다. 그러나 부모가 느끼기에 아이가 필요하다고 생각하는 사랑과 성원을 보내려고 탐색하는 중에 미묘하고 비의도적으로 아이를 밀어낼 수 있다.

> "아이가 자신을 돌볼 수 있도록 하지 않으면 당신은 아이가 자신을 돌보는 방법을 가르칠 수 없다. 아이는 실수를 저지를 것이고, 그 실수는 아이의 지혜가 될 것이다."
> —헨리 워드 비처

훌륭한 부모 코치들은 아이를 깊이 사랑하는 마음과, 현재를 초월하여 아이의 미래에 초점을 맞추는 안녕감에 대한 전반적인 욕구를 가지고 있다. 부모 코치들은 중심축이 되는 인생 경험과 아이가 깊이 생각하여 배운 것을 인생에 적용하도록 격려하는, 중요하고 의미 있는 관계들이 결부되어 변화된 형태의 학습이 일어난다고 이해한다. 단순히 부모가 계속해서 아이에게 알아야 할 필요가 있다고 생각하는 것을 말하고 아이를 위해 대신 해 준다면 가정이 주는 안식처와 보호를 넘어선, 인생에 필요한 성장이 불가능할 것이다.

양육 방식의 전환이 어떤 사람들에게는 쉬운 일일 테지만, 약속하건대 이는 누구나 경험할 수 있다.

시키는 것에서 코칭으로 전환한 새런의 말을 함께 생각해 보자.

"이건 집중해야 하고 의도성이 있어야 했어요. 그리고 닫힌 질문이 아닌 열린 질문으로 물어봐야 한다는 것을 기억하기가 정말 어려웠어요. 해결 지향 질문을 멀리해야 한다는 것도 어려웠는데, 그건 내가 부모로서 특정 방법으로 하려는 경향이 있었기 때문이죠. 사실 열린 질문이 제 2의 천성이 될 때까지는 정말 지치는 일이었어요."

"아이들이 깊이 숙고하고 생각과 느낌을 말로 표현하는 것을 배우는 동안, 나는 아이들의 대답을 기다리면서 인내하는 법을 배워야만 했어요. 그건 내 마음속에서 아이들이 성인으로 변화하도록 했고, 하나님이 아이들의 삶에서 작업하고 계시다는 것을 깨달았어요. 그렇지만 그럴 만한 가치가 있었어요. 우리는 정서적으로 더 가까워지고 더 깊이 있는 것을 많이 나눴는데, 누구보다 더 빠르게 그렇게 되었죠.
— 코치이자 두 성인 자녀의 어머니인 새런 와일드먼

변화는 힘든 작업일 수 있으며, 해결 방법을 제시하는 '시키기 모델'의 양육으로 되돌아가려는 유혹을 느낄 수도 있다. 그 이유는 다음과 같다.

- 습관화된 행동으로 하는 것일 수 있다.
- 더 친숙하고 편안하게 느껴지기 때문에 그냥 그렇게 하는 것일 수 있다.
- 시간문제일 수도 있는데, 그냥 스스로 해 버리거나 무엇을 어떻게 해야 하는지 시키는 것이 더 빠르기 때문이다.
- 그냥 시키는 것이 더 쉽기 때문이다.
- 어떤 사람에게는 통제력을 계속 유지하려는 욕구 때문일 수 있다.

어떤 유혹 때문이건 간에, 다시 되돌아가려는 유혹을 뿌리치고 오랜 시간 동안 끌려다니기만 했던 아이에게나 부모에게 모두 도움이 될 새로운 양육 방식을 수행하는 것은 부모의 책임이다.

통제와 자유에 대해 주목해야 할 점

통제는 흥미로운 것이다. 부모가 더 넘겨줄수록 더 가지게 되는데 이는 인생의 보편적인 진리이다. 통제력을 빡빡하게 꽉 쥐고 유지하려는 부모는 점진적으로 자녀를 풀어주는 데 실패하고 결국에는 이미 가지고 있던 통제력을 잃어버리게 된다. 자녀의 성장 능력에 맞게 통제를 풀고 자유를 더 주지 않으면 자녀가 자라면서 삶 속에서 자연적인 긴장을 만들게 된다. 따라서 자기 삶에 대한 통제감과 자유에 대한 지각을 가지기 위해 자녀의 내부에서 밀어내려는 더 강한 욕구를 만들어 낸다.

언제 뛰어들어 도와주어야 할까?

자녀에게 모든 고통으로부터의 은신처를 제공하는 것은 부모의 책임이 아니다. 고통은 자녀의 성품을 연마함으로써 자녀에게 매우 놀라운 학습 경험을 제공한다. 한편 부모에게는 자녀의 성장과 학습에 도움이 되지 않는 유해한 것으로부터 자녀를 지킬 책임 또한 있다.

자녀가 너무 큰 상처를 받아서 삶을 잃게 되거나 스스로 다룰 수 없는 상황에 처한다면 부모가 뛰어들어 도와주어야 한다. 부모가 자녀를 위해 모든 것을 돌봐준다면 자녀가 자신을 돌볼 수 있는 능력을 발달시키지 않는다는 것을 항상 염두에 두자. 뛰어들어 도와주어야겠다고 생각될 때는 가능한 한 먼저 자녀의 동의를 구하는 코칭 태도를 유지한다. 이는 자녀를 한 인간으로서 존중하는 것이고, 자녀가 삶에서 존엄성과 통제감을 유지하도록 해 줄 것이다.

단호박과 떡갈나무

빨리 수정하고 해결책을 찾을 수 있는 시대를 살아가면서, 우리는 수정하고 해결책을 찾는 데 시간이 걸리고 책임 있는 어른으로 성장하는 데 노력이 필요하다는 것을 종종 망각하곤 한다. 이러한 점을 잘 묘사한 제임스 가필드의 이야기가 있다. 이는 가필드가 미국 대통령이 되기 전의 이야기로, 당시에 그는 오하이오 주 히람대학의 총장이었다. 어떤 아버지가 교과 과정을 단순하게 해서 자기 아들이 학업을 일찍 끝마치게 할 수 있는지 물어보았을 때 가필드는 이렇게 대답했다.

"물론 가능합니다. 그런데 그건 아드님이 어떤 사람이 되기를 바라는지에 따라 다릅니다. 하나님께서는 떡갈나무를 만들고자 하실 때 100년을 쓰시고, 단호박을 만들고자 하실 때는 두 달을 쓰셨습니다."[1]

자녀가 무엇이 되기를 바라는가? 빠르고 쉬운 것은 인생 전반에 걸쳐 성격의 자질이나 관계에 필요한 자질을 형성하지 않는다. 자녀가 더

> "빠르고 쉬운 것은 인생 전반에 걸쳐 성격의 자질이나 관계에 필요한 자질을 형성하지 않는다."

---

1. Angus J. MacQeen. *Producing too Many Squashes*. Online posting. Sermon illustrations. 8 Nov. 2010 〈http://bible.org/illustration/producing-too-many-squashes〉

훌륭한 사람으로 자라나도록 하기 위해 부모가 장기간에 걸쳐 노력해야만 자녀가 자신의 평생에 걸친 성격을 형성하는 것을 도울 수 있음을 이해해야 한다.

부모 코치가 관계와 성장을 지지하는 것은 의도적이며, 아이의 자연스러운 성장 패턴에 협조하여 작업을 한다.

깊게 생각하고
더 깊이 있게 생각하고
가능성을 꿈꾸고
행동을 취하고
경험을 통해 성장하도록 돕는다.

하나님이 사람들과 환경을 그들이 원하는 성격을 형성하는 삶 속에 넣으시기를 우리는 기도한다. 그리고 적극적으로 도울 수 있는 순간을 지켜보면서 그들이 대화할 사람이 필요할 때 우리가 코치로 자리매김할 수 있기를 기도한다.

나이의 덫

그렇다면 언제 아이에게 코칭을 시작할 것인가? 부모에게 가장 큰 장애물 중 하나는 능력에 따라 생각하는 것이 아니라 나이대에 따라 생각하는 경향이다.

- "시작하기에 알맞은 나이는 언제지?"
- "우리 아이는 해도 될 나이인가?"
- "우리 아이는 아직 준비가 안 됐어!"
- "우리 아이는 스스로 결정하기에 너무 어려."
- "아이가 더 나이를 먹으면 자유와 책임을 더 줄 거야."

나이와 성숙도는 동의어가 아니다. 나이가 어리다는 것과 미성숙이 동의어가 아닌 것처럼 말이다.

> 잠시 생각해 보자. 요즘 10대의 최고 불평은 부모에 관한 것이다.
>
> • 부모님은 우리를 위해서 의사 결정을 하려고 한다.
> • 부모님은 너무 통제적이다.
> • 부모님은 우리를 과보호한다.
> • 부모님은 우리를 대신해서 살려고 한다.
> • 부모님의 사랑은 종종 조건적이라고 느껴진다.
> • 부모님은 비현실적인 기대감을 가지고 있거나 완벽을 기대한다.
> • 부모님은 자신의 두려움과 불안감을 우리에게 투사한다.
> • 부모님은 자신이 설교한 것을 실천하지 않는다.[2]

부모가 나이의 덫에 걸려 있다면 자녀가 어느 발달 단계에 있는지에 관계없이 현재 자녀가 가지고 있는, 인식하고 인정하고 확신하는 능력을 놓치게 될 가능성이 더 크다. 이로 인해 부모의 눈이 가려져서 부모가 대신 해 주고 할 일을 알려 줌으로써 자녀의 내적 긴장을 만들고, 부모의 동기에 대한 의심을 불러일으킨다.

"왜 나는 이런 결정도 스스로 할 수 없는 거죠?"

"왜 내 의견은 중요하지 않죠?"

"제발 내가 결정해도 돼요? 나는 기꺼이 책임질 거예요."

이와 같은 솔직한 질문과 진술은 책임감 있는 성인기를 향한 자녀의 발달이 잘 진행 중이

---

2. Carol Carter, Gary Izumo, and Joe Martin. Stop Parenting & Start Coaching (LifeBound, 2004), pp. xvff.

며, 부모의 양육 방식이 바뀔 필요가 있다는 것을 알려 주는 간단한 지표이다. 계속해서 부모가 단순히 자녀에게 할 일을 시킬 수는 없다. 자녀를 결정에 참여시키고, 자녀가 책임감을 다루거나 스스로 위험을 이겨 내도록 해야 한다.

다음은 부모를 위한 질문이다.

언제 어떻게 시작하는가?

나이를 먼저 고려하지 않는다면 무엇을 고려해야 하는가?

시작해야 될 때라는 것을 알아차렸을 때 어떻게 해야 하는가?

이 문제를 가지고 씨름하는, 두 아이의 아버지 로버트의 코칭 회기를 관찰하면서 위의 질문에 대해 생각해 보자. 그런 다음 책임 넘겨주기에 대한 성서 속의 모델을 살펴볼 것이다.

로버트 사무실에서의 코칭 회기

"그레그, 나는 고군분투하고 있어요. 내 아들 스티븐은 내가 통제하고 자신을 충분히 믿지 않는다고 말해요. 우리 사이에 긴장감이 커지고…… 아, 정말이지 나는 그런 방식을 이어 가고 싶지 않아요. 아이가 몇 살 때쯤 통제를 조금 풀어줘서 결정할 자유를 더 줘야 할지 생각하게 됐어요."

"*로버트, 좋은 소식은요. 당신이 정상적인 아빠라는 거예요! 이번 시간에는 어떻게 도와 드릴까요?*"

"당신도 알다시피 나는 당신의 우정과 의견을 가치 있게 생각해요. 그래서 당신이 이 모든 것에 대해 어떻게 생각하는지 궁금해요. 몇 살 무렵부터 자유를 더 주기 시작하는 게 좋을까요?"

"*글쎄요. 내가 만약 그건 나이 문제가 아니라고 한다면 당신은 어떻게 생각하겠어요?*"

"솔직히 나이에 따른 문제로 보여서 그 질문에 대한 내 생각을 확신할 수 없어요. 나는 열일곱 살 때 집을 나와서 독립하고 나 자신을 위한 의사 결정을 시작했어요. 그런데 스티븐은 겨우 열한 살이고, 어른이 되어 독립하기 전까지 아직 몇 년 더 함께 살아야 한다고요."

"당신의 경험에 대해서 좀 말씀해 주실 수 있나요?"

"물론 괜찮아요."

"당신은 열일곱 살 때 독립했다고 했는데 그 경험에 대해 좀 말씀해 주세요."

"솔직하게요?"

"그럼요."

"음, 처음에는 부모님의 통제에서 벗어난다니 정말 흥분되었죠. 내가 그렇게 바라던 자유를 마침내 찾은 것 같은 기분이었어요. 나 스스로 결정하고 나 혼자만의 삶을 살 수 있었고, 지긋지긋한 부모님의 일장연설을 들을 일도 없고, 마침내 내가 원하는 것을 할 수 있었죠. 실제로 나는 친구들한테 인기도 많았어요! 정말 굉장했어요. 그런데 얼마 지나지 않아서 현실이 나를 강타했어요."

"'현실이 강타했다'는 말이 무슨 뜻이죠?"

"부모님 집을 나와 혼자 살아가는 데 얼마나 돈이 드는지 정말 몰랐어요. 10대니까 생활비에 대해 전혀 생각해 보지 않았죠. 임대료, 전기세, 보험료, 식비, 교통비 등등…… 부모님 집에 있을 때는 부모님이 모든 것을 처리하셨어요. 부모님은 자식들에게 꽤 후하셔서 나는 아주 간단한 비용도 생각해 본 적이 없었어요. 부모님 집에 살 때는 정말 고마운 줄 모르고 당연시했던 것 같아요. 나는 재정적으로 만신창이가 되었죠. 날아오는 청구서를 감당하기 위해 몇 군데에서 일을 해야 했어요. 결국 나는 모든 것을 곡예하듯 잘 조절하지 못하고 지쳐 쓰러졌어요. 빚쟁이들한테 전화가 오고 나서야 문제가 있다는 걸 자백했어요. 솔직히 부모님께는 얼마나 상황이 안 좋은지 절대 말하지 않았어요. 이 모든 것이 너무 당혹스럽고 창피했으니까요."

－오랜 침묵－

"당신도 알다시피 옛날을 되돌아보면 지금 생각하기에 너무 부끄러운 결정을 많이 내렸더라고요."

"그건 힘든 일이죠. 당신은 어마어마한 경험을 하셨네요. 괜찮으시다면 또 다른 질문을 해도 될까요?"

"그럼요. 해 보세요."

"오늘 그런 경험을 생각해 봤을 때 그것이 당신에게 미친 긍정적인 영향은 무엇일까요?"

"그거 참 흥미로운 생각의 전환이네요. 글쎄요, 그 경험이 살면서 흔적을 남겼다는 것은 분명해요. 헤쳐 나가기 어려울수록 한 가지 긍정적인 점은 내가 도움을 구하고 돈을 관리하는 방법을 배우게 되었다는 거예요. 또 예전에는 그냥 충동적으로 했지만 결정하기 위해 시간을 두고 따져 보는 법을 배웠죠. 가장 위대한 교훈 중 몇 가지는 가장 힘든 시기를 헤쳐 나가면서 배웠어요."

"그거 굉장한 통찰이네요. 가장 위대한 교훈 중 몇 가지는 가장 힘든 시기를 헤쳐 나가면서 배웠다! 이제 우리는 두 가지 방향으로 얘기해 볼 수 있겠네요. 당신이 집을 떠난 후에 배운 교훈과 그 교훈이 당신에게 미친 영향에 대해 더 얘기해 볼 수도 있고, 이걸 잠시 마음에 접어 두고 원주제인 스티븐에 대한 얘기로 돌아갈 수도 있어요. 어떤 얘기를 하고 싶나요?"

"지금은 스티븐에 대해 생각하고 싶어요. 그 아이 문제로 돌아가죠."

"좋아요. 스티븐은 열한 살이죠?"

"네."

"조금 전의 통찰과 당신이 경험을 통해 배운 교훈을 생각해 봤을 때 스티븐이 6, 7년 내에 집을 떠난다면 어떨 것 같아요? 어떤 삶이 스티븐에게 좋을까요?"

－생각에 잠긴 침묵－

"흥미로운 질문이네요. 솔직히 말해 열한 살 때까지의 기억은 희미해요. 아마도 6, 7년 후에 대해 말하는 게 더 좋을 것 같네요."

－생각에 잠긴 침묵－

"음, 시작하는 단계에 스티븐이 돈에 대해 잘 이해하고 그 가치 그리고 어떻게 관리해야 하는지 알았으면 좋겠어요. 자신의 결정에 따르는 결과를 이해할 수 있었으면 좋겠고요. 그리고 결정을 하기 전에 그 결정의 장단점에 대해 곰곰이 생각하는 능력을 가지길 바라며, 먼 미래를 내다보고 현명한 의사 결정을 했으면 좋겠어요. 또 시간 관리를 잘해서 일과 휴식의 균형을 이룰 수 있는 능력이 있었으면 해요. 이렇게 생각해 보니 놓친 게 있는 것 같군요. 스티븐이 이 세 가지를 잘 이해한다면 독립해서 자신의 삶을 시작할 때 큰 자신감을 얻을 수 있으리라 믿어요."

"그거 굉장하군요. 또 마음속에 떠오른 것이 있나요?"

"네, 한 가지 더 있어요."

"그게 뭔데요?"

"스티븐이 어떤 상황에 처하더라도 나한테 알려 준다면 나는 그 아이를 비난하지 않고 그 아이의 편에 서서 버팀목이 되겠다는 걸 알아줬으면 좋겠어요."

"대단해요! 집을 떠나서 자기 삶을 시작하는 스티븐에 대해 얘기해 보니 기분이 어때요?"

"기대되네요. 스티븐이 성공하고 인생의 방향을 찾을 엄청난 기회를 갖고 있다고 생각해요. 그리고 그 기회는 심지어 내가 스스로 했던 것보다 더 나은걸요."

"자, 이제 몇 년 후의 당신에 대해 상상해 봐요. 스티븐은 이 부분에서 단련되면서 성장하고 있어요. 완벽하지는 않지만 당신이 말한 것들에 대해 성장 가능성을 갖고 있어요. 당신은 대학 개강 첫 주에 스티븐을 데려다 주고 서 있어요. 당신은 아빠로서 무슨 생각을 하고 있나요?"

"나는 '스티븐은 괜찮을 거야'라고 생각하고 있어요. 스티븐이 자신의 능력을 잘 키워 왔다는 걸 알고 있거든요. 비록 실수는 하겠지만 스티븐은 그 실수를 이겨 내고 헤쳐 나가면서 성장할 자신감을 갖고 있어요. 그 아이의 성공적인 미래를 떠올리니 정말 흥분되네요."

"훌륭해요. 이제 상상의 여정에서 잠시 돌아와서 처음 질문에 초점을 맞춰 보죠. 스티븐에게 자유를 더 주기 시작할 최적의 시기가 언제라고 생각해요?"

로버트는 미소를 지으면서 말했다.

"여기에 왔을 때는 당신의 생각을 나에게 말해 줄 것이라고 기대했어요. 그리고 나중에 스티븐이 더 성장했을 때라고 말해 주기를 기대했어요. 그런데 얘기를 하고 보니 어떤 사건보다는 과정을 보기 시작했어요. 나는 더 기다릴 수 없어요. 지금 시작할 거예요. 내가 만약 통제권을 조금 풀어주고 자유를 더 줘서 어떤 결정은 스스로 할 수 있게 한다면 스티븐이 집을 떠나 독립하기 전에 필요한 경험을 주는 거겠죠. 나도 스티븐을 존중하고 스티븐이 혼란스러울 때 옆에서 지지한다는 걸 보여 줄 거예요. 그 아이를 책망하는 것이 아니라 성원하기 위해서요. 그게 나에게는 무엇과도 바꿀 수 없는 거예요."

"그거 정말 대단해요! 그럼 이제 당신의 첫 번째 행동 단계는 뭐죠?"

"음, 집으로 돌아가서 로라에게 마음을 터놓고 얘기하고 오늘 내가 알게 된 것을 나눌 거예요. 그런 다음 온가족이 둘러앉아 각자에게 줄 수 있는 적절한 책임을 결정하고 싶어요. 내 시간을 더는 낭비하고 싶지 않아요."

"환상적이에요! 이 점에 대해서 더 나아가기 위해 내가 더 해 드릴 게 있나요?"

"아니요. 괜찮아요. 이건 정말 굉장하다고 생각하고, 오늘 내 생각에 의욕을 북돋아 준 당신에게 정말 감사해요."

"천만에요! 그런데 부탁 하나 해도 될까요?"

"그럼요. 그게 뭔데요?"

"당신 가족의 진행 과정이 어떻게 되어 가는지 알려 주시겠어요? 그걸 듣는다면 큰 격려가 될 거예요."

"당연하죠. 그건 전혀 문제가 안 돼요."

"감사합니다. 당신의 진행 과정에 대해 듣고 다시 얘기하기를 기대할게요."

스티븐의 자연스러운 성장과 발달에 협조하기로 한 로버트의 결정은 스티븐이 성인이 되었을 때 끌어낼 수 있는 가치 있는 경험을 주게 될 것이다. 스티븐은 비록 열한 살이지만 그의 성장에 대한 부모의 지지로 가능성을 탐색하고 자신의 욕구에 접근하며 행동을 취할 능력을 발달시키기 시작할 수 있다. 이렇게 해서 부모의 집을 나와 독립했을 때 스티븐은 인생을 더 잘 준비할 수 있을 것이다. 이러한 코칭 접근의 이점은 로버트와 로라가 부모 코치에서 동료 코치로 변화함으로써, 스티븐이 집을 떠난 후에도 건강한 대인 관계를 지속할 수 있게 해 준다는 것이다.

청소년기 전의 자녀에게 코칭을 시작한다면 아동기에서 청소년기, 그리고 성인기로의 이행을 부모와 자녀가 모두 더 부드럽게 할 수 있도록 해 줄 것이다. 이는 부모가 자녀의 성장과 발달 안에서 동반자로서 자리매김하게 할 것이고, 자녀를 밀어내는 것이 아니라 건강한 상호 의존을 촉진할 것이다.

코칭은 자녀가 성장하면서 맞닥뜨리게 될 복잡한 문제와 결정을 잘 처리할 수 있도록 하고, 독립한 이후의 삶을 준비시킨다. 자녀가 집을 떠나 독립하는 그날, 부모는 그동안 자녀가 새로운 세상을 맞이하도록 잘 준비된 것을 지켜보았기 때문에 마음이 편할 것이다.

책임 넘겨주기에 대한 성서 속의 모델

책임 넘겨주기에 대한 성서 속의 모델은 특정 연령 요건이 아니라 개인의 능력과 사람들이 보살펴야 할 것을 관리하는 충실함에 초점을 맞추고 있다. 아동과 젊은이가 성체의 일부로 평가된다는 것은 성서를 통해 알 수 있다. 그들은 하나님이 그들 안에 두신 것을 잘 관리하는 성인으로서 인정받고, 부름받고, 재능을 부여받고, 기대를 받는다(『고린도전서 1』 12). 젊은 디모데는 경건한 삶과 하나님이 부여하신 재능을 신실하게 관리하면서 사는 삶의 모범을 보여 주어, 그의 나이 때문에 다른 사람들이 그를 경멸하지 못하도록 하라는 충고를 받았다(『디모데전서 1』 4:12). 소년 사무엘은 어릴 때부터 하나님이 말씀하시고 존재하심을 알아차릴 수 있다는 것에 대해 격려를 받고 주님의 부름을 받았다(『사무엘 1』 3). 어린 양치기 소년으로서의 품성을 발달시키고 있던 다윗은 10대에 골리앗을 무찔렀고(사무엘 1』 17), 마리아가 예수를 낳을 사람으로 선택되었다는 예고를 천사에게 들었던 때는 거의 확실히 10대였다(『누가복음』 1, 2). 이처럼 책임을 넘기는 데에는 나이가 문제가 아니라는 것을 성서를 통해 알 수 있다. 오히려 책임은 나이와 상관없이 능력에 따라 주어진다.

"건강한 방법으로 책임을 넘겨준다는 것은 자녀가 경험을 하고 의사 결정 능력을 기르는 데 안전한 환경을 조성하는 것을 뜻한다."

이는 '세 하인의 비유'에서 뚜렷이 묘사된다. 다음의 성서 구절을 읽으면서 내가 강조한 부분을 주목하기 바란다.

또 천국의 왕국은 긴 여행을 떠난 어떤 사람의 이야기로 설명할 수 있다. 그는 하인 셋을 불러 여행 가 있는 동안 자기 돈을 맡겼다. [15] 그는 한 하인에게는 은 가방 다섯 개를, 또 다른 하인에게는 은 가방 두 개를, 마지막 하인에게는 은 가방 하나를 주었다─*그들의 능력에 따라 분배해 주기*. 그러고 나서 그는 여행을 떠났다. [16] 은 가방 다섯 개를 받은 하인은 투자를 해서 다섯 개를 더 벌었다. [17] 은 가방 두 개를 받은 하인도 일을 하러 가서 두 개를 더 벌었다. [18] 그러나 은 가방 하나를 받은 하인은 땅을 파고 주인의 돈을 감춰 두었다. [19] 오랜 시간이 지난 후 주인이 여행에서 돌아와 하인들을 불러 자기 돈을 어떻게 사용했는지 설명하라고 했다. [20] 은 가방 다섯 개를 맡은 하인이 다섯 개를 더 내놓으며, "주인님은 저에게 은 가방 다섯 개를 투자하라고 주셨는데 저는 다섯 개를 더 벌었습니다." [21] 주인은 크게 칭찬했다. "아주 잘했다, 훌륭하고 충성스러운 종아. *너는 작은 일에 충성했으니 이제 더 큰 책임을 줄 것이다. 함께 축하하자!* [22] 은 가방 두 개를 맡은 하인은 두 개를 더 내놓으며, "주인님은 저에게 은 가방 두 개를 투자하라고 주셨는데 저는 두 개를 더 벌었습니다." [23] 주인이 말하길, "*아주 잘했다, 훌륭하고 충성스러운 종아. 너는 작은 일에 충성했으니 이제 더 큰 책임을 줄 것이다. 함께 축하하자!*" [24] 그 뒤 은 가방 하나를 맡은 하인이 와서 말하길, "주인님, 저는 주인님이 냉혹한 분이라 주인님이 심지 않고도 농작물을 수확하고 주인님이 경작하지 않고도 농작물을 모으는 줄로 알았습니다. [25] 저는 주인님의 돈을 잃을까 두려워서 땅에 감춰 두었습니다. 보십시오. 여기 주인님의 돈을 돌려 드리겠습니다." [26] 그러나 주인이 대답하길, "너는 사악하고 게으른 종이구나! 내가 심지 않은 데서 수확하고 경작하지 않고도 모은다면 [27] 너는 왜 내 돈을 은행에 넣어 두지 않았느냐? 적어도 나는 이자라도 받을 수 있었을 것이다." [28] 그리고 주인은 이렇게 명령을 내렸다. "이놈의 돈을 가져다가 은 가방 열 개를 가진 자에게 주거라. [29] *주어진 것을 잘 사용한 사람에게는 더 많은 것이 주어져서 풍족해질 것이다. 하지만 아무것도 하지 않는 자는 그나마 가진 것까지 빼앗길 것이다.* [30] 이제 이 쓸모없는 놈을 밖으로 쫓아내어라. 거기서 슬피 울며 이를 갈 것이다." ―『마태복음』 25:14―30(NLT)

책임 넘겨주기와 관련하여 부모는 성경 구절에 나타난 성서 속의 모델을 통해 많은 것을 배울 수 있다.

책임 넘겨주기의 원칙

1. 두려움을 최소화하는 환경을 조성하라. '주인에 대한 두려움'은, 관리해야 하는 책임이 있는데도 아무것도 하지 않은 경우로 위에서 소개한 세 번째 하인에 대한 내용을 생각해 보면 된다. 부모가 자녀에게 어떻게 반응할지에 대한 두려움은 자녀를 마비시킬 수 있으며, 나아

가지도 책임을 지지도 못하게 한다. 부모는 관계의 능력을 통해 다음과 같은 방법으로 이 두려움을 없앨 잠재력을 가지고 있다.

- 항상 무조건적인 사랑 보여 주기
- 부모의 사랑은 자녀를 위한 것이지, 자녀의 수행에 대한 것이 아님을 인정하기
- 가족 모두에 대한 책임의 문화 만들기
- 완벽함이 아니라 충실함 기대하기
- 위험을 무릅써도 되고 실수를 해도 안전한 환경 조성하기
- 실패가 배울 수 있는 기회라는 것을 강조하기, 어떤 일에 실패했다고 해서 자녀를 실패자로 만들지 않기
- 항상 무조건적인 사랑 보여 주기

이러한 단계를 따름으로써 자녀의 성장과 성숙을 장려하는 환경, 부모에게 어떻게 반응할지에 대한 잠재된 두려움을 최소화하는 환경을 만든다. 위의 단계가 '무조건적인 사랑'으로 시작해서 '무조건적인 사랑'으로 끝난다는 것을 알아챌 수 있을 것이다. 『요한일서』 4장 16절에는 "주님의 사랑이 있는 곳에 두려움은 없느니, 주님의 완전한 사랑은 두려움을 내쫓기 때문이다. 사람에게 두려움을 만드는 것은 형벌이니, 사랑은 두려움을 느끼는 자 안에서는 온전히 만들어지지 않으리라."라고 명시되어 있다. 자녀에 대한 부모의 사랑이 무조건적이라는 것을 자녀가 알 때, 불필요하고 제한된 두려움으로부터 자녀를 자유롭게 할 것이다.

2. 아이의 능력에 맞게 책임을 넘겨주라. 모든 아이는 특정 분야의 능력을 가지고 있다. 중요한 질문은 '내 아이가 지금 가지고 있는 능력은 무엇인가?'이다. 이 능력을 알고 자녀가 지금 다룰 수 있는 책임을 전부 넘겨준다.
　이 접근 방법에서 고려할 점은 다음과 같다.

- 책임적이다. 단순히 아이의 나이에 따라 정해진 책임을 주는 것이 아니라 아이의 능력에 따라 성숙하고 성장할 수 있도록 도움을 주고 책임감을 부여하는 것도 부모의 책임이다.
- 현실적이다. 자녀가 정말로 다룰 수 있는 것에 대해서만 책임을 지도록 요청한다.
- 표출적이다. 이 과정을 통해 자녀의 진정한 능력이 무엇인지 알게 된다.
- 보상적이다. 자신이 충실하다는 것을 증명해 보임으로써 자녀의 자신감이 형성된다.
- 관계적이다. 부모의 사랑어린 보살핌과 관찰 안에서 관계가 이루어진다.

물론 자녀의 독특한 능력을 정확히 알고 솔직히 인정해야 하지만, 함께 그 능력을 발견하는 시간이 아주 값지다는 것을 알게 될 것이다.

3. 충실함에 근거하여 평가하라.   수행이나 비현실적인 기대가 아니라 충실함이 평가 도구이다. '세 하인의 비유'에서는 하인들이 돈을 충실하게 관리하는가를 기대했다. 주인은 가방 두 개를 가진 사람이 가방 다섯 개를 가진 사람처럼 할 것을 기대하지는 않았지만, 각 사람은 가지고 있는 능력을 바탕으로 평가를 받았다. 핵심은 부모 또는 다른 사람들과 비교하지 않으며, 건전하지 않고 비현실적인 기대로 만들어 낸 능력이 아니라 각 아이의 독특한 능력에 초점을 맞춰야 공정하고 현실적인 평가가 된다는 것이다.

4. 충실함을 인정하고 축하하라.   자녀가 성숙하고 성장함에 따라 이를 축하해 주는 것이 좋다. 자녀의 성장을 인정하기 위해 독특하고 의미 있는 방법을 찾아내자. 이는 자녀가 계속해서 자신감을 형성하고 책임감 있게 성장하려는 욕구를 형성하는 데 매우 큰 격려가 된다.

5. 더 큰 책임을 줌으로써 보상하라.   자녀가 부모의 신뢰를 얻어서 부모가 자녀에게 더 많은 책임을 주는 것이 최고의 긍정이다. 자녀가 성숙하고 능력이 성장함에 따라 부모는 그에 대한 경의를 보여 주어야 하며, 자녀의 충실함을 축하하고 더 많은 자유를 주어 성장시켜야 한다.

건강한 방법으로 책임을 넘겨준다는 것은, 자녀가 경험하고 의사 결정을 하는 능력을 성장시키는 데 안전한 환경을 조성하며, 책임을 수행하고 이러한 결정에 대한 결과를 경험하는 것을 뜻한다. 이는 자녀가 깊이 생각하도록 촉진하고, 경험한 것과 배운 것을 자신의 삶에 적용하는 방법 간의 연결 고리를 만들도록 도와주는 부모 코치의 애정 어린 보살핌 속에서 행해지는 것이 가장 좋다.

예시

• 아이가 오랫동안 통행금지 시간 내에 귀가하여 책임감과 충실함을 보여 준다. 아이에게 경의를 표하고 충실함을 축하하기 위해 부모는 책임감이 커진 것을 강조하여 아이와 대화를 시작할 수 있다. 대화 과정에서 부모는 격려와 긍정을 말로 표현하고 충실함에 대한 보상으로 통행금지 시간을 늦춰 줄 수 있다.

• 아이가 책임감 있는 행동을 보여 주고, 짧은 시간 동안 지켜보는 사람 없이 혼자 있어도 될 만한 나이이다. 부모는 아이에게 경의를 표하고, 능력이 성장한 것과 돌봐주는 사람이 없어도 부모가 짧은 시간 동안 집을 비울 수 있게 된 것을 강조하여 자녀의 책임감을 축하해 줄 수 있다.

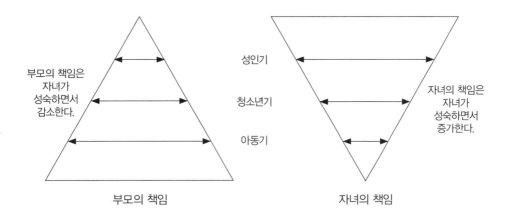

자녀는 성인기를 향해 성숙하면서 책임을 수행하려는 욕구와 능력이 자연스럽게 증가한

다. 부모가 자녀에게 줄 수 있는 가장 큰 선물 두 가지는 책임감과 성장할 자유이다.

책임감 부여하기를 시작할 때 고려해야 할 질문

- 이 장을 고려해 볼 때, 아이와 내가 현재 살고 있는 가정환경을 어떻게 묘사할 수 있는가?
- 아이가 독립할 때 필요한 생활 기술은 무엇인가?
- 어떤 방법으로 이런 기술의 발달을 격려할 수 있는가?
- 내가 책임을 주기 시작한다면 오늘 아이가 정말로 다룰 수 있는 능력은 무엇인가?
- 아이의 능력을 알고 내가 기꺼이 위험을 감수할 수 있을 만큼의 책임감을 준다면 그것은 어느 정도인가?
- 나의 두려움이 아이를 붙들고 있는가?
- 아이가 스스로 더 큰 것을 받아들이며 자기 결정의 주도권을 얻고 의사 결정하는 것을 위해 어떻게 시작할 수 있을까?
- 아이가 어떤 방법으로 책임을 수행했으며, 그렇게 할 능력이 있고 믿을 만하다는 것을 어떻게 입증했는가? 나는 어떻게 지지하고 축하해 줄 수 있는가?
- 이제 아이에게 어떤 방법으로 더 큰 책임을 넘겨줄 수 있는가?
- 아이가 스스로 무언가를 결정하는 것은 아이에게 장기적으로 더 깊고 의미 있는 영향을 미치는데, 부모는 이러한 사실을 알고 아이가 스스로의 결정을 통해 어떤 경험을 하기를 바라는가?

05

책임감의 위력과
고난이라는 자산

"성공적인 부모 코칭의 뚜렷한 특징은 자녀를 위한 길을 준비하는 것이 아니라,
그 길을 위해 자녀를 준비시키는 데 초점을 맞추는 것이다."

성공적인 부모 코칭에서 물어보는 가장 중요한 질문은 "아이가 책임감 있는 성인으로 성숙하는 데 책임감의 성장을 어떻게 잘 도울 수 있는가?"이다.

변형적인 성장은 삶의 교훈을 적용하고 숙고하게 만드는, 관계 안의 중요한 삶의 경험을 통해 일어난다. 책임감을 부여함으로써 아이는 힘을 기르고 경험을 쌓아 삶의 지혜를 얻게 된다. 이런 경험을 숙고하고 삶의 지혜를 적용하도록 돕는 것은 정말로 변형적인 변화를 일으키는데, 이는 매우 강력한 코칭 관계를 만드는 것이다.

이는 또한 독특한 방식으로 자녀를 향한 부모의 돌봄, 사랑, 관심을 주고받게 한다. "우리는 너를 너무 사랑해서 네 미래를 위해 최대한 준비시켜 주고 싶어. 그렇다고 해서 모든 고통을 피하는 피

> "우리가 환난 중에도
> 즐거워하나니
> 이는 환난은 인내를,
> 인내는 연단을,
> 연단은 소망을 이루는 줄
> 앎이로다."
> ─『로마서』 5:3, 4(NLT)

난처를 제공해 줄 수는 없단다. 하지만 네가 성숙하고 성품을 계발하는 동안 너와 함께할 거야." 이는 우리와 함께하시는 하나님의 접근 방식 같지 않은가.

부모 코치는 아이가 자신의 경험이 좋든 나쁘든 숙고하고 변형적인 성장을 위해 그것을 사용하도록 돕는다. 부모 코칭 관계에서 고통은 놀랄 만한 스승이 된다.

통제된 고통

통제된 고통은 자녀가 결정한 데 따르는 결과에 대한 경험을 허용하는 것이다. 부모의 역할은 자녀를 위험으로부터 보호하는 것이지, 모든 고통의 피난처가 되는 것이 아니다. 자녀가 어려움을 겪어 보도록 하는 것은 이러한 경험을 통해 성격을 개선하는 동시에 미래에 대한 안목을 가지게 하기 위함인데, 이는 훗날 어른이 되었을 때 도움이 될 것이다.

"책임감을 부여함으로써 아이는 힘을 기르고 경험을 쌓아 삶의 지혜를 얻게 된다."

이 과정 속에는 '위험'과 '신뢰'가 포함되어 있다. '위험'이라는 것은 자녀가 약간의 고통을 경험할 수도 있다는 것을 뜻한다. 이러한 측면에서 부모는 자녀의 보호자가 되어 주어야 한다. 신뢰의 요소는 하나님이 아이들을 우리가 사랑하는 것보다 더 사랑하신다는 것을 인식하는 것이다(이것을 이해하기는 어렵다). 그리고 아이의 소임을 다하는 데 필요한 성품을 계발시키기 위해 하나님이 아이의 삶 속에서 활발하게 일하고 계심을 믿는 것이다. 부모가 통제를 풀고 더 많은 자유를 주는 것은 아이의 놀라운 성장 환경을 만들어 주고 아이의 삶에서 하나님이 자유롭게 일하시게 하는 것이지만, 부모로서 이는 매우 두려운 일일 수 있다.

우리 집에서 있었던 일을 한 예로 살펴보자. 이는 아이의 성장과 발달 안에서 주어진 책임감과 통제된 고통의 놀라운 가치를 보여준다. 우리가 어린아이에게 어떻게 코칭을 사용했는지 관찰해 보기 바란다.

성공적인 부모 코칭의 기회 1

코칭 대화	관찰
산들바람이 부는 어느 여름날 저녁, 우리 부부는 베란다에 앉아서 시원한 차를 마시며 가벼운 대화를 나누고 있었다. 그때 다섯 살배기 딸이 깔깔거리면서 자전거를 미끄러지듯 멈추고 다가왔다. 자랑스럽게 자전거를 세운 아이의 반짝거리는 눈이 뭔가 꾸미고 있는 듯했다. 나는 궁금해서 물어보았다. *"뭘 생각하는 거야, 꼬마 아가씨?"* 케이틀린이 웃으면서 말했다. "나 오토바이 사도 될까요?" 내가 쳐다보니 린은 엄마만이 지을 수 있는 미소를 띠며 나를 돌아보았다. 나는 그 순간 린이 무엇을 생각하는지 정확히 알 수 있었다. 그래서 나는 케이틀린을 보고 대답했다. *"물론이지, 아가. 오토바이를 사도 된단다."* 케이틀린의 눈이 반짝이자 나는 계속 말했다. *"그런데 먼저 몇 가지 질문을 해도 될까?"* "네." 케이틀린은 계속 눈을 반짝이며 흥분해서 대답했다. *"네가 오토바이를 사기 전에 알아 둬야 할 중요한 점이 무엇인지 생각해 볼까?"* 케이틀린은 잠시 자전거를 내려다보더니 린과 나를 보고 대답했다. "글쎄요, 보조 바퀴를 떼고 자전거를 타는 방법을 알아야 겠죠." *"그렇지, 아주 좋은 출발이 되겠구나. 또 생각나는 건?"* "음, 그건 말이죠, 엄마와 아빠의 허락이죠." *"그럼 우리의 허락이 필요하겠구나."*	처음에는 다섯 살짜리 여자 아이의 이상한 질문처럼 들리겠지만, 아이는 이미 오토바이를 알고 있었다. 아이는 발이 발판에 닿을 때부터 아빠의 오토바이 뒤에 앉아 보았다. "안 돼, 너는 너무 어려."라고 말해서 입을 다물게 하기보다, 우리는 의사 결정과 인식의 성장을 위한 기회로 보았다. 케이틀린이 이것을 배우기에 절대 어리다고 생각하지 않았기 때문에 우리는 질문을 통해 코칭을 하려고 했다. 이는 더 깊은 생각을 불러일으키고 인식을 계발한다. 나는 "물론이지."라고 말하며 독려했지만 더 탐구하기 위해 동의를 구한다. 나는 무엇이 필요한지 고려하도록 물어봄으로써 인식을 증진한다. 케이틀린은 생각을 하고 연결짓기 시작한다. 나는 아이에게서 무엇을 더 끌어낼 수 있을지 알아보기 위해 계속 질문을 한다.

"해도 될까요?"

"뭘 말이니?"

"오토바이를 사도 될까요?"

다시 동의를 구하기 위해 린을 보고 나서 나는 케이틀린에게 말했다.

"물론이지, 사도 되고 말고. 몇 가지 조건만 맞으면."

"좋아요! (잠시 침묵) 조건이 뭔데요?"

"예를 들어 오토바이를 사는 것과 같이 무언가를 하기 전에 고려해야 하는 게 바로 조건이지. 넌 몇 가지를 벌써 언급했단다."

"제가요?"

"그럼. 보조 바퀴 없이 자전거 타기를 배우는 것은 오토바이를 사기 전에 거쳐야 할 현명한 조건이지. 그리고 엄마와 아빠의 허락도 훌륭한 조건이야."

나는 잠시 멈춰 아이가 내 말에 대해 생각해 보게 한 다음 다시 말을 이었다.

"내 말을 이해하겠니?"

"그런 것 같아요. 내가 오토바이를 타기 전에 해야 할 게 있다는 거죠. 그렇죠?"

"그래. 그러니 좀 더 얘기해 보자꾸나. 너는 보조 바퀴 없이 자전거 타기와 엄마, 아빠의 허락을 받는 것을 말했어. 오토바이를 타기 전에 해야 할 게 또 뭐가 있을까?"

"음, 돈이요?"

"그렇지. 그건 절대적으로 필요한 것이지. 그럼 오토바이를 하나 사는 데 얼마가 있어야 한다고 생각하니?"

"얼마나 비싼지 모르겠어요. 얼마인지 알려 주세요."

"나는 말해 줄 수 없단다. 나도 찾아본 적이 없거든. 하지만 네가 좋다면 하나를 골라서 얼마인지 알아보는 건 도와줄 수 있어."

"정말요? 그래요. 정말 좋아요."

그 후 몇 주간은 관계를 쌓는 놀라운 시간이었다. 먼저 케

단순히 "안 돼."라고 하지 않고 조건이 필요하다고 말했다. 이는 가능성에 대해 마음을 열고 건강한 변수를 세우도록 해 준다.

나는 '조건'이 무엇인지 설명하고, 케이틀린이 그것에 대해 생각할 때 잠시 침묵을 지켰다. 곧 나는 케이틀린이 내 말을 이해했는지 확인하기 위해 묻는다.

"또 다른 건?", "또 뭐가 있을까?"라고 계속 묻는다.

이제 중요한 돈이라는 요소가 등장했다. 케이틀린은 오토바이가 얼마나 비싼지 몰랐는데 이는 다음 단계로 움직이게 한다. 그냥 "내가 찾아보마."라고 하기보다는 아이가 조사하는 것을 돕겠다고 하여 책임감을 갖게 한다.

이틀린은 보조 바퀴를 떼고 두 바퀴로 연습할 수 있는지 물어보았다. 나는 재빨리 보조 바퀴를 떼었고, 린은 창고에서 비디오카메라를 꺼내 와 모험을 시작했다.

케이틀린과 나는 얼마나 저축했는지 알아보고, 가족으로서 엄마와 아빠가 케이틀린이 오토바이에 얼마를 지출하게 할 수 있는지 이야기했다. 금액을 결정하고 나서 우리는 함께 다른 모델을 찾아보았고, 케이틀린이 연습하는 데 가장 좋은 것이 무엇인지, 나중에 싫증이 나서 다시 판다면 어떤 것이 좋을지도 논의했다.

다음 가족의 날에 우리는 '느낌'이 어떤지 알아보기 위해 선택한 모델을 시승하게 해 주는 오토바이 판매상을 찾아갔다. 케이틀린은 재빨리 "이걸 탄 느낌이 좋아요."라고 알려 주며 흥분으로 들떴다. 우리는 돈을 절약하기 위해 중고 오토바이를 사기로 하고, 케이틀린을 위해 저축 표를 만들어서 냉장고에 붙여 두었다.

몇 주 안에 케이틀린은 자랑스럽게 두발자전거를 타고 마당을 달리면서 흥분해 소리쳤다.

"아빠, 보조 바퀴를 떼었어요! 오토바이를 살 돈을 저축하는 데 얼마나 걸릴 거라고 생각하세요?"

나는 웃으면서 말했다.

"좋은 질문이구나, 아가야. 그 문제를 같이 생각해 보자."

주당 용돈으로는 오토바이를 살 돈을 빨리 모을 수 없다는 것을 알고 케이틀린은 곧바로 행동으로 취할 수 있는 영특한 기금 마련 계획을 세웠다. 몇 주 뒤가 크리스마스라 친지들이 크리스마스 선물로 받고 싶은 것을 묻기 위해 전화를 했다. 케이틀린은 전화기에 대고 우리가 들릴 만큼 크게 말했다.

"저는 오토바이를 사려고 돈을 모으고 있어요. 그러니 올해 선물을 주실 필요는 없지만 돈을 주신다면 오토바이를 사는 데 쓸게요."

크리스마스가 다가오자 케이틀린은 크리스마스 나무 아래

이런 전반적인 조사 과정은 즐겁게 되돌아보는 자연스러운 관계적 접촉을 가져온다.

케이틀린의 성장에서 중요한 것은 우리가 과정 전반에 케이틀린을 참여시켰다는 사실이다. 우리는 아이를 위해 모든 일을 쉽게 해 버리거나 결정을 내릴 수도 있었지만 그 대신 성장 지지 코칭을 선택했다.

사람 안에서 최고의 것을 끌어올리는 코칭의 능력을 상기할 수 있다. 우리는 케이틀린을 코칭했고, 케이틀린은 가능성을 탐구하고 필요한 돈을 얻기 위해 스스로 행동 전략을 세웠다. 우리는 아이의 창의력과 지략에 놀랐다. 이는 우리에게 '아이는 우리가 준 것보다 더 많은 가능성을 가지고 있다'는 중요한 교훈을 주었다.

에 놓인 선물이 동생 한나의 것보다 적다는 것을 알아채고 조금 슬퍼하는 것 같았다. 대신에 케이틀린의 이름이 적힌 카드 몇 장이 나무에 걸려 있었다. 케이틀린은 그것을 자기에게 건네주기를 간절히 기다렸다. 마침내 카드를 받아 들자 빳빳한 돈이 들어 있기를 바라며 봉투를 뜯었다. 곧 케이틀린의 눈이 커지면서 얼굴에 웃음이 번졌다. 그리고 돈을 높이 집어 들고 말했다. "보세요, 아빠. 오토바이를 살 돈이에요!"

비록 크리스마스 아침에 선물을 손에 받아 들지는 못했지만 오토바이가 가까이 다가오고 있었다. 크리스마스 아침에는 우리 모두 몰랐지만, 몇 주 안에 우리는 케이틀린의 통제된 아픔과 관련하여 코칭을 할 또 다른 기회를 갖게 되었다.

고통의 이점

그것은 선반 위에서 고결하게 케이틀린의 눈과 마음을 사로잡았다.

"너무 부드럽고, 귀엽고, 껴안고 싶어요. 사도 될까요?"

나는 부드럽게 케이틀린의 손에서 곰 인형을 빼앗으며 말했다.

"맞아. 부드럽고, 귀엽고, 껴안아 주고 싶지."

그리고 곰 인형을 아내가 볼 수 있도록 건네주었다.

"사도 될까요?"

"네가 사려는 오토바이는?"

나는 물었다.

"그것도 사고 싶어요. 하지만 이 곰 인형은 정말로 사고 싶어요. 최고예요!"

"음, 정말로 네 돈으로 이걸 사고 싶니? 크리스마스에 꽤 많은 돈을 받았잖아."

케이틀린은 나를 보면서 고개를 끄덕였다.

나는 재정 관리에 대한 성장 기회의 잠재성을 재빨리 알아챘다. 케이틀린이 오토바이를 사기 위해 돈을 저축한 것을 알고 있기 때문에 이 문제를 관심으로 이끌어 내고 싶어서 정말로 돈을 사용하고 싶은지 케이틀린에게 물어보았다.

"네, 사고 싶어요. 돈은 내가 낼게요."

"그래, 우리 잠시 생각해 볼까? 이걸 산다면 네가 모은 돈으로 지불해야 된다는 걸 알고 있니?"

"네, 아빠. 알고 있어요."

"그게 어떤 의미인지도 알고 있니?"

"음, 곰 인형을 사기 위해 내 돈을 써야 한다는 거예요."

"그리고 또?"

"오토바이를 사려고 모은 돈을 곰 인형을 사는 데 써야 한다는 거예요."

"장기적으로는 그게 무엇을 의미하는지 알고 있니?"

"잘 모르겠어요."

"그래, 내가 설명을 해 줘도 될까?"

"네."

"만약 오토바이를 사려고 모은 돈을 쓴다면 돈이 줄어들 거야. 그 돈을 채우기 위해 더 많은 시간이 필요하다는 의미지. 이해하겠니?"

"네, 아빠, 알아요. 괜찮아요. 나는 정말로 이 곰 인형이 갖고 싶어요."

"그래, 나는 네가 이해했는지 확실히 하고 싶었어. 선택은 너의 몫이야. 하지만 마지막 결정을 하기 전에 생각할 시간을 좀 더 갖지 않겠니?"

"네."

케이틀린은 약간 실망하는 투로 말했다.

"내가 제안을 하나 하마. 곰 인형을 선반 위에 갖다 놓고 쇼핑하는 동안 다시 생각해 보는 거야. 만약 계속 갖고 싶다는 생각이 든다면, 쇼핑을 마쳤을 때도 계속 사고 싶다면 사는 거지. 선택은 네가 하는 거야."

케이틀린은 크게 웃으면서 곰 인형의 머리를 쓰다듬고 선반 위에 사뿐히 올려놓았다.

"고마워요, 아빠."

쇼핑을 마치고 계산대 쪽으로 가려고 할 때 나는 무릎을

스스로 결정하도록 허락하면 아이가 책임감을 갖게 되고 교훈에 더 큰 효과가 있다. 케이틀린은 생각 끝에 인형을 사지 않기로 하고 고통을 조금 경험하게 될 것이다. 아니면 인형을 산 다음 절약한 돈을 사용한 데 따르는 고통을 경험할 것이다. 내 생각에 이는 '저비용' 교육 기회이며, 어린 케이틀린에게 큰 교훈이 되는 경험이다.

나는 케이틀린이 결정에 따르는 장기적인 결과를 이해했는지 확인하려고 물어본다. 혼자 결정하는 것도 중요하지만, 인지하는 결정을 하는 것도 중요하다. 이와 더불어 나는 아이가 통제력을 배우고 충동적인 구매자가 되지 않기를 바랐다. 그래서 나는 마지막 결정을 확인하고 생각할 시간을 갖도록 한다.

'충동적인 구매자'가 되는 것을 막기 위해 나는 구매에 대해 생각할 시간을 주고 마지막 결정을 하게 한다.

꿇고 케이틀린의 귀에 부드럽게 말했다.

"곰 인형을 살지 말지 결정했니?"

"네, 아빠. 결정했어요."

"어떻게 할 거니?"

"나는 정말정말 갖고 싶어요. 그래서 그걸 살 거예요."

"정말로?"

"네."

"그래, 그럼 가져오렴. 사자꾸나."

케이틀린은 후다닥 선반으로 달려가서 곰 인형을 들어올렸다. 그리고 활짝 웃으면서 우리에게 걸어와 계산대에 서서 말했다.

"우리 집을 좋아하게 될 거야. 진짜 좋은 곳이거든."

집에 도착해서 우리는 부엌에 모였다.

"해야 할 일이 있단다."

나는 냉장고에서 저축 표를 떼어 내면서 말했다. 케이틀린은 부드럽게 웃으면서 새로운 친구를 껴안고 오토바이를 위한 저축에서 곰 인형 값을 뺐다. 그리고 다시 냉장고에 붙였다.

몇 주 후 내가 거실에서 책을 읽고 있을 때 케이틀린이 다가와서 내 무릎에 앉으며 말했다.

"아빠, 곰 인형을 사지 않았더라면 좋았을걸 그랬어요."

"정말? 나는 네가 곰 인형을 정말 좋아할 줄 알았는데 왜 그러니?"

"글쎄요, 오토바이를 사려면 더 돈을 모아야 하잖아요."

"그렇지. 더 오래 걸릴 거야."

"그래서 기분이 좋지 않아요."

"기분이 좋지 않아?"

"네, 나는 동물 인형이 여러 개 있어서 동물 인형이 또 필요하지는 않았어요. 오토바이를 사려고 돈을 모으고 있었는데 이제 돈이 줄어들었어요."

"그래, 나도 그와 비슷한 결정을 했을 때 기분이 좋지

나는 케이틀린에게 결정에 따르는 책임을 부여함으로써 존중한다. 안 된다는 말로 통제하지 않고 케이틀린에게 결정의 자유를 준다. 이 순간 나는 경험이 케이틀린의 스승이 되도록 한다. 케이틀린은 이 기회를 통해 중요한 교훈을 배우게 될 것이다.

케이틀린이 교훈을 얻을 수 있도록 나는 막아서지 않는다. "생각해 보니까 곰 인형은 얼마 안 되는구나. 내가 선물로 사 주마." 이렇게 말하기는 쉽지만, 그러면 책임감이나 재정적인 청지기 정신을 가르치지 못한다.

나는 경험이 훌륭한 스승이 되기를 바라며 "내가 말했잖니.", "내 말을 들었더라면……." 과 같이 말하지 않는다. 이렇게 말하면 경험의 능력을 갈라놓는다. 그 대신에 "왜 그러니?"라고 물어보아 케이틀린이 생각한 것을 나누고 경험을 통해 배우도록 한다.

나 자신도 비슷한 경험을 하고 비슷한 고통을 느낀 것을 알려 줌으로써 강조한다.

않았어."

"전에 이런 적이 있었어요?"

"그럼. 내가 자라면서 했던 고통스러운 결정으로 재정 상태에 대해서 많이 배웠단다."

"기분이 좋지는 않아요. 그렇죠?"

"그래, 가끔은 기분이 나쁘지. 하지만 이런 경험을 통해 배울 수 있는 것이 많단다. 만약 이런 결정을 다시 하게 된다면 다른 결정을 하겠지?"

"곰 인형을 내려놓고 돈을 절약할 것 같아요."

나는 힘차게 말하는 케이틀린을 꼭 껴안았다.

"괜찮아, 아가야. 나는 네가 이 일로 돈과 절약에 대해 소중한 교훈을 얻었다고 생각한단다. 네가 더 현명한 꼬마 숙녀가 되도록 도와줄 거야. 걱정 마. 좀 더 시간이 걸리겠지만 언젠가 너는 오토바이를 살 수 있는 돈을 갖게 될 거야."

교훈이 가슴에 와 닿도록, 내가 비슷한 상황을 겪었을 때를 고려하여 다르게 행동하기를 바랐다.

나는 케이틀린이 배운 것이 현명한 꼬마 숙녀가 되는 데 도움이 될 것이며, 언젠가 오토바이를 살 만한 돈을 갖게 될 것이라고 결론을 내린다. 이런 고통스러운 경험이 소중한 교훈이 될 것임을 알기에 속으로는 기쁘다.

어린 자녀를 코칭하면 놀라운 보상이 따르며, 부모와 자녀 모두를 위한 삶을 가꾸는 경험이 된다. 이 경험은 관계적으로 더 친밀해지도록 하는 등 우리 가족에게 큰 영향을 주었다. 우리는 의도적으로 함께 시간을 보내고, 케이틀린이 결정하도록 허락하고 능력이 자라나도록 했으며, 대화 중에 상호 간의 투명성이 증진되었다.

린과 나는 아이의 지략이 얼마나 풍부한지에 놀랐다. 이는 아이에게 어떤 능력이 있는지 이해하는 데 힘을 실어 주고, 아이가 거기에 응답하여 우리가 아이를 코칭하는 데 헌신하도록 해 주었다. 나에게 가장 최고의 순간은 케이틀린의 여섯 번째 생일 한 달 뒤에 일어났

"어린 자녀를 코칭하면 놀라운 보상이 따르며, 부모와 자녀 모두를 위한 삶을 가꾸는 경험이 된다."

다. 케이틀린이 오토바이를 살 수 있을 만큼 돈을 모았을 때였다. 우리는 중고 오토바이 광고를 함께 보면서 케이틀린이 살 만한 오토바이를 찾고 있었다. 그 무엇보다도 큰 웃음을 주는 일이었고, 케이틀린이 처음으로 오토바이에 앉았을 때 그 성취감은 놀라웠다.

비포장도로용 오토바이를 구입한 날 안전 장비를 하고 있는 케이틀린

이 이야기를 읽고 독자는 아마도 '당신들 미쳤어?' 또는 '이 경험이 케이틀린에게 줄 수 있는 장기적인 효과는 무엇이지?'라고 생각할 것이다.

둘 다 좋은 질문이고, 특히 나는 전자에 대해 즐겁게 말하며 시작할 것이다. 우리는 마음 속에 아이들의 발달에 성공적인 가정환경을 만들고 있다. 어느 날 아이는 가정의 보호를 벗어날 것이고, 하나님이 아이를 위해 명령하신 길을 계속 따를 것이다. 먼 이야기 같아도 세월은 빠르게 흘러간다. 그리고 우리가 이것을 깨닫기도 전에 아이는 집을 떠나는 어린 어른이 되어 있다.

부모가 통제를 풀고 더 많은 자유를 줄 때, 자녀를 위한 놀라운 성장의 환경이 만들어진다.

이런 사실을 고려하여 우리는 책임감 있는 성인기를 위해 아이가 준비할 수 있는 기회를 만들어 주려고 노력했다. 우리는 이렇게 자문했다. "아이가 독립했을 때 어떤 기술과 삶의 경험이 가장 큰 도움이 될 수 있을까?" 그래서 우리는 책임감 있는 성인으로서 아이의 미래와 연결짓기를 시작해 보기로 했다. 결정의 자유를 주고 아이의 타고난 능력을 유지하는 책임성을 갖게 하는 것이다. 이런 방식으로 우리는 아이가 훗날 인생에서 지혜를 그릴 수 있는 필수적인 경험을 제공한다.

이 모든 것은 아이가 경험한 것을 반영하고 배운 것을 삶에 적용해 볼 수 있는 환경인 가정에서 가장 잘 수행된다. 가정은 사랑과 회복력이 충분한 곳이기 때문이다.

오토바이는 케이틀린의 꿈이었다. 우리는 가장 안전한 방식으로 케이틀린의 꿈이 이루어지도록 도울 수 있는 환경을 만들고 싶었다. 우리는 케이틀린이 착용할 필수 안정 장비를 준비했다. 그리고 나는 케이틀린에게 오토바이 타는 법을 가르치는 시간을 갖는 특권을 누렸다. 이는 우리의 관계를 더욱 굳건하게 다지는 시간이었다. 비포장도로용 오토바이는 꽤 빠르지만 속도 제한기가 설치되어 있어서 케이틀린의 오토바이 타는 실력이 향상되면 제한 속도를 올리기로 했다.

비포장도로용 오토바이를 허용한 것은 케이틀린에게 두 가지 가치를 가르치고 추후에 다른 가정의 자녀에게도 알려 주려는 목적이었다.

- 오토바이에서 떨어지는 것은 오토바이 타는 방법의 한 부분이다.
- 사람들은 물건보다 더 큰 가치를 중요하게 여긴다.

사고가 일어날 때마다 우리는 이렇게 말했다. "오토바이는 걱정하지 마. 그건 물건에 불과하니까 바꾸면 돼. 너는 괜찮니?"

이것은 케이틀린에게 그리고 부모인 우리에게 매우 중요한 경험이었다. 결정을 하도록 케이틀린에게 자유를 주는 것, 그리고 한발 뒤로 물러서는 것, 결과를 경험하도록 허용하는 것, '통제된 고통'은 케이틀린의 삶에 믿을 수 없을 만큼 영향을 주었다. 케이틀린은 다른 형제자매처럼 깨달음으로 성장하고, 이전에 저지른 행동 과정을 반성하는 더 큰 능력이 발달되었다.

이는 우리를 두 번째 질문으로 이끈다.

"이 경험이 케이틀린에게 줄 수 있는 장기적인 효과는 무엇인가?"

우리가 보는 것을 독자에게 간단히 말하는 것보다, 케이틀린이 내리고자 하는 결정에 대해 케이틀린과 나눈 최근의 코칭 대화를 살펴봄으로써 코칭이 만들어 내는 차이점을 알 수 있을 것이다.

다음 대화는 앞서 다룬 일이 있은 지 6년이라는 시간이 흐른 뒤라는 것을 염두에 두고 읽기 바란다. 케이틀린이 이전 경험에 의해 형성된 것을 보여 주는 영역을 확인하라. 그리고 케이틀린이 결정과 행동에 따르는 책임을 짐으로써 계속적으로 성숙할 수 있는 케이틀린의 능력과 협력하여 어떻게 작업할 수 있는지, 우리가 부모로서 어떻게 코칭 자세를 유지하는지에 주목하라.

성공적인 부모 코칭의 기회 2

코칭 대화	관찰
아이들이 잠든 후 마룻바닥이 삐걱거리는 소리가 들렸다. 복도를 가로지르는 발자국 소리가 누구의 것인지 우리는 귀를 기울였다. 계단 벽 쪽에서 나타난 발은 마치 "내려가도 괜찮아요?"라고 묻는 것처럼 맨 위 계단에서 멈칫거렸다. 케이틀린이었다.	
"괜찮아, 케이틀린. 내려오렴. 잠이 오지 않니?"	
"네."	
케이틀린은 침울하게 말하고 네 번째 계단에 앉아서 커다란 푸른 눈동자로 우리를 응시했다.	
"네 마음이 어떠니?"	
"엄마, 아빠, 제 결정을 말씀드리고 싶어요."	
"좋아, 어떤 결정이니?"	
"부모님은 제가 얼마나 말을 사고 싶어 하는지 아시죠?"	케이틀린은 말을 사고 싶은 욕구와 함께 이를 위해 자신이 계산해 본 것에 대해서도
"그래." (실제로 그걸 모를 리가 있을까. 그럼, 모니터 보호기, 노트북, 말하고 또 말하지 않았던가.)	말했다. 케이틀린은 승마 수업 비용이 얼마인지, 말을 사려면 얼마나 저축해야 하는지
"또 저는 승마 수업을 받고 있죠."	를 계획했다. 돈의 사용에 대한 케이틀린의
"그래."	결정과 관리의 의식 수준은 분명 성장했다.
"저는 계산을 해 봤어요. 승마 수업료는 매회 25달러고, 말을 사기 위해 저금을 한다면 32회 수업이면 돼요."	
"그렇구나."	
"그래서 저는 이렇게 생각했어요. 승마 수업을 안 받고 말을 살 돈을 모으는 게 더 나을 것 같다고요. 그러면 내 말	케이틀린은 자신에 대한 탐험 가능성이 이미 시작되었음을 보여 준다.

을 가지고 승마를 배울 수 있죠. 이 계획에 대해서 어떻게 생각하세요?"

"네가 정말 원하는 게 그거니?"

"저는 그렇게 생각해요."

"질문 하나 해도 될까?"

"그럼요."

"너는 이미 마음의 결정을 했니, 아니면 아직도 생각 중인 거니?"

"글쎄요, 저는 아직도 생각 중이에요. 하지만 이 생각에 대해 엄마, 아빠와 함께 얘기 나누고 싶어요. 만약 지금을 해서 말을 산다면 승마를 잘 배워서 다른 사람을 가르칠 수 있으니 매시간 25달러를 받을 수 있을 거예요. 이건 돈을 버는 방법이기도 해요."

"정말 맞는 말이구나. 나는 네 생각이 좋은데 어떻게 하면 우리가 그 결정을 도울 수 있겠니?"

"우리는 이것에 대해 더 많이 얘기할 수 있어요."

"물론이지. 하지만 지금 너는 잠을 자야 한단다. 언제 얘기하면 좋을까?"

"내일은 어떠세요?"

나는 웃으며 말했다.

"좋아. 그럼 내일 다시 얘기하고 어서 가서 잠을 청하렴."

"네, 고마워요."

케이틀린은 계단을 오르다 돌아서서 말했다.

"안녕히 주무세요. 아침에 봬요!"

다음 날

케이틀린과 나는 오리에게 먹이를 주는 공원 벤치에 앉았다. 한동안 나는 아이스티를 조금씩 마시면서 케이틀린이 핫초코가 담긴 컵을 만지작거리는 것을 보았다. 케이틀린은 생각에 빠져 있었다. 그래서 나는 승마 수업에 대한 대

나는 케이틀린의 욕구와 그 결정에 대한 책임을 평가하도록 했다. "저는 그렇게 생각해요."라는 말은 케이틀린이 아직은 확실히 결정하지 못했다는 것을 나타낸다. 나는 케이틀린의 욕구를 평가하는 데 도움이 될 깊이 있는 질문을 하고, 케이틀린이 얼마나 전념하는지를 이해했다.

케이틀린은 우리가 자신의 생각을 이해하도록 마음을 열고 더 많은 것을 나눈다. 케이틀린의 탐험 가능성은 여전하고, 특정 행동 단계를 위한 전념이 확보되지는 않았다.

케이틀린의 생각 과정을 확인하고 우리가 어떻게 도울 수 있는지 물었다. 이는 그 시간 동안 우리가 어떻게 지원할지를 사실적으로 말할 수 있는 기회가 된다.

케이틀린은 이 일에 대해 더 얘기하자고 하면서 얘기할 시간을 정한다.

케이틀린은 깊이 생각했고, 나는 우리의 대화를 다시 시작할 기회를 잡았다. 그래서 나는 케이틀린이 무슨 생각을 하고 있는지 이해할 수 있었다.

화를 다시 시작했다.

"케이틀린, 진지하게 생각하고 있는 것 같구나. 승마 수업에 대한 네 생각을 좀 더 말해 줄 수 있겠니?"

"저는 요즘 그것에 대해 많이 생각하고 있어요. 승마 수업을 그만두면 돈을 모으는 데 도움이 되니 나는 곧 말을 살 수 있어요. 하지만 승마 수업을 그만둔다는 건 슬픈 일이기도 해요."

"흥미롭구나. 좀 더 말해 보렴."

"음, 저는 정말 말을 좋아해요."

나는 놀려대듯 웃으며 대답했다.

"정말? 나는 그렇게 생각하지 않았는데!"

"아빠, 아빠는 저보다 더 잘 아시잖아요. 저는 로빈(말)과 대니얼 선생님을 그리워하겠죠. 좋은 선생님과 말을 보지 못하게 되니까 저는 그게 슬퍼요."

─오랜 침묵─

"그 수업은 정말로 유용해요. 그리고 커서 농장을 갖겠다는 생각은 변치 않았어요. 말과 함께하면서 돌봐 주는 건 저에게 많은 경험이 돼요. 그래요, 그것도 재산이에요."

─침묵─

"게다가 내 말이 있으면 말 가까이에서 더 안전하게 있을 거예요. 당장 승마 수업을 그만두지 않고 좀 더 받는 게 저에게 더 좋다는 건 아빠도 아실 거예요."

"그건 확실히 선택 사항이야. 가능성 있는 선택 사항에 대해 더 말해 보렴."

"음, 수업을 받으면 나 혼자 배우는 것보다 더 빨리 잘 배울 수 있겠죠."

"물론 그렇지."

"제가 말을 사기 전에 더 많은 경험을 한다면 그편이 훨씬 좋을 거라고 생각해요. 그러면 나는 말 가까이에서 더 편안하게 있을 수 있겠죠."

─침묵─

'상처'가 무엇인지에 대한 결론으로 건너뛰지 않고 나는 그것에 대해 말해 줄 것을 요청했다. 이는 케이틀린의 생각과 느낌에 대한 이해를 돕는 중요한 기회이다.

생각을 공유하면서 케이틀린은 조용히 성장하고 있다. 케이틀린이 심각하게 생각하는 것을 나눔으로써 케이틀린을 정서적으로 자극하게 된다.

나는 질문이나 설명으로 케이틀린의 생각을 방해하지 않고, 케이틀린이 생각하고 느끼는 것을 충분히 처리하고 명확히 말하게 했다.

나는 아빠로서 듣고 있는 것을 좋아한다. 케이틀린은 이 결정에 대해 진지하게 생각하면서 다각적으로 고려하고 있다. 지금은 케이틀린에게 질문을 하여 케이틀린이 가능성에 대해 더 많이 말하게 함으로써 성장을 지지하는 과도기이다.

케이틀린이 성장의 깨달음을 말하는 데 주목하라. 케이틀린은 승마 수업을 계속하기를 바란다.

"아마 저는 더 빨리 아이들을 가르칠 수 있을 거예요. 왜냐하면 저는 배우게 될 테니까요! 어떻게 생각하세요, 아빠?"

"글쎄, 나는 네가 수업을 계속하는 게 좋다고 생각한단다. 또 마음에 떠오른 게 있니?"

"사실 저는 승마 수업 받는 걸 정말로 좋아해요."

"그래, 엄마와 내가 말할 수 있는 건 네가 자연스러워 보인다는 거야. 이렇게 네가 생각해서 결정을 내린다는 건 분명히 너에게 힘든 일이지. 네가 생각하는 가능성, 그러니까 승마 수업을 그만두는 것과 계속하는 것 중에서 어떤 게 더 끌리니?"

"글쎄요, 제 마음이 바뀌고 있어요. 수업을 계속 받는 게 좋아요. 괜찮을까요?"

"그럼. 엄마와 나는 네가 어떤 결정을 내리든 지지한단다."

"이 모든 것에 대해서 어떻게 생각하세요, 아빠?"

"첫째, 나는 이런 것에 대해 얘기해 준 너의 솔직함이 고맙단다. 그건 너에게 중요한 일이지만 네 아빠로서 나에게도 많은 의미가 있지. 내가 보기에 너는 정말 좋은 생각을 하고 있구나. 너는 다른 관점에서도 생각해 보고 결정의 장단점을 저울질하고 있어. 내가 너를 정확하게 이해했다면, 승마 수업을 그만두고 말을 사기 위해 돈을 모을지, 아니면 승마 수업을 계속 받아서 기술을 향상할지 선택해야 하는 거지?"

"네, 그게 바로 제 상황이에요."

"나는 다시 묻고 싶구나. 너는 승마 수업을 그만두는 것과 계속하는 것 중에서 어느 쪽으로 마음이 기울고 있니?"

"글쎄요, 승마 수업을 계속하는 방향으로 기울고 있다고 생각해요."

"그렇게 생각하니?"

케이틀린은 웃었다.

"네, 저는 그렇게 할 거라고 생각해요."

충고를 하거나 무엇을 해야 하는지 알려 주지 않고, 단순한 질문을 하고 들음으로써 케이틀린의 책임감을 유지해 준다. 케이틀린은 가능성에 대해 계속 생각한다.

케이틀린의 능력에 관한 확신과 케이틀린에게는 쉬운 결정이 아니라는 사실이 존재한다.

나는 두 개의 가능성을 고려하도록 요청하고, 케이틀린에게 더 끌리는 것을 물어봄으로써 케이틀린의 욕구를 평가한다.

케이틀린이 마음을 바꾸는 것에 대해 'OK'를 확인하거나 다른 행동 과정을 선택한다. 케이틀린이 결정을 조절하는 것이 중요하고, 우리 부부는 케이틀린이 무엇을 선택하든 지지할 것이다.

나는 케이틀린이 마음을 열어서 우리 가족의 가치를 확인하게 해 준 것이 고맙다. 케이틀린이 이런 결정과 씨름하는 것을 지켜보는 게 어떤지를 말하고, 케이틀린의 생각에 대해 내가 이해한 것을 요약했다.

케이틀린은 의사결정 과정 내 어느 지점에 자신이 있는지 내가 정확하게 이해하고 있다고 확신한다. 나는 케이틀린에게 어떤 결정을 내릴지 물어보면서 케이틀린에 대한 책임감을 유지한다.

케이틀린은 코칭 과정을 잘 알고 있으며 내가 약속해 주기를 기대한다. 그리고 이 점을

"그건 그리 설득력이 있지는 않구나. 네가 정말로 원하는 건 뭐니?"

케이틀린은 친근한 웃음을 보였다.

"네, 저는 그렇게 확신해요."

"그럼 앞으로 어떻게 할 거니?"

"승마 수업을 계속 받을 거예요. 그리고 돈을 모으는 데 보탬이 되도록 집안일을 할 수도 있어요."

"아주 좋은 생각이다! 그럼 네가 이 시기를 잘 헤쳐 나가도록 우리가 어떻게 지원해 줄 수 있을까?"

"아빠는 그냥 하시던 대로 해 주시면 돼요. 저는 우리가 이런 얘기를 나눌 수 있다는 사실이 감사해요."

"그건 오히려 내가 하고 싶은 말이야. 나는 네가 이런 분야에서 성장하고 성숙하는 것을 볼 수 있어서 행복하단다. 이건 부모로서 누릴 수 있는 특권 중 하나지. 케이틀린, 지금 네가 내리려는 결정을 나와 나눌 수 있겠니?"

"네, 그럴게요."

"엄마와 아빠는 네가 자랑스럽단다. 네가 한 인간으로서 성장하는 것을 지켜보는 건 가슴 뛰는 일이지. 그래서 엄마와 아빠는 이미 간밤에 네 결정에 대해 얘기를 나누고 결정을 내렸어."

"와, 어떻게요?"

"음, 우리는 승마 수업이 너를 위해 아주 좋다고 생각해. 그것을 통해 네 마음에 하나님이 계속 역사하시는 것을 볼 수 있어서 기쁘단다. 그래서 우리는 네 미래에 투자하기로, 네가 승마 수업을 받을 수 있도록 돕기로 했지."

"정말요? 최고예요, 아빠! 기대하지도 않았던 일이에요."

"그래, 네가 기대하지 않았다는 걸 엄마와 아빠도 알고 있단다. 하지만 우리는 너에게 은총이 되고 싶고, 이건 우리가 할 수 있는 한 방법이란다."

"고마워요. 그건 저에게 큰 의미가 있어요."

'…있다고 생각한다'고 농담 삼아 강조한다.

나는 지금부터 케이틀린이 어떻게 행할 것인지에 대한 질문을 하면서 약속을 정한다. "너는 지금 무엇을 하고 있니?", "너의 계획은 뭐니?", "너의 행동 단계는 뭐니?"라고 물어볼 수 있었다. 앞으로의 계획을 묻자 케이틀린은 또 다른 가능성, 즉 승마 수업을 받기 위해 집안의 허드렛일을 돕는 것을 생각해 낸다. 결론적으로 나는 이 과정을 통해 우리 부부가 어떻게 케이틀린을 계속 지지해 나갈 수 있을지 묻는다.

나는 말로써 케이틀린의 진전을 격려한다.

케이틀린은 자신이 완전한 효과를 받을 수 있는 결정에 도달할 때까지 이 정보를 꼭 쥐고 있다. 이것은 케이틀린이 지속적으로 계발하고 성장할 수 있도록 하며 의사결정과 책임감을 지니게 한다. 덧붙여 케이틀린은 기대한 것 이상의 지지를 통해 큰 격려를 받았다.

- 당신은 어떤 방법으로 케이틀린의 현재 생각을 형성하게 한 이전의 경험을 살펴보겠는가?
- 부모는 어떻게 케이틀린이 가진 책임감을 유지하도록 할 수 있는가?
- 케이틀린으로부터 책임감을 제거하기보다는 케이틀린이 가진 책임감을 유지하게 했던 대화의 예는 무엇인가?
- 당신이 주목한 코칭 가운데 당신의 양육 과정에서 곧바로 실행할 수 있는 한 가지는 무엇인가?

성공적인 부모 코칭의 독특한 특성 중 하나는 자녀를 위해 그 길을 준비하는 것이 아니라, 그 길에 대해 준비시켜 주는 데 집중하는 것이다. 이는 자녀에게 성장하는 지혜를 얻을 수 있는 기회를 주고, 가정을 벗어난 삶의 항해에서 더 성공하도록 해 줄 것이다. 이런 방식으로 우리는 자녀를 위한 사랑의 깊이를 표현하고 있다. 또한 우리는 자녀가 책임감 있는 성인으로 성숙하는 데 필요한 지지와 격려를 제공한다.

성공적인 부모 코칭은 부모가 자녀의 자연스러운 성장에 협력하도록 돕는다. 성공적인 부모 코칭 모델을 해 볼 준비가 되었다면 계속해서 6장으로 나아가 더 큰 이해와 연습, 마음가짐, 기술, 그리고 성공적인 부모 코칭 훈련을 배워 보자.

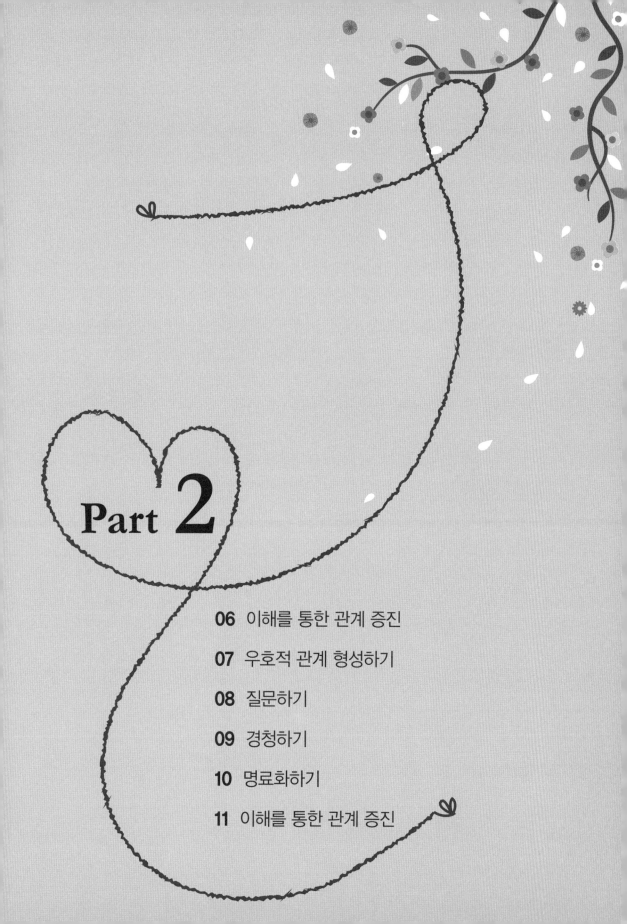

Part 2

06

이해를 통한 관계 증진

"결론으로 건너뛰는 것은 일부 사람들만 하는 운동일 뿐이다."

어느 날 친구 필립과 오해에 대한 이야기를 나누던 중 필립이 불현듯 웃기 시작했다. 왜 웃냐고 묻자 필립은 다음과 같은 이야기를 들려줬다.

열한 살짜리 아들의 입에서 "아빠, 콘돔이 뭐야?"라는 무시무시한 말이 나왔을 때, 나는 마치 죄를 지은 것처럼 두려움과 공포에 휩싸였다. 갑자기 얼굴이 달아오르고 혈압이 오르는 것만 같았다.

'이게 대체 무슨 일이지? 오후의 즐겁던 산책이 갑자기 왜 이런 방향으로 흘러가게 된 거지?'

잠시 침묵이 흘렀고, 나는 아들의 눈을 피해 시선을 다른 곳으로 돌리며 질문의 불편함을 감출 수 있기를 바랐다. 몇 분이 지난 후 나는 침묵을 깨고 제임스에게 '새들과 벌'에 대한 설명을 시작했다.

제임스는 골똘히 듣고 있었다. 하나님이 인간을 어떻게 창조하셨는지, 그리고 인간의 삶과 성의 위대함, 복잡함에 대해 이야기할 때, 나는 인간이 얼마나 위대하고 경건하게 만들어졌는지를 특별히 강조했다. 아들의 신체가 변하고 굉장히 새로운 것을 느끼고 감지하게 될 것이라는 설명도 덧붙였다.

이야기를 시작한 지 겨우 몇 분밖에 되지 않았지만 그 잠깐 동안이 내게는 몇 백 년처럼 느껴졌다. 정신이 어지러워지고, 아들이 경험하기 시작했을 모든 변화를 알아내기 위해 마음이 조급해졌다. 사춘기, 여자, 끌림, 또래의 압력, 성, 유혹, 성병…… 이런 모든 것이 제임스에게 어떻게 다가올까? 제임스는 이해할 수 있을까? 나는 아들이 경건한 남자가 되도록 준비시킬 수 있을까?

나는 제임스가 신이 주신 경이로운 선물을 잘 이해하기를 바랐다. 그리고 동시에 그 선물을 인생의 소울메이트를 위해 아껴 두기를 바랐다. 그날 이런 대화를 하게 될 줄 미리 알았더라면 나 스스로 먼저 준비했을 텐데!

한 번 더 내 생각을 정리하기 위해 잠시 말을 멈추고, 다음에 어떤 말을 꺼낼지 머릿속에 그려 보았다. 모든 용기를 모아 다시 말을 이어 가려 할 때 제임스가 먼저 침묵을 깼다. 제임스는 몹시 혼란스러워하면서 수줍게 말했다.

"내년 여름 여기에 콘돔(콘도미니엄)을 짓는다는 얘기를 들어서……."

필립은 이 이야기를 할 때 눈물까지 흘리면서 웃었다.

"그레그, 나는 제임스와 함께한 그때 제임스가 내게 엄청난 교훈을 주었다는 걸 깨달았어. 나는 그 일로 물어보는 법과 경청하는 법을 배우게 되었고, 그래서 이제는 결론으로 돌진하기 전에, 결론을 입 밖으로 꺼내기 전에 해야 한다는 것을 이해하게 되었지."

나는 웃음을 참으며 동의한다는 뜻으로 고개를 끄덕였다. 그리고 이렇게 답했다.

"사연을 듣기 전에 답하는 자는 미련하여 욕을 당하느니라."
—『잠언』 18:13 (NIV)

"나도 그렇게 생각한다네. 그리고 그걸 깨닫는 데 이보다 더 재미있는 방법은 없을 걸세."

내 친구 필립은 그날 아주 솔직했고, 필립의 당황스러운 이야기처럼 사람들은 대부분 상대방이 무슨 말을 하는지 이해했다고 여겼다가 아주 다른 생각을 한다는 것을 알게 된 적이 있을 것이다. 이런 재미난 순간은 매우 놀라운 것을 일깨워 주곤 한다. 그것은 바로 다른 사람이 정말로 무슨 생각을 하는지 항상 이해하지는 못한다는 사실이다.

깊이 생각하기

최근에 아이와 나누었던 대화에서 당신이 무조건 결론지으려고 했던 순간, 당신의 생각과 의견을 제시하기 시작했던 순간, 아이의 진짜 의도를 완전히 오해했다는 것을 깨달았던 순간을 떠올려 보자.

- 이런 경험은 아이에게 어떤 영향을 주었는가?
- 당신이 오해했다는 것을 알아챘을 때 당신 자신에게는 어떤 영향을 주었는가?
- 어떤 정신적 각인을 받는가?
- 만약 그랬다면, 그 경험의 결과로 어떤 변화를 시도했는가?
- 이와 같은 경험은 다른 사람과 대화를 하는 접근 방법을 어떻게 변화시켰는가?

아이가 당신을 어떻게 볼지, 바로 이 순간에 아이가 당신에 대해 뭐라고 이야기할 것인지 생각해 보자.

빈칸을 채워 보세요.
나의 엄마/아빠는 ＿＿＿＿＿＿＿ 나를 이해한다.
(항상, 때때로, 결코 …아니다, 거의 …아니다, …를 신경 쓰지 않는다, 추구한다, 노력한다, 좋아한다 등)

위의 이야기에서 제임스의 아버지 필립이 한 말, "나는 그 일로 물어보는 법과 경청하는 법을 배우게 되었고, 그래서 이제는 결론으로 돌진하기 전에, 결론을 입 밖으로 꺼내기 전에 이해하게 되었지."는 핵심을 찌르는 말이다. 그것은 재미있고 영향력 있는 사건이었지만, 이해는 난처한 상황을 벗어나게 하는 것보다 더 큰 목적을 가지고 있다. 이해는 자녀에 대한 존중을 나누는 것이고 건강한 관계 형성을 위한 기반이다. 오해는 흔히 관계의 대립을 초래하기 때문에 이해는 부모 역할을 해 나가는 데 중요한 것이다.

이해에 대한 다음의 인용구를 생각해 보자.

> 타인을 이해하기 위해 내 자신을 허용할 때 나는 큰 가치를 깨달았어요. 어쩌면 내 말이 이상하게 들릴 수도 있습니다. 타인을 이해하기 위해 자신에게 허용적일 필요가 있을까요? 나는 그렇게 생각합니다. 대화를 할 때 대부분의 사람들이 보이는 첫 번째 반응은 그 자체를 이해하려고 하기보다 평가나 판단을 하려는 것입니다. 누군가가 어떤 감정이나 태도, 믿음을 표현했을 때 흔히 우리는 곧바로 그것에 대한 느낌을 나타내지요. "맞아." "어리석은 생각이야." "말도 안 돼." "그건 합리적이지 않아." "그건 틀렸어." "그건 별로인데." 이처럼 다른 사람의 말을 정확한 의미로 이해하려는 경우는 드문 일입니다.[3]

"넓은 의미로 이해란 자녀와 공유하는 지속적인 관계를 통해 발견된, 자녀에 대한 친밀한 지식이다."

넓은 의미로 이해는 자녀와 공유하는 지속적인 관계를 통해 발견된, 자녀에 대한 친밀한 지식이다. 다시 말해 신이 우리를 무엇으로 창조하신 것인지 그리고 우리가 어떤 사람이 될 것인지에 대해 더욱 발전된 이해이다. 한 사람 한 사람은 각각 열정, 바람, 두려움, 단점, 실패, 갈망, 장점, 소명이 다른 유일한 존재이다. 자녀를 둔 사람이라면 이 말의 의미를 잘 이해할 것이다. 자녀들이 한 핏줄이고 비슷하다 할지라도 각각의 아이는 서로 완전히 다르다.

우리 모두는 친숙해지고 이해받고자 하는 갈망을 내면 깊숙이 가지고 있는데, 이는 서로에 대한 이해를 더욱 끈끈하게 한다. 건강한 관계를 지지하는 면에서 의식적으로 자녀를 이해하려 할 때 우리는 우선 자녀의 마음을 사로잡는다. 아이가 가장 크게 느끼는 욕구 중 하나를 어루만지면서 관계가 지탱되고 신뢰가 굳건해지며, 아이 삶에 더욱 깊이 들어갈 수 있는 초대장을 자연스레 얻게 된다.

'이해를 통한 관계 증진'에 초점을 둘 때, 서로 건전한 관계를 맺고 유지하는 데 필요한 환

---

3. Carl R. Rogers, *On Becoming a Person* (Boston: Houghton Mifflin, 1961), pp. 18ff.

경이 조성된다. 이는 관계를 지지해 줌으로써 자녀에게 다가가고 자녀를 바라보는 방법이 정확하고 명료해진다. 이해는 다음과 같은 힘을 가지고 있다.

우리의 관점을 변화시킨다.
성급하게 판단하는 것을 막는다.
필요시 우리의 기대를 재조정한다.
관계적 결합을 증진한다.

의사소통의 맥락에서 『웹스터 사전』은 '이해'를 "본질, 중요성, 혹은 무언가의 설명을 이루는 것"으로 정의한다.[4] 그러므로 부모에게 이해라는 것은 자신감이다. 부모로서 자녀가 무엇을 생각하는지, 무엇을 느끼는지, 무엇을 경험하는지를 알고 이해한다는 자신감이다. 자녀의 마음에 존재하는 의심과 이런저런 조건 없는 대화를 통해 이해하면 아이와 부모 모두 생각과 의도가 소통되는 것이다.

이는 의도적으로 다음과 같은 네 가지 간단한 원칙을 대화 속에서 이용함으로써 이루어질 수 있다.

친밀해지기
질문하기
경청하기
명료화하기

다음의 대화 모델은 이러한 네 가지 원칙이 이해를 통한 관계 증진을 위해 어떻게 상호 작용하는지를 보여 준다.

---

4. "understand." Merriam-Webster Online Dictionary. 2008. http://www. merriam-webster.com(3 Nov 2009).

'이해를 통한 관계 증진' 모델의 힘과 아름다움은 이 모델의 단순함과 간단명료함에 있으며, 의도는 건전한 관계를 정립하고 유지하는 데 초점을 둔다. 본질적으로 우리는 최우선 과제로 관계를 세우려 함으로써 하나님의 자식으로서 그분의 접근 방법을 모방하려고 한다.

'친밀해지기, 질문하기, 경청하기, 명료화하기', 이 네 가지 원칙은 독자적으로 존재하는 것이 아니라 조화롭게 서로 상호 작용함으로써 이해를 가져오기 때문에 겹쳐지는 원으로 나타낼 수 있다. 앞으로 이 네 가지 원칙을 하나씩 살펴보고 그 기술을 연마할 텐데, 그 과정이 물 흐르듯 흐르고 요소들이 서로 앞뒤로 이동하는 것을 깨닫게 된다. 결국 우리는 자녀의 이해를 얻게 된다. 예를 들어 경청하기 시작했을 때 발견할 수도 있는데, 아이가 우리에게 다가오고 이야기를 시작할 것이기 때문이다. 우리는 질문하고, 더 많이 듣고, 다시 질문한 다음, 아이의 뜻을 제대로 이해했는지 확실히 하기 위해 명료화할 것이다.

우리는 종종 코칭 대화 속에서 질문하기의 훈련, 이후 방해하지 않으며 경청하기를 발견할 수 있으며, 이는 우리 내면에 깊이 있는 것이 표면으로 드러나게 한다. 다음의 코칭 대화에 이것이 잘 묘사되어 있다. 에이미와의 코칭 대화에서 '친밀해지기, 질문하기, 경청하기, 명료화하기'의 원칙이 조화롭게 상호 작용하는 방법을 통해 어떻게 이해가 이루어지는지 지켜보기 바란다.

"저는 지금 결정을 내려야 하는데 어떻게 해야 할지 모르겠어요. 저한테 충고를 좀 해 주실 수 있어요?"

"좋아. 내가 몇 가지 물어도 되겠니? 그리고 이 결정이 우리를 어느 방향으로 이끌지 한번 보자꾸나."

"네."

"그 문제에 대해 좀 더 자세히 얘기해 보렴. 그래야 네가 어떤 결정을 해야 할지 내가 이해할 수 있겠구나."

"음, 저는 아프리카로 선교 여행을 가고 싶어요. 그리고 신께서 제 삶에서 어떻게 하기를 바라시는지 확인하고 싶어요. 그런데 한편으로는 신학대학에 들어가고 싶기도 해요. 신학대학 진학은 제 오랜 꿈이었어요. 그런데 최근에 제 마음속에 선교 여행에 대한 부담이 생기게 되었어요. 어려운 점은 원래 제 계획대로 이번 가을에 대학에 진학하지 못할 수도 있다는 거예요. 또 그 대신 선교 여행을 가려면 돈을 모으기 위해 일을 해야만 해요. 대학 진학 계획을 이미 세운 터라 너무 어려운 문제예요."

"내가 생각하기에 지금 너는 인생에서 아주 재미있고 흥미진진한 시간을 보내고 있는 것 같구나. 네 마음속에서 자신 있게 결정을 내리기 위해 네가 반드시 알아야 할 건 무엇인 것 같니?"

"솔직히 부모님과 목사님께서 제가 왜 아프리카에 가고 싶어 하는지 그 이유를 알고 이 계획을 지지해 주시길 바라고 있어요."

"그 선교 여행이 너에게 얼마나 중요한지 말해 보렴."

"가족과 친구들, 교회와 떨어져 있게 되더라도 저는 아프리카에 가고 싶어요. 그리고 제가 하는 일에 대해 그들이 성원한다고 생각하고 싶어요. 만약 그들의 성원을 받지 못하고 떠나게 된다면 저는 선교 여행의 목적에 많이 집중하지 못할 것 같아요. 이런 생각이 항상 제 마음 한편

친밀감은 우리가 이미 공유한 관계 덕분에 쉽게 형성된다. 나는 지난 몇 년 동안 에이미의 목사였고 우리 사이에는 신뢰가 쌓여 있다. 그래서 나는 에이미에게 쉽게 다가갈 수 있다.

에이미에게 더 많은 것을 공유하자고 함으로써 나는 에이미가 생각하는 결정에 대해 이해할 수 있다.

이야기를 들음으로써 이해할 수 있다.

질문을 하여 에이미가 실제 정보의 중요한 부분에 대해 얘기할 수 있도록 한다. 대화는 어려운 결정을 내리는 것에서 에이미가 왜 선교 여행을 가고 싶어 하는지와 그 동기에 대해 이해하는 것으로 넘어간다.

이 상황에 대해 코칭하기로 마음먹고 나서 계속 묻고 경청함으로써 매우 중요한 정보를 끄집어내게 되었다. 공개적으로 드러내지 않으면 고려해 보지 못했을 사안을 통해 선교 여행에 대한 동기가 드러난다.

에 존재할 거고, 그건 하나님께서 원하시는 제 삶이 아니라는 것을 알아요."

─사색적인 침묵─

"저는 아프리카로 가서 저에게 주어진 무거운 짐을 내려놓고 다문화 일을 경험하고, 진정 주님께서 제 미래에 대해 말씀하시고자 하는 것과 소통하고 싶어요. 그래서 그들의 성원이 저한테는 아주 중요해요."

선교 여행에 대한 동기가 드러난다.

"그래, 좋아. 목사인 나를 비롯해 교회 가족들의 성원을 받을 수 있을 거야. 그러니 이제 부모님에 초점을 맞춰 볼까?"

목사로서의 지지를 확실히 하고 에이미의 부모님에 대해 얘기를 나눠 보자고 제안한다.

"네, 좋아요."

"부모님께서 너를 성원한다는 것을 안다는 건 너에게 어떤 의미가 있지?"

"음, 이 결정에 대해 부모님이 재정적인 지원을 해 주실 수도 있겠죠. 하지만 그건 제가 원하는 게 아니에요. 전 단지 부모님이 제가 왜 이번 가을에 대학 진학을 하지 않는지 이해하시길 바랄 뿐이에요. 저는 아프리카로 갈 테지만 정말 이 부담을 안고 이게 제 삶에서 무엇을 의미하는지 알아내고 싶어요. 이 여행이 제 삶에서 1년의 시간을 허비하는 것처럼 보일 수도 있다는 거 알아요. 하지만 제 마음은요, 단지 1년이라도 주님께서 이번 사건을 계기로 저를 이끌려는 방향이 있다고 생각해요. 저는 떠나려는 제 동기를 부모님이 이해하신다면 성원을 얻을 수 있다고 생각해요. 이 문제는 단순히 대학 진학을 미루거나 집을 떠나서 즐거운 시간을 보내려는 게 아니라 제가 느끼는 사명을 처리하기 위함이에요."

"그래, 내가 제대로 이해했는지 보자꾸나. 네가 지금 갈망하는 것에 대해 부모님이 너의 결정 의도를 이해하시기를 바라는 것같이 들리는데 내가 제대로 이해했니?"

내가 정확하게 이해했는지 다시 한 번 명확히 한다.

"네, 맞아요. 그게 저에겐 가장 중요한 거예요. 그리고 부모님이 제가 무엇을 생각하는지, 무엇을 느끼는지, 제가

정확하게 이해했음을 확인할 때 진정으로 이해했다고 할 수 있다. 진정한 이해는 확인

왜 이것을 해야 하는지 이해 못하신다면 저는 떠나지 않을 거예요. 이번 선교 여행은 그냥 방학이나 학교를 빼먹는 그런 게 아니에요. 저는 제 인생에서 무엇을 해야 할지 결정하려 하고, 이 다문화 관련 일에 제 사명이 있다고 생각해요."

을 통해서만 이루어진다. 필요하다면 우리의 생각을 바로잡기 위해 자녀에게 동의를 구하는 중요한 단계이다.

부모는 자신의 가치관으로 아이의 상황에 대해 판단하려는 경향이 있다. 즉 아이의 가능성에 대해 너무 성급하게 결론 내리거나 끼어들고, 자기의 의견을 제시하며, 심지어 결정해 주고 싶은 유혹에 빠지기도 한다. 이는 앞의 대화에서 쉽게 볼 수 있다. 어려운 결정을 내리기 위해 나의 조언을 구함으로써 시작했으나, 사실 에이미 스스로 부모님의 이해를 얻어 내고자 하는 마음을 드러내게 되었다. 실제로 표면에 드러난 것은 그녀가 가지고 있던 더 의미 있는 가치였다. 부모님의 지지를 받고 싶어 하는 가치와 동기를 이해함으로써 에이미는 하나님이 그녀 안에서 만드시려는 것이 무엇인지 알고자 했으며, 이는 단순히 비싼 여행에 1년의 시간을 낭비하는 것을 의미하지는 않았다. 이런 방식의 코칭은 더 의미 있는 가치를 표면으로 끌어올리고 그녀의 성장을 지지하는 자연스러운 경로로 이끈다.

우리의 코칭 대화는 내가 다른 질문을 하는 것으로 계속 진행되었다. "부모님께 네 동기를 잘 이해시킬 수 있는 가장 좋은 방법은 무엇일까?" 이 질문은 에이미의 마음을 가능성 탐색하기와 더 나아갈 수 있는 욕구 파악하기로 이끌었다. 코칭 이후 그녀는 부모님과 이틀간 자유로운 대화 시간을 가졌다.

코칭은 정말로 나에게 새로운 경험이고 유익했다. 부모님이 코칭을 시작해 보다면 혁명적인 일을 경험하게 될 것이다.
—에이미 워노크

에이미는 자신의 책임을 지켜 냈다. 부모님은 에이미의 동기를 이해하게 되었고 에이미가 필요로 하는 성원을 보냈다. 돈을 모으고 나서 에이미는 몇 개월 동안 외국에 갈 수 있는 특권을 누리게 되었다. 그곳에서 그녀는 하나님이 그녀의 삶을 통해 무엇을 행하시려는지 더욱 이해하게 되었다. 그 후 에이미는 캐나다로 돌아와 신학대학 다문화연구과에 입학하여 공부하고 있다.

코칭의 효과는 놀랍다. 코칭을 통해 에이미는 더 의미 있는 가치를 표면으로 끌어올릴 수 있었고, 주님이 행하시려는 것과 소통할 수 있었다. 그리고 그것을 실천할 수 있도록 한 발짝 나아가게 되었다.

에이미는 코칭에 대해 무엇을 느꼈을까? 자, 그럼 에이미의 말을 들어 보자.

코칭에 대한 에이미의 반응

"처음에 목사님이 저를 코칭하셨을 때 매우 놀랐어요. 그때 나는 약간 스트레스를 받는 상태였는데, 많은 충고와 여러 가지 제안을 하실 줄 알았거든요. 사실 충고와 제안은 좋은 거잖아요. 특히 나보다 인생 경험과 지식이 풍부한 사람이 해 주는 충고는 더할 나위 없겠지요. 하지만 내가 무슨 생각을 하는지 얘기할 때, 내가 목사님 말씀을 듣는 게 아니라 목사님은 내가 마음을 정리해서 말할 수 있도록 기다려 주셨어요. 나는 이런 방식에 굉장히 놀랐고 매우 감사드려요.

나는 개인적으로 코칭이 내가 결정을 내릴 수 있도록 도와준 가장 효과적인 방법이라고 생각해요. 나보다 경륜과 지식이 많고 개인적으로 존경하는 누군가와 함께 앉아, 내가 무엇을 해야 하는지 가만히 듣고 있는 게 아니라 그분이 지혜와 지식을 이용하여 내가 무엇을 고려해야 하는지 질문을 통해 이끄는 코칭 말이에요. 나는 목사님이 내게 질문하신 것들에 대해 한 번도 생각해 본 적이 없었어요. 코칭은 내가 고민해 왔던 결정을 내리는 데 자신감을 갖도록 많은 도움을 주었어요. 만약 사람들에게 코칭을 받도록 권한다면 나는 확실히 말할 수 있어요. 코칭은 누군가 나에게 '이게 최선이야'라고 가르쳐 주는 것이 아니라 나 스스로 결정할 수 있도록 많은 도움을 주었다고요. 코칭은 정말 고무적이고 유용한 과정이었지요.

나는 젊은 사람들이 시간을 갖고 연장자의 가르침을 받아야 한다고 생각해요. 그런데 코칭은 나에게 무척 특별한 것이었어요. 또 정말 많은 도움이 되었고요. 만약 부모님들이 이런 방법을 쓰기 시작한다면 이건 거의 혁명에 가까운 시도라고 생각해요. 코칭은 가장 최선의 의사 결정을 할 수 있도록, 왜 그 결정을 내리려고 하는지 이해할 수 있도록 도와주는 것 같아요."

앞으로 이어질 네 개의 장에서는 '이해를 통한 관계 증진'의 각 원칙에 대해 더 자세히 살펴볼 것이다. 그런 다음 네 가지 원칙을 한곳에 모아 아이를 코칭하는 데 효과적으로 사용할 수 있는 모델을 제시할 것이다. 부모 역할을 하는 데 스스로 원칙을 연습해 보고 이해를 위해 떠나는 여행을 즐기기 바란다!

07

Pro-Active Parent Coaching

우호적 관계 형성하기

> "그레그 목사님, 질문을 해 봤지만 나아지지 않아요. 도움도 되지 않고 변화도 없어요. 우리 아이는 계속 입을 열지 않아요."
>
> —걱정하는 어느 부모

일방적 말하기에서 코칭으로 변화 중인 부모들은 비슷한 상황에 놓이게 된다. '우리는 이제껏 이런 경험을 해 보지 못했는데 아이와 진심으로 대화하는 것이 가능할까?' '코칭이 나에게 도움이 될까?' '시작하기에 너무 늦은 것은 아닐까?' 이와 같은 의문이 생기지만 한 가지 좋은 소식은 자녀와 사려 깊은 코칭 대화에 참여하는 것이 가능하다는 것이다. 단, 인내와 노력, 주의 집중이 필요하다.

새롭게 코칭을 시작하는 부모에게 더 많은 문제는 '어디에 시간과 에너지를 집중해야 하는가? 질문하는 데? 아니면 건강한 관계를 만드는 데?'이다. 만약 관계에 친밀함이 없다면 아무리 좋은 질문일지라도 소용없을 것이며, 부모가 받게 될 대답은 의미 없고 진심이 담기지 않고 깊이가 부족하며 의미 있는 코칭 대화로 이끌지 못할 것이다. 관계에 깊이와 건강함을 주는 것은 단순히 강력한 질문이 아니라 오히려 건강하고 깊은 관계가 질문에 힘을 실어 준다. 관계의 친밀함이 최우선이며, 이것이 바로 성공적인 부모 코칭 모델에 초점을 맞추는 이유이다.

"만약 관계에 친밀함이 없다면 아무리 좋은 질문일지라도 소용없을 것이며, 부모가 받게 될 대답은 의미 없고 진심이 담기지 않고 깊이가 부족할 것이다."

친밀함은 '이해를 통한 관계 증진'의 기본 요소이다. 친밀함은 진심어린 대화를 열어 주는 문이며, 자녀를 이해하도록 도와주는 요소이기도 하다. 친밀함의 순간은 가짜로, 요구에 의해 의지대로 마술같이 일어나는 것이 아니다. 그 순간은 오히려 가정생활의 일반적인 분위기 속에서 자연스럽게 일어난다. 자녀와 진심어린 대화를 할 기회를 기다리지 말라. 아마도 그런 일은 절대로 일어나지 않을 것이다. 차라리 자연스럽고 일반적인 환경을 만드는 데 집중하라.

자녀와의 친밀함은 관계적으로 친근한 환경에서 자연스럽게 발생한다. 일반적으로 사람들은 다른 사람과 친밀하다고 느끼지 못하거나 그를 신뢰하지 않으면 마음을 열지 않는다. 즉 관계적인 친밀함이 필요하다. 아이들도 마찬가지이다. 단순히 같은 집에서 산다는 것이 관계적 친밀함을 저절로 만들어 주지는

"관계에 깊이와 건강함을 주는 것은 단순히 강력한 질문이 아니라 오히려 건강하고 깊은 관계가 질문에 힘을 실어 준다."

않는다. 이는 모두가 잘 알고 있는 사실이다. 따라서 관계적 친밀함을 일궈야 하는데, 이를 성취할 수 있는 최선의 방법은 자주 경험을 공유하는 것이다. 이렇게 경험을 공유하는 것은 관계적 친밀함을 형성하는 데 도움이 되며, 자연스럽고 일반적인 친밀함의 순간이 형성된다.

이 장의 내용을 생각하다 보니 이런 시점이 잘 반영된 최근의 가족 하이킹이 떠오른다. 하이킹은 우리 가족에게 규칙적인 활동인데, 바깥으로 나가는 기회이면서 가족이 함께하는 시간이라 특히 중요하다. 기억에 남는 하이킹은 숲을 지나 마침내 대서양 해안에 이르러 웅장한 바다 풍경을 보았던 때이다.

우리가 숲을 따라 헤맬 때 큰딸이 내게 다가와 물었다.

"아빠, 엄마를 처음 만났을 때 어디에 매력을 느꼈어요?"

나는 질문에 대답하면서 얼마나 멋진 질문인가 하고 생각했다. 이 질문은 사랑, 성격, 어려운 상황에서의 헌신에 대해 터놓고 이야기할 수 있는 기회를 마련해 주었다. 큰딸은 경청하고 질문했으며, 곧 미래의 남편이 지녀야 할 중요한 성품에 대해 이야기하기 시작했다. 그날 숲길을 따라 걸으며 무엇을 보았는지는 솔직히 기억나지 않는다. 내가 기억하는 것은 우리가 이야기를 나누었고, 평소의 대화보다 더 즐거웠다는 것이다. 그때의 대화는 더욱 의미 있고 풍성했다. 그 순간 우리는 진정한 친밀함을 느낀 것이다.

무엇이 이런 친밀함을 느끼도록 할까? 이런 친밀함의 순간이 가능하도록 하는 네 가지 요소는 바로 '지속성(consistency), 유용성(availability), 적절성(relevancy), 투명성(transparency)'이다. 나는 이것을 합쳐서 친밀함의 C.A.R.T 원칙이라고 부른다.

이 모든 과정에 대해 내가 개인적으로 마음에 드는 점은 누구든지 할 수 있다는 것이다. 아동 심리학의 학위도 필요 없고, 완벽한 부모일 필요도 없으며, 아이와의 친밀한 환경을 촉진하기 위해 모든 것을 올바르게 할 필요도 없다. 누구든지 주기적으로 자연스럽게 친밀한 시간을 줄 수 있는 경험을 공유함으로써 관계 증진을 시작할 수 있다.

아이는 친밀함을 간절히 원하지만, 부모처럼 아이도 부모에게 진심으로 마음을 열려면 관계 안에서의 안전이 필요하다. 아이는 부모에게 "내가 안전하다고 느끼고 부모님을 믿을 수 있다는 것을 알 때, 나는 입을 열어서 내 삶의 깊은 영역까지 건드릴 수 있도록 허락하겠어요."라고 한다. 좋은 소식은 이런 환경을 만드는 것은 부모의 손에 달렸고, 네 가지 중요 요소인 지속성, 유용성, 적절성, 투명성에 근거한 신뢰의 환경을 조성하여 시작할 수 있다는 것이다.

지속성

관계를 형성하기 위해 가정에서 규칙적인 활동 시간을 만들어 함께 보내는 것은 친밀함을 자연스럽고 일반적인 환경으로 끌어올리기에 아주 훌륭한 방법이다. 지속성은 아이의 마음 속에 독특한 무언가를 만들어 낸다. 불안정한 세상에서 이들이 기대하고 의지할 수 있는 무언가를 줌으로써 안정성을 제공한다.

또한 지속성은 관계의 우선순위를 중심으로 가져온다. 부모가 다른 것보다 관계를 우선순위에 둔다는 것을 아이에게 보여 주면서 말이다. 부모가 관계를 가치 있게 여긴다는 것을 아이가 보고 알고 이해할 때, 부모로서 "사랑한다", "나를 필요로 할 때 여기 있을 거야", "이 시간 동안 어떻게 너를 도울 수 있을까?"와 같은 말을 하면서 신뢰를 준다. 그렇게 하지 않는다면 이 모든 것이 입에 발린 소리처럼 들리게 된다.

지속성의 열쇠는 가족 단위의 성격에 맞는 독특한 규칙적 분위기를 형성하는 데 부단히 가족과 함께하는 것이다. 어떤 가족에게 잘 맞는 것이 다른 가족에게는 잘 맞지 않을 수도 있다. 일단 계획을 세우면 따라가기 위해 노력해야 하며, 계획을 폐기하기보다는 상황에 따라 변경한다.

오랜 성숙의 기간을 거치면서 아이는 공유하는 경험이 확실히 변하는 것을 깨닫게 되고, 부모는 가족의 시간을 계획하는 데 아이를 더욱 참여시키게 된다. 가족으로서 함께 공유했던 모든 순간이 깊고 진심어린 대화를 이끌어 내지 못할지라도 이러한 친밀함의 순간을 통해 유대 관계는 분명 강해지고 있을 것이다.

유용성

"나는 아빠와 내가 좋은 관계였던 때가 뚜렷하게 기억나지 않아요. 아빠는 항상 내게 '왜 말하지 않니?', '입을 열지 않니?'라고 물으셨어요. 심지어 아빠는 '나는 네가 필요로 할 때 여기 있단다. 언제든 말하렴.' 하고 계속 말씀하세요. 하지만 내가 아빠에게 다가서면 아빠는 항상 뭔가에 몰두하고 있고, '아빠가 해야 하는 중요한 많은 일' 중 하나로 분주하시죠. 아빠는 나중에 얘기하자고 약속하시지만 나중은 절대 올 것 같지 않았어요. 나는 아빠가 바쁘고 중요한 일이 많다는 걸 알고 있기는 한데, 왜 아빠는 친구들이 전화해서 부탁하면 곧바로 하던 일을 멈추고 도와주려고 하냐는 말이죠."

— 로버트(15세)

아이가 하는 중요한 질문 중 하나는 "내가 필요로 할 때 옆에 계실 건가요?"이다. 아이가 부모를 힘겨워하지만 받아준다고 느낄 때가 있다. 솔직히 건강한 관계를 원하며, 자신이 필요로 할 때 언제든 부모가 도와줄 수 있다는 안정감을 갖기를 바란다.

간단히 말해서 아이와 접촉할 수 있는 가장 좋은 시간과 장소는 아이가 부모를 찾아와 부탁할 때이다. "아빠, 밖에 나가서 캐치볼 하실래요?" "엄마, 잠깐 얘기하실래요?" "제가 생각하고 있는 것에 대해 얘기하고 싶어요." "저는 정말로 지금 당장 엄마가 필요해요." 이런 말들은 종종 타이밍이 맞지 않을 때 듣게 되기 때문에, 아이 삶으로 초대받는다기보다는 방해처럼 느껴질 수 있다. 이때 부모가 아이와 함께해 주는 것은 친밀함을 위해 중요하다. 하지만 아이는 물리적인 참여 이상의 것을 찾는다. 아이는 부모가 접촉하고, 이해하고, 자신을 진정으로 알아주기를 바란다. 즉 아이는 생각하고 느끼고 경험하는 모든 것을 부모가 알아주기를 바라며, 여기에는 시간이 걸리고 완전한 관심 집중이 필요하다. 아이는 부모가 자신에게 집중해서 관심을 기울이고 있는지, 아니면 마음이 아니라 몸만 함께하고 있는지 느낄 수 있다.

> "불확실성의 세상에서 자녀에게 줄 수 있는 가장 큰 확신 중 하나는, 부모가 자녀에게 필요한 사람이라는 것이다. 즉 자녀가 필요로 할 때 부모가 그 자리에 있는 것이다."

아이가 자기 삶으로 초대하는 일은 부모가 인식하는 것보다 더 자주 일어날 수도 있다. 나는 독자들이 이런 초대를 인식하도록 환기시켜 주고 싶다. 아이와 함께하기 위해 부모가 다음과 같이 말한다면 친밀함의 놀라운 순간을 만들 수 있다. "나도 그러고 싶은데, 일을 마칠 시간을 잠깐만 주면 너에게 온전히 집중할게."

불확실성의 세상에서 자녀에게 줄 수 있는 가장 큰 확신 중 하나는, 부모가 자녀에게 필요한 사람이라는 것이다. 즉 자녀가 필요로 할 때 부모가 그 자리에 있는 것이다. 남편으로서, 아빠로서, 목사와 공동체의 자원봉사자로서 내가 얼마나 바쁜지, 나를 필요로 하는 요청이 얼마나 많은지 알고 있다. 아이가 나에게 온전한 관심을 부탁할 때, 하던 일을 제쳐 놓고 아이에게 집중할 수 없는 어려운 상황이라면 어떻게 해야 할까? 아이가 바라는 그 자리에 있을 수 없을 때 아이에 대한 지지를 어떻게 확신시킬 수 있을까?

부모라면 누구나 한 번쯤은 이런 일을 겪어 보았을 것이다. 자녀가 부모를 필요로 할 때 부모가 곁에 있다는 것을 확신시키면서 어떻게 하고 있던 일과 연결을 유지하여 균형을 이끌어 낼 수 있을까? 한 친구는 이런 상황에 처했을 때 어떻게 했었는지 다음과 같은 이야기를 들려주었다.

아이가 부모를 필요로 할 때 즉시 부모를 원하지만 불가능할 때가 있다. 이는 많은 아이가 매일 겪는 불안정에 대해 생각하게 하며, 세라와 내 안에 긴장감을 만들어 낸다. 우리는 아이들에게 안정감을 주는 것이 우리의 책임이라는 것을 알고 있다.

아이가 부모를 필요로 할 때 부모가 아이와 함께 앉아서 아이를 위해 최선을 다하면 아이는 진정으로 안정되어 보인다. 아이가 부모의 관심을 요구하지만 즉시 그렇게 해 주지 못하는 경우가 있을 수도 있다고 내가 계속 설명하자 아이들은 곧바로 걱정에 휩싸였다. 큰아이는 "내가 정말정말 아빠를 필요로 하는데 이 일 저 일로 바쁘면 그때는 어떻게 하나요? 아빠가 하던 일을 마저 다 할 때까지 기다리라고만 하면 나는 어떻게 되죠?"라고 물었다.

나는 "좋은 질문이야! 엄마랑 나는 이 문제로 고민 중이거든. 우리가 오늘 밤 함께 합리적으로 해결했으면 좋겠구나."라고 확신을 주었다. 우리는 응접실에 앉아서 다음 계획을 생각했다. 우리 가족은 미식축구를 좋아해서 축구 용어로 재미있게 계획을 만들어 보았다.

게임: 수시로 하는 게임처럼 자녀 양육도 끊임없이 보살펴야 하는 책임이 따르는 게임과 같다. 근본적으로 매일이 새로운 게임이다.

신호: 우리는 애정을 담아 지속적인 친밀함과 대화의 시간을 이렇게 불렀다. 등교하기 전, 아침, 점심, 저녁 식사 전에 이런 시간을 누렸다. 이와 같은 방식으로 지속한다면 게임에서 각 선수가 어떻게 하고 있는지 이해하는 데 도움이 된다.

허들[5]: 허들은 아이가 부모의 시간을 요구할 수 있는 자유를 준다. 필요할 때 아이는 부모를 방해할 수 있고, 시간을 갖고 싶다고 말할 수도 있다. 허들을 요청하는 것은 아이가 부모에게 무언가 하고 싶은 말이 있지만 급한 것은 아닌 것 같아 아이에게 조금 있다 빨리 이야기를 나누자고 하는 것이다. 부모는 하던 일을 마치기 위해 노력을 다하고 아이에게 시간을 할애한다.

타임아웃[6]: 타임아웃은 가장 심각한 것이다. 아이는 부모와 이야기하고 싶을 때 타임아웃을 외칠 수 있다. 타임아웃을 외치는 것은 "나는 지금 당장 부모님이 필요해요."라는 확실한 표현

---

5. 미식축구에서의 작전 회의-역자 주
6. 운동 경기에서 잠시 경기를 중단할 때 사용하는 용어-역자 주

이므로 게임을 멈추고 아이에게 온통 관심을 기울인다.

이런 계획을 함께 세우는 것은 그 자체로 좋은 경험이다. 아이는 부모가 자기를 위해 함께 해 주기를 원했는데, 솔직하게 자신의 생각을 이야기하고 계획을 세운다는 것이 그 증거이다. 나는 단순히 아이가 부모를 필요로 할 때 모든 것을 멈출 수 있다는 것을 알려 줌으로써 아이에게 안정감을 주었다고 믿는다.

아동기와 청소년기 동안 우리 아이들의 타임아웃은 몇 번에 불과했고, 아이가 필요로 할 때 그 요구를 존중했다. 이는 부모의 사랑과 헌신을 확신시킬 뿐만 아니라 큰 안정감을 가져다주었다. 그리고 놀랍게도 내 회사의 윗사람도 우리 아이들이 나를 온전히 필요로 하는 드문 상황을 이해해 주었다. 어떤 변화가 일어났는가? 우리는 이것의 완전한 범위를 모르지만, 어른이 된 우리 아이는 집에 와서 가끔씩 "나는 허들이 필요해요."라고 말할 것이다.

이런 방식으로 부모가 자녀에게 유용하다고 할 때, 어떤 가치를 자녀에게 이야기하면 될까? 이는 자녀가 중요하고, 또한 부모가 자녀의 삶과 관계성 모두를 매우 중요하게 여기면서 걱정한다는 것을 전해 준다. 건강한 관계를 형성하고 자녀가 필요로 하는 안정감을 주는 길은 멀고도 험하다.

깊이 생각하기

- 부모가 자녀에게 유용하다는 것을 어떤 방식으로 보여 주는가?
- 자녀가 부모를 필요로 할 때 부모가 그 자리에 있다는 것을 어떻게 확신시켜 줄 수 있는가?

적절성

자녀의 커다란 관심을 충족해 주는 것은 부모가 자녀와 연결되고, 자녀와의 관계적 연결

성의 잠재력을 키우는 확실한 해결 방법이다. 관계를 형성하는 가족의 분위기를 의도적으로 만들고, 자녀가 필요로 할 때 부모가 유용한 것이 중요한 것처럼 자녀에게도 적절한 시간이 주어지는 것이 중요하다. 그렇지 않으면 관계가 자연스러운 환경을 만들지 못하고 자녀가 무서워하고, 회피하고, 부모의 허락을 유지하기 위해 참아야 하는 환경이 될 것이다. 지속적으로 시간을 함께 보내는 것뿐만 아니라 어떻게 함께 보내는지도 중요하다.

예를 들어 나는 낚시를 즐기고, 호수에서 풍경과 소리를 느끼면서 몇 시간을 보낼 수 있다. 내 아들은 나처럼 이를 즐기지는 않으며, 내 딸은 나에게 좋은 친구이기는 하지만 배에 몇 시간씩 앉아 있는 것보다는 다른 데 관심이 있다. 딸은 쇼핑몰에서 몇 시간을 보내는 것을 더 좋아할 것이다.

> **"지속적으로 시간을 함께 보내는 것뿐만 아니라 어떻게 함께 보내는지도 중요하다."**

적절성은 부모가 좋아하는 것을 기꺼이 제쳐 놓고 아이가 좋아하는 활동과 대화에 참여하는 것을 의미한다. 적절성은 또한 아이가 자라고 변하는 데 부모도 적응한다는 것을 의미한다. 아이가 대여섯 살 때 즐기던 것은 열대여섯 살 때 즐기는 것과 다르다. 아이가 즐기는 것을 부모가 함께 하면 아이는 부모가 정말로 듣고자 한다는 것을 느끼고 입을 열 것이다.

> "우리는 아이들이 순서대로 대화 주제나 활동을 선택하게 함으로써 '서로의 선호 사항 존중하기' 원칙을 가르쳤어요. 이런 방식으로 아이들은 제각기 진정 원하는 것에 참여하고 선택하는 우선권을 갖게 됩니다. 하지만 또한 선택하지 않은 것에도 참여함으로써 다른 사람을 존중하는 기회도 되지요."
>
> ―린

깊이 생각하기

- 나의 관심과 원하는 데 초점을 맞추는 것에 비해 아이의 관심과 요구에 맞춰 얼마나 시간을 보내는가?
- 내가 아이에게 더욱 적합하게 변해야 하는 것은 무엇인가?
- 아이와의 관계를 지속하기 위해 나는 적절한 방법으로 무엇을 하고 있는가?

시간을 갖고 자녀 각각에 대해 다음을 생각해 보자.
- 아이는 무엇에 열정적인가?
- 아이가 가장 많이 말하는 주제는 무엇인가?
- 대화의 표면에 계속 나타나는 것은 무엇인가?
- 아이의 마음을 우선적으로 움직이는 것은 무엇인가?

하나님이 아이에게 주신 기질/성격은 무엇인가? 그것은 어떻게 영향을 미치는가?
- 아이는 어떻게 다른 사람과 상호 작용을 하는가?
- 아이의 학습 스타일은 어떠한가?
- 아이는 가족 내에서 어떻게 상호 작용하는가?
- 아이의 교우 관계는 어떠한가?
- 아이의 학교생활은 어떠한가?
- 아이의 사회적 상호 관계는 어떠한가?

내가 느끼기에 아이의 삶에서 하나님이 하신 일은 무엇인가?
- 하나님은 아이의 삶에서 어떤 일을 하시며 계발시키는가?
- 이런 분야에서 실질적으로 어떻게 성장과 성숙에 도움을 줄 수 있는가?

아이는 어떤 강점이나 능력을 가지고 있는가?
- 강점을 확인하라.
- 강점을 확인해 볼 수 있는 시간을 가져라.
- 아이에게 어떻게 용기를 줄 수 있겠는가?
- 성장하는 아이의 능력을 격려하면서 더 발전시킬 수 있는 방법은 무엇인가?

도움이 되는 조언

자녀의 입장이 되어 본다. 자녀의 관심과 요구에 주의를 기울이고, 관찰하고, 지켜보라. 의도적으로 자녀와 관련된 대화와 활동을 만들면 자녀가 부모를 존경하고 감사하게 될 것이다. 특히 부모가 자신의 영역을 희생했다는 것을 자녀가 알게 된다면 더욱 그럴 것이다.

만약 자녀의 관심과 요구를 이해하는 데 어려움이 있다면 물어보고 그 대답을 듣는다. 자녀에 관한 정보를 얻을 수 있는 최상의 근원은 바로 자녀이다.

투명성

부모들은 부모가 모든 것을 다 가지고 있는 것처럼 보여야 하며, 만약 아이가 부모의 단점과 실패를 본다면 존경을 잃을 것이라고 확신하곤 한다. 하지만 이는 진실과 거리가 멀다. 오히려 그 반대이다. 부모가 모든 것을 가지고 있지 않다고 솔직히 시인하고 아이와 그 실패와 단점을 공유하는 것은 오히려 부모에 대한 존경심을 키워 주며, 부모와 자녀의 관계에서 인간미를 보여 주게 된다. 잠시 생각해 보라. 부모가 어떤 사람인지 아이가 모른다면, 부모가 누구인지 아이가 이해할 수 없다면 우리의 정체성을 이해할 수 없다. 수잔 엄마의 투명성이 수잔에게 전해졌던 이야기를 소개한다.

> "나는 엄마를 더욱 존경하게 되었어요. 엄마가 자신의 실수와 삶에 대해 정직했기 때문이에요. 처음에는 엄마가 스스로 정말 형편없다고 여겨서 자신의 10대 시절에 대해 말하기를 꺼린다고 생각했어요. 하지만 엄마가 자신에 대해 밝힘으로써 엄마가 누구이며 무슨 일을 겪었는지 더 잘 이해하게 되었어요. 엄마가 거쳐 온 일들을 통해 내가 그런 일을 겪었을 때 다가갈 수 있는 누군가가 엄마라는 것을 알게 되었지요. 정직한 엄마가 자신의 삶을 숨기지 않은 것에 감사합니다."
>
> — 수잔(15세)

투명성은 신뢰를 만들고 진솔성과 관계 안의 개방성을 증진한다. 반면에 비밀은 의심을 만들고 위선을 키우며 관계를 끊어버린다. 아이가 견딜 수 없어 하는 것 중 하나는 부모 삶의 위선이며, 부모는 투명성을 통해 자신을 연약하게 만드는 것이 아니라 위선을 예방할 수 있다.

우리의 욕구를 채우기 위해서가 아니라 자녀를 향한 선물로 우리 자신을 투명하게 드러내 보이는 것은 자녀에게 약한 모습으로 비춰질 수 있다. 자녀가 볼지도 모를 더러운 세탁물을 빨랫줄에 말릴 필요는 없다. 그러나 투명성은 그 순간마다 필요한 것을 공유하고, 부모도 역시 사람으로서 실수를 하며 모든

"투명성은 신뢰를 만들고 진솔성과 관계 안의 개방성을 증진한다. 반면에 비밀은 의심을 만들고 위선을 키우며 관계를 끊어버린다."

것을 다 갖추지 않았음을 자녀가 깨닫게 하는 것이다.

만약 투명하고 진실한 열린 관계를 원한다면 부모가 먼저 자기 자신을 투명하게 보여 주면서 시작해야 한다. 또한 가정과 개인의 삶에서 이것을 가치 있게 존중해야 한다. 부모가 실수, 실패, 단점을 인정하여 인간성을 완전히 받아들일 때 신뢰, 공개, 관계성의 환경을 만들 수 있으며, 그 안에서 아이도 똑같이 함으로써 안정감을 누리게 된다.

우리의 삶에서 일반적인 네 가지 원칙, 즉 지속성, 유용성, 적절성, 투명성을 이루면 관계의 친밀함이 자연스러울 뿐 아니라 일반적인 환경을 만드는 데 도움이 된다. 아이는 충분히 안정적인 관계적 환경에 있다는 것을 알고 입을 열어 삶의 더 깊은 영역으로 부모가 들어올 수 있도록 허락할 것이다.

08

질문하기

"부모님이 내게 질문하시고 의사결정에 나를 참여시키셨을 때 나는 중요한 사람처럼 느껴졌어요. 내 의견이 중요했고, 나는 말 없어 보이는 어린아이가 아니었어요."

– 앨릭스(16세)

질문하기는 성공적인 부모 코칭을 위한 중요한 원리이다. 질문은 아이의 마음이 답을 찾는 쪽으로 향하게 하며 추가적인 정보를 얻을 수 있도록 해 준다. 이런 과정은 아이가 진정으로 생각하고 느끼고 경험하는 것을 부모가 이해하도록 도와준다. 질문하기는 매우 다면적인 목적을 가지고 있다.

• 아이의 독특함을 존중하고 예우해 준다.

- 정직한 열린 관계의 발달을 돕는다.
- 더 위대한 발견을 위해 아이의 마음을 동참시킨다.
- 아이 안에 더 커다란 인식을 형성시킨다.
- 아이의 자연적인 성장 패턴을 만들어 간다.
- 아이 내면의 책임감을 키워 준다.
- 아이가 부모와 의미 있는 대화를 나누도록 해 준다.

의사소통은 가정에서 늘 일어나지만 '대화를 하는가?'라는 의문이 든다. 짜증이 난 아버지가 아들에게 "데이브, 너는 왜 입을 열지 않니?"라고 물었을 때 아들이 다음과 같이 대답하자 아버지가 놀라는 상황을 상상해 보라. "글쎄요, 아빠가 올바른 질문을 하시지 않으니까요." 약간의 원칙, 훈련과 함께 효과적인 질문을 하는 것은 모든 부모가 할 수 있는 일이다.

초점은 아이가 입을 열어 말하게 하는 효과적인 질문 방법을 배우는 것이다.

도움이 되는 조언

다음 질문을 준비할 때 잠깐 멈추고 아이에게 영향을 줄 질문을 어떻게 할지 숙고한다.
"이 질문은 아이에게 어떤 반응을 일으킬까?"

평가
- 질문이 관계적인 대화로 이끄는가?
- 질문이 아이를 더 깊은 관계로 이끄는가?
- 질문이 대화, 생각, 반영을 촉진하는가?
- 질문이 책임을 지는 것과 의사결정을 촉진하는가?
- 질문이 탐구를 촉진하는가?

또는
- 질문이 추궁하는 듯한 느낌을 주고 미묘하게 아이의 마음을 닫게 하는가?
- 질문이 개방적이고 진심 어린 대화를 억제하는가?
- 질문이 아이 스스로 행동을 정당화해야만 한다고 느끼도록 함으로써 방어적이 되게 하는가?
- 질문이 아이로 하여금 평가절하되고 존중받지 못한다고 느껴지게 하는가?

다음은 닫힌 의사소통과 열린 의사소통의 예이다. 부모가 자녀를 대화에 초대하는 데 효과적인 것과 비효과적인 것, 그리고 부모의 질문에 주목하라.

닫힌 의사소통	열린 의사소통
"오늘 학교는 어땠니?" "좋았어요." "너는 무엇을 했니?" "아무것도 안 했어요." "넌 뭔가 할 수 있어야 해. 학교에서 6시간이나 있었잖아!" "아니, 정말 안 했어요. 나 지금 나가도 돼요?" "어디 가는데?" "밖에요." "어디?" "모르겠어요. 그냥 밖에요." "언제 집에 돌아와?" "나중에요!" "내가 아무리 열심히 노력해도 너는 네가 만든 벽 안에 나를 들이지 않는구나. 가서 실컷 놀다 와라!"	"토니, 오늘 어떻게 보냈니?" "묻지 마세요!" "내가 아는 토니 같지 않은데, 무슨 일 있니?" "걱정하지 마세요. 큰 문제 아니에요." "정말이니? 무슨 일이 있는 것 같은데. 그냥 얘기하는 게 조금이나마 도움이 될지도 몰라. 강요하지는 않겠지만 네가 얘기하고 싶다면 언제든 들어 주마." "예, 그럴지도 모르죠." "나는 다 들어 줄 수 있단다." "몇 주 전에 얘기했던 과학 실험실의 짝꿍, 게일 아시죠?" "응." "오늘 게일이 식당 밖에서 마이크와 얘기하는 걸 봤어요. 둘이 웃으면서 농담도 하는 모습이 오랫동안 친하게 지낸 사이처럼 보였어요." "그래?" "예, 그래서 배가 아프고 내내 집중할 수가 없었어요." "무슨 생각이 들었는데?" "음, 그 둘을 내 머릿속에서 몰아내고 싶었어요. 게일이 나를 좋아하는 줄 알았거든요. 우리는 함께 과학 실험을 하면서 잘 지냈죠. 우리는 교감이 잘되고, 나는 정말 게일을 좋아

해요. 게일은 재미있고 재치도 있고 똑똑해요. 게일이 내게 전화번호를 주었고 우리는 거의 매일 밤 채팅을 했어요. 그런데 오늘 다른 남자애와 함께 있다니, 나는 어찌해야 할지 모르겠어요."

"의사소통은 가정에서 늘 일어나지만 '대화를 하는가?'라는 의문이 든다."

닫힌 의사소통을 하는 아버지는 대화를 시작할 때 닫힌 질문을 사용한다는 것을 알 수 있다. 그리고 그는 예상대로 대화가 이루어지지 않을 때 빈정거림으로써 자녀를 더 멀리 밀어 버렸다. 닫힌 질문은 상대방을 더 깊은 대화로 끌어들이지 못한다.

열린 의사소통에서는 완전히 다른 환경을 볼 수 있다. 첫째, 아버지는 아들의 반응에서 '평소의 아들답지 않은' 무언가를 인식하고 그것에 대해 묻는다. 이는 공유하는 관계임을 나타낸다. 둘째, 아버지는 아들에게 강요하지 않는다. 그러나 아들이 대화하려고 하면 시간을 낸다. 셋째, 아들이 동의한 후 아버지는 열린 질문을 하고 공감하면서 잘 듣는다. 아들이 자유롭게 대답하는 동안 아버지는 무슨 일이 실제로 일어났는지 이해하는 데 도움을 받을 수 있도록 격식을 차리지 않으면서 더 풍부하게 진심 어린 대화로 이끌어 간다.

질문은 강력한 힘을 가지고 있다. 질문은 관계를 강화하고 대화 중 아이가 말하게 하며 건강한 상호 관계를 촉진한다. 한편 비효과적인 질문은 장벽을 쌓아 깊이 있는 대화를 방해하며, 아이가 독립적인 사고를 하지 못하게 한다.

우리의 양육 상황에서 말하기와 질문하기의 실행은 관계를 지지하는 다음과 같은 환경을 만들어 낸다.

- 아이가 마음을 터놓을 수 있도록 격려하기
- 아이의 기여 존중하기
- 의사결정 격려하기
- 아이 그 자체를 존중하기
- 존중에 대해 소통하기
- "나는 너를 믿는다."라고 오해의 여지 없이 말하기

부모가 말하는 태도를 유지할 때 자녀에게 전달하는 메시지는 대조적이다. 질문을 하지 않고 말만 한다면 다음과 같은 내용을 전달하는 셈이다.

- 네 말은 들리지 않고 네 모습이 보일 뿐이다.
- 너의 기여는 가치가 없다.
- 너는 의사결정을 할 수 있는 능력이 없다.
- 너는 내 도움 없이 삶을 영위할 수 없다.
- 관계보다 성과가 더 중요하다.
- "너는 만족한 상태가 아니다."라고 오해의 여지 없이 말하기

효과적인 질문은 경이, 흥분, 발견으로 특징지어지는 곳인 아이의 마음속으로의 놀라운 여정으로 우리를 이끌어 준다. 아이가 진정 누구인지, 그리고 어떤 존재가 되어 가는지에 대한 우리의 이해를 성장시킴으로써 우리의 관계 속에 새로운 삶이 숨 쉬게 된다. 우리는 이 방법으로 계속 코칭함으로써 우리가 그동안 흔히 믿었던 것보다 자녀가 훨씬 더 많은 지적 대화의 능력을 가지고 있음을 깨닫게 될 것이다. 우리가 나눌 수 있는 대화의 깊이와 우리의 관계 속에서 함께 경험한 성장은 노력할 가치가 있는 효과적인 질문을 만들어 낸다.

효과적인 질문을 만드는 것은 무엇인가

부모와 자녀의 긍정적인 관계를 유지하고 효과적으로 질문하는 방법을 알게 된다면 자녀와의 소통에 대해 자심감이 생기고 동기 부여가 될 수 있다. 그래서 아이가 기탄없이 마음을 열 것이라고 기대하면서 곧바로 아이에게 질문을 하고 싶은 충동을 느낄 수도 있다. 그러나 예상과 달리 아이가 마음을 터놓지 않을 수도 있다. 다시 말해 시간이 흐름에 따라 점점 더 친밀해지면 아이의 마음이 서서히 열린다는 사실을 기억해야 한다.

효과적인 질문하기의 목표 중 하나는 건강하고 지지적인 관계를 형성하는 것이다. 이는 아이에게 부모에 대한 신뢰를 공유하고 자라게 할 기회를 제공한다. 아이는 부모가 판단하지 않고 진정으로 경청한다는 것을 알게 될 때 마음을 열 것이다. 아이가 이 새로운 접근 방식과 마음을 터놓는 데 익숙해지기 전까지는 어떠한 연습, 노력과 일관성을 가지는 데 시간이 걸릴 것이다. 우리가 자신감과 용기를 가지고 이러한 기술을 연마하고 연습함으로써 아이는 우리의 진실을 보게 되고 응답하기 시작할 것이다.

효과적인 질문의 특성

효과적인 질문은 다음과 같은 것을 통해 관계를 지원한다.

- 건강한 관계 환경을 만든다.
- 아이를 대화에 끌어들인다.
- 깊은 생각을 격려한다.
- 명확성, 이해와 관점을 제공하도록 돕는다.
- 학습과 발견에 초점을 둔다.
- 현재의 생각에 도전하게 한다.
- 아이가 자기 자신과 자신의 경험을 평가하는 것을 돕는다.
- 다른 관점을 고려한다.
- 다른 관점에서 이슈를 찾는다.
- 성장에 대해 인식하고 이해한다.
- 책임을 촉진한다.
- 가능성, 사실, 생각, 감정을 탐색한다.
- 욕구를 평가한다.
- 약속을 확보한다.
- 진행을 격려한다.

물음표가 나타내는 것보다 더 많은 것

말하는 것으로부터 효과적인 질문으로 옮겨 가는 것은 단순히 문장 끝에 물음표를 표시하는 것보다 훨씬 더 많은 것을 포함한다. 우리가 어떻게 질문할 것인가는 무엇을 질문할 것인가만큼 중요하며, 이는 우리의 편의적인 의도성을 요구하는 것이다. 효과적인 질문을 하려면 우선적으로 효과적인 질문의 특성을 고려한 다음 질문의 기술을 신중하게 고려해야 한다. 처음에는 힘든 일처럼 보일 수도 있지만 용기를 내야 한다. 시간이 지남에 따라 효과적인 질문은 대화에서 매우 편안하고 자연스러워질 것이다. 즉 효과적인 질문을 의식하지 않고 그런 질문을 하게 될 것이다.

다음은 방금 캠프에서 돌아온 10대와 부모의 대화이다. 이 대화에서 부모의 질문이 효과적인 질문의 특성을 지니고 있는지 생각해 보라.

"올해 캠프는 즐거웠니?"

"예."

"상담자들을 만나 봤니? 그러니까 내 말은, 그들과 어떻게 지냈니? 그들은 좋았니?"

"음, 저도 잘 모르겠지만 그랬다고 생각해요."

"새로운 친구를 많이 사귀었니? 아니면 몇 명만 사귀었니?"

"그냥 몇 명이요."

"올해 캠프에서 어떤 부분이 좋았니? 게임이었니?"

"아니요, 예배였어요."

깊이 생각하기

- 아이의 마음을 여는 데 효과적인 질문인가? 왜 그렇게 생각하는가?
- 당신은 이 대화를 어떻게 묘사하고 싶은가?
- 이 대화에서 생각하기와 말하기는 주로 누가 했는가?

대화의 질문을 좀 더 자세히 살펴보자.

1. "올해 캠프는 즐거웠니?"

   간단히 '예' 또는 '아니요'로 대답할 수 있는 닫힌 질문이다. 자녀의 입장에서 본다면 생각은 아주 조금만 필요하고 더 진전된 대화로 이끌지 못한다.

2. "상담자들을 만나 봤니? 그러니까 내 말은, 그들과 어떻게 지냈니? 그들은 좋았니?"

   아이는 질문을 확인하고, '연결'의 의미를 명확히 하기 위해 또 질문을 하고, 다시 닫힌 질문을 했다. 한 번에 너무 많은 질문을 퍼부으면 아이가 신중하게 대답하기 어렵다. 또한 아이가 하나의 질문에만 답하고 나머지 질문은 무시할지도 모른다.

3. "새로운 친구를 많이 사귀었니? 아니면 몇 명만 사귀었니?"

'많이'와 '몇 명'이라는 두 가지 응답 중에서 선택하게 하므로 닫힌 질문이다.

4. "올해 캠프에서 어떤 부분이 좋았니? 게임이었니?"

게임이라고 추정하지 않았다면 더 많은 대화로 이어질 수 있는 효과적인 질문이다. 예를 들어 아이는 "네가 좋아했던 건 뭐니?"라는 질문에 따라오는 대답으로 캠프에서 좋았던 부분이 무엇이었는지 말할 수 있었을 것이다. 아이의 입속에 하나의 대답을 밀어 넣음으로써 "나는 이미 너를 알고 있고, 네가 나에게 더 말할 수 있는 것은 없어."라고 전달하는 셈이다. 이는 아이의 마음이 닫히게 한다. 부모가 진정으로 자신을 알고 싶어 하지 않는다고 느끼고, 부모가 단순히 '모든 걸 다 알고 있는데 왜 귀찮게 해?'라고 생각한다고 느끼기 때문이다.

앞의 모든 질문에서는 부모가 대부분 말하고 생각하는 반면에 아이는 수동적이다. 효과적인 질문을 던질 때는 그 반대가 된다. 질문을 하고, 아이에게 생각하는 데 필요한 시간과 질문에 신중하게 응답할 시간을 준다. 이렇게 함으로써 열린 대화에 필요한 시간을 만들 수 있다. 그리고 아이가 무엇을 생

> "말하는 것으로부터 효과적인 질문으로 옮겨 가는 것은 단순히 문장 끝에 물음표를 표시하는 것보다 훨씬 더 많은 것을 포함한다."

각하고 느끼고 경험하는가를 진정으로 이해하는 데 도움이 되는 더 많은 정보를 얻게 된다.

앞에서 살펴본 것과 유사한 대화가 발생하는 경우, 부모는 아이가 마음을 열고 함께 대화하기를 원치 않는다고 믿는 경향이 있다. 하지만 그렇지 않다. 사실 아이는 마음을 열고 싶어 한다. 우리는 단순히 아이가 그렇게 하도록 용기를 주는 환경을 조성하기만 하면 된다.

다음 시나리오에서는 효과적인 질문이 어떻게 아이를 더 의미 있는 대화로 끌어들이는지 관찰하라.

"올해 캠프에 대해 얘기해 보자꾸나."

"올해 캠프는 아주 좋았어요. Braeside 캠프는 최고예요."

"그거 놀랍구나. 뭐가 좋았니?"

"음, 많아요. 친구와 함께 일주일 동안 멀리 가서 지냈고, 지난 몇 년 동안 캠프에서 사귄 옛 친구를 이번 캠프에서 만났어요. 몇 명은 1년에 한 번 캠프에서만 만나요. 페이스북을 통해 관계를 계속 유지하고 있지만, 나는 그 애들을 직접 만나고 함께 시간을 보내는 게 더 좋아요."

"놀라운걸."

"예, 그래요."

"그 밖에 또 좋은 건 없었니?"

"상담자들도 좋았어요. 그들은 캠프를 아주 재미있게 만드니까요."

"어떻게?"

"상담자들은 학생들과 잘 지냈어요. 그들은 우리를 잘 돌봐 주었고 우리를 어린아이가 아닌 인간으로 대해 주었어요. 그들은 또 게임을 담당했는데 항상 목적 있는 게임을 고르고, 우리가 배우는 내용을 가지고 몇 가지 방식으로 조정해 주었어요. 아! 그리고 올해의 그 선생님은 정말로 멋졌어요. 그 선생님은 가르치는 내용을 만화로 그렸는데 어떤 아이들은 그 그림을 선물로 집에 가져갔어요."

"상담자들은 무엇을 가르쳤니?"

"올해의 주제는 '개인으로서 우리의 가치'였어요. 누구도 우리를 나이 때문에 무시하지 않고 사람들이 우리를 보고 하나님을 찬양하도록, 그런 삶의 방식으로 살아가도록 도전받았어요."

"청소년 캠프에 적절한 주제로구나. 이번 주에 네 삶에서 가장 큰 차이를 만든 건 뭐니?"

"한 연설자는 사람들이 나이와 상관없이 인생에 목적을 갖고 있다고 말했어요. 그는 요셉, 다윗과 디모데에 관한 성경 이야기로 우리가 도전을 받도록 해 주었어요. 그들은 젊었지만 하나님은 당신의 왕국에 변화를 가져올 강력한 방식으로 그들을 받아들이고 그들을 통해 일하셨죠. 내가 가장 충격을 받은 건, 나는 겨우 열세 살이지만 목적을 갖고 있고 하나님은 내가 그걸 발견하길 원하신다는 것이었어요."

- 아이의 마음을 여는 데 효과적인 질문인가? 왜 그런가?
- 당신은 이 대화를 어떻게 묘사하고 싶은가?
- 대화에서 누가 주로 생각하기와 말하기를 했는가?

대화의 질문을 좀 더 자세히 살펴보자.

1. "올해 캠프에 대해 얘기해 보자꾸나."

   이 말은 아이의 마음에 있는 것을 공유할 수 있도록 하는, 아이를 위한 열린 초대이다. 아이에게 가장 중요한 것을 공유함으로써 아이가 원하는 곳으로 대화를 끌고 갈 수 있도록 자유를 주는, 비지시적이고 매우 개방적인 말이다.

2. "그거 놀랍구나. 뭐가 좋았니?"

   부모는 아이가 사용한 핵심 단어, '좋다'에 초점을 맞추고, 캠프가 왜 좋았는지 자세히 설명하도록 질문했다.

3. "놀라운걸."

   아이의 경험에 대해 긍정하면서, 또한 부모가 듣고 대화에 전념한다는 것을 아이가 알 수 있게 한다.

4. "그 밖에 또 좋은 건 없었니?"

   '다른 것'을 말해 달라고 함으로써 캠프에서 좋았던 것에 대해 계속 생각할 수 있게 한다. 코칭을 통해 아이의 성장을 더 이끌어 주거나 위대한 통찰, 배움을 줄 수 있는 더 진전된 성찰과 공유 속으로 아이를 끌어들일 것이다.

5. "어떻게?"

   아이가 생각을 특정한 방향으로 유도하지 않고 상담자들에게 무엇이 감사했는지를 탐색해 보게 한다. 이것은 다시 아이가 부모에게 자신의 마음에서 일어나고 있는 것이 무엇인지 느끼는 대화 속으로 더 많은 정보를 가져와 공유하게 한다.

6. "상담자들은 무엇을 가르쳤니?"

이 질문은 아이가 캠프에서 배운 내용에 대해 다시 논의할 수 있게 한다. 대화에 더 많은 정보를 제공하고, 아이가 더 자세히 자신의 경험을 성찰할 수 있게 한다. 이는 캠프에서 배운 분야의 잠재적인 성장을 지원하는 코칭 대화로 이어질 수 있다.

7. "청소년 캠프에 적절한 주제로구나. 이번 주에 네 삶에서 가장 큰 차이를 만든 건 뭐니?"

부모는 캠프에서 배운 것의 가치를 받아들이고 아이로 하여금 생활에 변화가 생겼는지 성찰하게 한다. 이는 아이가 캠프에서 배운 것을 적용하고 성찰함으로써 성장을 촉진할 수 있는 좋은 기회이다. 이러한 방법으로 부모는 진정으로 변화하는 코칭을 학습에 활용한다.

앞의 대화는 효과적인 질문이 어떻게 대화를 만들고 탐색을 위한 질문을 여는지 잘 보여 준다. 부모는 단순히 효과적으로 질문하고 잘 경청했으며, 아이가 대부분 생각하기와 말하기를 했다. 코칭 대화는 아이의 마음을 열고 많은 분야에서 아이의 성장을 지원하는 기회를 부모에게 주는 독특한 방법이다. 앞의 대화에서는 아이의 삶의 목적과 관련된 열린 코칭 기회를 볼 수 있다. "내가 가장 충격을 받은 건, 나는 겨우 열세 살이지만 목적을 갖고 있고 하나님은 내가 그걸 발견하길 원하신다는 것이었어요."라는 아이의 말에 초점을 맞추면서, 더 진전된 코칭을 통해 아이의 성장을 지원하도록 자연스럽게 이행시켜야 할 것이다.

깊이 생각하기

코칭 기회의 측면에서, 만약 당신의 아이가 "내가 가장 충격을 받은 건, 나는 겨우 열세 살이지만 목적을 갖고 있고 하나님은 내가 그걸 발견하길 원하신다는 것이었어요."라고 말한다면 아이에게 무슨 질문을 할 수 있을지 생각해 보자.

효과적인 질문은 열린 질문이다

아이의 마음을 사로잡고 우리가 이해할 수 있도록 도와주는, 관계형 대화를 요청하는 질문은 거의 열린 질문이다. 열린 질문은 생각을 더 깊게 하고 관계의 친밀감을 촉진하는 대화를 이끈다. 반대로 닫힌 질문은 '예', '아니요'로 답하거나 고개를 끄덕이며 간단하게 대답할 수 있기 때문에 대화 또는 깊은 생각을 자극하지 못한다.

> *"사람의 마음에 있는 모략은 깊은 물 같으니라. 그럴지라도 명철한 사람은 그것을 길어 내느니라."*
> *―「잠언」20:5(NIV)*

열린 질문은 건강한 부모 코칭 대화의 핵심 구성 요소이며, 일반적으로 '무엇을', '어떻게', '어디서', '누가', '언제', 혹은 '…에 대해 더 말해 줄래?', '…을 이해하도록 도와줄래?'와 같은 표현으로 시작한다.

도움이 되는 조언

만약 자신이 유도적인 질문을 하고 말을 중간에 끊는 경향이 있다는 것을 알게 된다면 '혹은 또 다른 것'과 같은 간단한 표현을 추가함으로써 질문을 개방할 수 있다. 예를 들면 "캠프에서 어떤 부분이 좋았니? 게임, 또 다른 거 뭐?"와 같이 질문한다.

부모 코칭 연습

실제로 "오늘 학교 어땠니?"와 같은 전형적인 양육 질문을 더 깊은 대화를 할 수 있는 효과적인 질문으로 어떻게 변환할 수 있을까?
시간을 조금 가지고 이번 주에 아이의 마음을 열도록 북돋아 줄 수 있는 5개의 '무엇'으로 질문을 만들어 보라. 이러한 방식으로 대화에 아이를 참여시킬 수 있도록 잘 준비하게 될 것이고, 그다음 기회에 새로 발견한 당신의 기술을 더 잘 연마할 수 있을 것이다.

• "오늘 학교에서 무슨 일이 있었는지 얘기해 보렴."
• "오늘 학교에서 일어난 일 중에서 중요한 건 뭐니?"

요구하기로부터의 전환

부모 코치가 빠지게 되는 일반적인 위험은 문장 끝에 물음표를 붙임으로써 조언이나 의견을 위장한다는 것이다. 이렇게 함으로써 부모는 아이가 무엇을 해야 할지 단순하게 말하는 대신 효과적으로 질문하는 것처럼 느끼지만, 과연 그럴까? 다음과 같은 공통적인 양육 질문을 통해 실제로 무슨 일이 일어나는지 살펴보자.

공통적인 양육 질문

- "놀러 나가기 전에 설거지를 할 수 있니?"
- "그러기에 너는 너무 어리다고 생각하지 않니?"
- "숙제를 먼저 한 다음에 친구와 놀 수 있겠니?"
- "직업에 대해 걱정하기 전에 공부를 더 열심히 해야 하지 않겠니?"
- "너는 그렇게 하고 싶지 않아, 그렇지?"
- "기도로 하루를 시작하면 도움이 될 것 같니?"
- "결정하기 전에 그것에 대해 기도하는 게 도움이 되니?"

알아챘는가? 위 문장은 물어보기는 하지만 전혀 질문이 아니다. 끝에 물음표가 붙기만 했을 뿐 질문이 아니라 그냥 말하는 문장이다. 이번에는 몇 가지 단어와 함께 질문의 진짜 의도를 알 수 있는 다음 문장을 보라.

- "놀러 나가기 전에 설거지를 해라?"
- "그러기에 너는 너무 어려?"
- "숙제를 먼저 한 다음에 친구와 놀아라?"
- "직업에 대해 걱정하기 전에 공부를 더 열심히 해라?"
- "너는 그렇게 하고 싶지 않아?"
- "너는 기도로 하루를 시작해?"

• "결정하기 전에 그것에 대해 기도해?"

이 대화가 당신의 모습을 보여주는가? 그렇다 하더라도 너무 낙담하지 말라. 이는 시작 단계에서 흔히 일어나는 대화이며, 효과적인 질문하기로 올바르게 향해 가는 과정이다. 연습을 통해 대화의 깊이가 깊어짐으로써 효과적인 질문하기가 쉬울 뿐만 아니라 즐겁다는 것을 발견하게 될 것이다.

부모 코칭 연습

다음 문장을 효과적인 질문으로 변환해 보자.

'말하기' 질문	열린 질문
"너는 그렇게 하고 싶지 않아, 그렇지?"	"그렇게 하는 데 마음을 끄는 것이 무엇인지 더 말해 줄래?"
"기도로 하루를 시작하면 도움이 될 것 같니?"	
"결정하기 전에 그것에 대해 기도하는 게 도움이 되니?"	
"그러기에 너는 너무 어리다고 생각하지 않니?"	

자신이 닫힌 질문을 하는 경향이 있다면 질문 앞에 '무엇' 또는 '어떻게'를 넣어 본다. 이렇게 하면 닫힌 질문을 열린 질문으로 바꿀 수 있다.

닫힌 질문	관찰
"너는 좋은 결정이라고 생각하니?"	이 질문에는 단순히 '예' 또는 '아니요'라고 대답하게 된다. 대답이 '예'라면 부모는 '왜?'라고 묻게 된다. '왜?'라는 질문은 무심코 아이를 방어적으로 만든다. 아이는 자기 자신을 정당화하거나 방어해야 한다고 느낌으로써 대화가 종료된다.
중립적인 열린 질문	관찰
"너의 결정이 어떻게 영향을 미칠 것이라고 생각하니?	이 질문에 '어떻게'를 넣음으로써 더 중립적이고 열린 형태가 된다. 이는 아이를 더 성찰시키며, 아이가 자기 자신을 해명하거나 방어해야 한다는 느낌을 가지고 자리를 뜨지 않게 한다. 그 대신 아이가 더 성찰하고 그 결정이 가져올 수 있는 잠재적 결과에 대해 숙고하게 한다.

열린 질문으로 이야기하면 오래된 대화 패턴을 벗어나 훨씬 더 깊은 수준의 대화를 통해 관계를 맺게 된다. 이는 성장하고 있는 아이의 존재를 가치 있게 여기고 존중한다는 마음을 전달하는 것이며, 깊고 풍부한 부모-자녀 관계 속으로 아이를 초대하는 놀라운 의사소통 방법이다. 만약 아이가 해야 할 일에 대해 말해 주는 부모의 모습에 익숙해져 있다면, 처음에 아이는 질문 모델로의 전환을 조금 어색해할 수도 있다. 아이가 마음 열기를 주저할지도 모르기 때문에 부모가 말로써 안심시켜 주어야 할 것이다. 그렇다고 낙심하지 말라. 부모가 진정으로 아이의 마음을 이해하고 아이의 답을 이끌며 신뢰한다는 것을 아이가 인식할 때, 아이는 아이디어에 활기를 띠고 부모에게 마음을 열게 될 것이다. 너무 조급하게 굴지 말고, 처음에는 아이에게 부모 자신을 드러내야 한다.

"아이는 마음을
열고 싶어 한다.
우리는 단순히 아이가
그렇게 하도록 용기를 주는
환경을 조성하기만
하면 된다."

'이해를 통한 관계 증진' 모델이 개방적이고 비지시적인 질문을 활용할지라도 모델의 두 번째 단계인 '성장 지지'로 넘어간다. 당신은 욕구 파악하기, 전념하기, 과정 격려하기를 하면서 지시적인 질문을 하게 된다는 것을 알 텐데, 이때 효과적인 질문을 시작하고 자녀와의 풍부한 관계를 즐겨 보자.

보충: 질문으로 깊이 있게 진행하기

'왜?'를 조심스럽게 사용하라

당신은 '왜?'가 효과적인 질문을 만들 때 포함되지 않는다는 것을 알아차렸는가? 그 이유는 이렇다. 우리는 '왜?'라는 질문을 던질 때 고도의 주의를 기울여 연습해야만 한다. '왜?'라는 질문이 대화에서 적절할 때도 있지만, 아이에게 '왜?'라고 질문하면 아이는 질문 속에서 자신의 동기를 요구받고 자신을 정당화해야만 하는 것처럼 느낌으로써 방어하게 된다.

'왜?'라는 질문이 어떻게 아이에게, 그리고 아이와의 대화 시 개방성에 영향을 미치는지 관찰하라.

'왜?'의 긍정적인 사용

아이가 학교에서 돌아왔을 때 왜 화가 나 보이는지에 대해 부모와 아이가 대화하고 있다. 대화를 통해 학교에서 조니가 다른 아이들을 괴롭힌다는 사실이 드러났고, 부모는 공감적인 방식을 사용하여 조니가 다른 아이들을 괴롭히는 이유에 대한 관심으로 전환했다.

코칭 대화	관찰
"네가 마음을 열어 기쁘구나. 나는 그런 일이 있는 줄 전혀 몰랐어. 그건 네가 그렇게 화가 난 이유를 이해하는 데 도움이 되지. 조니에 대해 우리 잠깐 얘기해 볼 수 있을까?"	공감을 개발하기 위해 부모는 괴롭히는 아이에게 영향을 끼친 삶의 다른 요소를 생각해 보도록 '왜?'라는 질문을 던짐으로써 괴롭히는 아이에 대한 자녀의 관심을 돌린다.

"네, 그럼요."

"너는 조니가 왜 그렇게 행동했다고 생각하니?"

"잘은 모르지만 걔는 진짜 바보예요."

"음, 걔는 다른 사람들처럼 행동할 수도 있을 텐데, 그렇게 하는 데는 어떤 이유가 있을 것 같아. 그게 뭘까?"

"모든 걸 정확히 알 수는 없지만, 나는 걔가 그렇게 행동하는 데 이유가 있다고 생각해요. 조니의 아버지가 바람이 나서 걔 엄마가 한 달 전에 집을 나갔대요. 새엄마가 집에 들어왔는데 조니와 새엄마 사이가 나쁜 것 같아요."

이 시나리오에서는 초점이 다른 아이에게 맞추어져 있기 때문에 '왜?'의 사용이 위협적이지 않고 개방적인 대화가 된다.

'왜?'는 대화에서 아이의 관점을 넓혀 주는 비위협적인 방식으로, 주의 깊게 사용한다면 적절하다. 하지만 '왜?'는 종종 부정적인 방식으로 사용되기도 한다. 다음과 같은 질문을 고려하고, 부모가 아이에게 이런 질문을 하면 어떻게 영향을 미칠지 숙고해 보라.

- "왜 너는 항상 그렇게 하니?"
- "왜 너는 네 동생처럼 될 수 없니?"
- "너는 왜 …할 수 없니?"
- "왜 너는 항상 …해야만 하니?"
- "왜 너는 …에 더 열중하지 못하니?"

위의 질문에서 '왜?'는 아이의 성격, 행동, 또는 의사 결정을 심문하는 것 같은 느낌을 아이에게 전달하고, 자연스럽게 아이가 방어적이 되도록 몰아붙인다. 아이가 자기 자신을 방어해야 하는 것처럼 느낄 때, 아이의 성격에 따라 더 공격적으로 성장하여 '싸움'을 하게 되거나 또는 뒤로 물러나 문을 닫아 버릴 것이다. 둘 중의 어떤 반응도 지원 관계에 해롭다.

"'왜?'는 종종 부정적인 방식으로 사용되기도 한다."

'왜?'의 부정적인 사용

다음의 예에서 엄마는 곧 집에 올 손님을 맞이하기 위해 저녁을 준비하느라 조금 스트레스를 받고 있다. 엄마는 모든 것을 손님에 맞춰 준비하고 있다. 손님이 온다는 것을 온 가족이 알고 있고 손님맞이 준비를 돕겠다고 했지만, 10대 아들 앨런은 학교에서 돌아와 텔레비전 앞에 앉아 있다. 엄마는 일을 도와 달라고 하려고 앨런에게 다가갔다.

코칭 대화	관찰
"앨런, 지금 텔레비전 보고 있을 시간이 없다고 생각하는데. 난 지금 네 도움이 아주 필요하단다." "엄마, 전 피곤해요. 몇 분만 쉬게 해 주세요." "애야, 오늘은 안 돼. 스미스 씨네가 한 시간 뒤에 올 테니 빨리 집 안 청소를 해야 해." "스미스 씨네요? 그들은 우리가 누군지 알고 있으니 그들에게 좋은 인상을 주기 위해 청소할 필요는 없어요." "그래, 그쯤 해 둬. 왜 너는 항상 이렇게 행동하니?" "무슨 행동이요?" "너도 손님이 온다는 걸 잘 알고 있잖아. 손님맞이에 대해 이미 얘기했고 계획도 세웠는데, 너는 학교에서 돌아와 아무 일도 없는 것처럼 텔레비전 앞에 앉아만 있잖니." "저는 우리 집이 어떻게 보일지 대수롭지 않게 생각했는지도 모르죠. 만약 그들이 친구라면 우리를 있는 그대로 받아들여야죠. 게다가 그들은 집이 아니라 우리를 보러 오는 거잖아요? 그런데 그런 추가적인 일을 하는 게 무슨 차이가 있죠? 아무도 신경 쓰지 않을 텐데, 엄마는 아무것도 아닌 걸 걱정을 사서 하시네요."	"왜 너는 항상 이렇게 행동하니?"라는 질문은 앨런을 방어적으로 만들었다. 앨런은 다시 질문하여 엄마가 의미하는 바를 재확인한다. 엄마는 지금 선택권(멈추고 진정하거나, 자신이 지금 느끼는 것을 설명하고 관계 갈등을 감소시키는 것)을 갖고 있다. 우리는 이렇게 전면적인 논쟁으로 확대되는 것이 앨런이 멀어지도록 밀어내는 것일 뿐이라는 사실을 알고 있다.

- 엄마의 '왜?'라는 질문은 당신에게 어떤 느낌을 주는가?
- 당신은 '왜?'라는 질문을 통해 어떤 통찰을 얻는가?
- 엄마가 앨런에게 다른 반응을 이끌어 내리면 이 상황에서 어떻게 달리 접근해야겠는가?

차이를 감지했는가? '왜?'라는 질문은 대립적으로 들리고 아이를 방어적으로 만들며, 관계에 불필요한 긴장을 불러일으킨다. 부모가 아이를 심판하고 비판하며, 아이가 자신을 정당화하고 뒤로 물러서거나 자신을 방어해야 한다고 느낄 만한 자리로 아이를 밀어 넣는다.

'왜?'라는 질문을 던졌을 때 대화의 분위기가 바뀌고 아이가 짧고 퉁명스러운 답변을 하면서 마음의 문을 닫아 버리는 데 놀라지 말아야 한다. '왜?'라는 질문을 바꾸어 말하기 위해 잠시 시간을 가지는 것은 아이가 더 생각하도록 하는 대화를 위한 개방적이고 긍정적인 환경을 조성하게 될 것이다.

부모 코칭 연습

'왜?'라는 질문을 중립적으로 들리는 질문으로 변환하는 것은 더욱 편안하고 개방된 대화 환경을 유지하도록 해 줄 것이다. '왜?'라는 질문을 중립적인 질문으로 변환하는 연습을 해 보자.

'왜?'라는 질문	개방된 중립적 질문
"왜 그렇게 했니?"	"네가 그런 결정을 하도록 이끈 것은 뭐니?"
"왜 너는 친구를 그렇게 대했니?"	
"왜 너는 선생님께 그걸 말하지 않았니?"	
"왜 너는 숙제를 하지 않았니?"	

유도 질문

유도 질문(leading question)은 질문 안에 대답을 암시한다. 다시 말해 부모가 '아이의 입에 말을 넣어 주는 것'이다. 예를 들면 다음과 같다.

"너는 언제 선생님께 그걸 말하려고 하니?"
"너는 그게 재미있었니?"

첫 번째 예에서 부모의 기대는 '너는 선생님께 그것을 말해야 한다'고 질문 안에 진술되어 있다. 이는 아이가 가능성을 탐색하고 추구하는 바에 대한 선택권을 박탈하는 것이다. 두 번째 예에서는 아이가 정말로 어떻게 느끼고 있는지 분명하게 표현하는 것을 허락하지 않고 아이의 느낌을 추정했다.

부모 코칭 연습

다음의 유도 질문을 아이가 스스로 가능성을 탐색하도록 해 줄 중립적인 질문으로 변환해 보자.

유도 질문	열린 질문
"너는 언제 선생님께 그걸 말하려고 하니?"	"지금 네가 해야 할 필요가 있는 건 뭐니?"
"너는 그게 재미있었니?"	
"원만한 관계를 위해 재닛과 얘기할 거니?"	
"만약 네가 기도하면 도움이 되겠니?"	

질문 세례

질문 세례(barrage of questions)는 한 문장 안에 일련의 질문을 함께 묶어 놓는 것이다.

"무슨 일이 일어났니? 그게 언제 일어났니? 너는 어떻게 느꼈니?"

이런 질문은 압박이 될 수 있고, 아이가 각각의 질문에 대해 충분히 생각하지 못하도록 가로막기도 한다. 또한 아이가 대답하고 싶은 질문과 피하고 싶은 질문을 선택할 기회를 줄 수 있다.

질문할 때, 의도적으로 하나만 묻고 생각과 성찰, 의미 있는 답변을 할 시간을 충분히 준다. 성급하게 침묵을 메우려는 유혹을 이겨 내라.

침묵 수용하기

효과적인 질문하기에는 침묵이 수반된다. 너무 빨리 다른 언급이나 질문으로 넘어가지 말고, 더 깊은 생각을 촉진할 수 있도록 침묵을 허락하라. 침묵은 아이에게 질문을 검토하고 충분히 숙고하며 어떻게 질문에 대답할지 검토할 기회를 준다.

만약 부모가 질문을 한 후 아이가 즉각적인 반응을 보이지 않고 침묵이 흐른다면 그 질문이 강력하다는 의미이다. 그동안 아이는 그런 질문을 받아 본 적이 없기 때문이다. 부모가 침묵을 허용하고 방해하지 않은 채 아이가 완전하게 반응하도록 끈기 있게 기다릴 때, 더 깊은 성찰과 개방적이고 진심에서 우러난 대화 환경이 만들어진다. 급하게 침묵을 깨면 아이의 사고 과정 순환을 중단시키고 더 위대한 성찰의 기회를 박탈하게 된다.

평범한 사람들은 다시 말하기 전에 5초 이하의 시간만 기다린다는 것을 잠시 생각해 보라. 어떤 내적 작업이 우리로 하여금 너무 빨리 말하게 함으로써 잠재적으로 단절시키는가? 만약 자신에게 급하게 넘어가려는 경향이 있다면, 어떤 부가적인 정보를 듣기 위해 다시 말을 시작하기 전에 두 배 더 기다리도록 단련할 수 있을 것이다.

실행

- 만약 아이가 질문에 즉각적으로 반응하지 않는다면 곧바로 다시 뛰어들려고 하지 말라. 그 대신에 바꾸어 말하거나, 질문을 이해할 수 있도록 명료화해 주기 전에 몇 초 더 기다려라.
- 아이가 말을 중단한 후 몇 초 더 멈추는 습관을 들여라. 이렇게 하면 아이에게 질문과 반응에 관해 더 생각할 수 있는 자유를 주게 되고, 아이는 다른 생각을 표현할 것이다.
- 침묵에 관한 당신 자신의 편안한 수준을 깨달아라. 침묵이 당신을 불편하게 만드는가? 침묵이 흐를 때, 당신은 침묵을 깨기 위해 말하고 싶은 충동을 느끼는가? 만약 그렇다면 몇 초 더 조용히 있도록 스스로 훈련하고 그 침묵이 아이에게서 무엇을 끌어내는지를 보라.

도움이 되는 조언

말하기에서 효과적인 질문하기로의 전환에 어려움이 예상되는가? 이와 같은 전환에 도움이 되는 실천적인 방식이 있다. 이 영역에 대한 성장과 발전을 위해 아이에게 파트너 관계를 요청하라. 아이를 더 잘 이해하려고 변화하기 위해 전념하고 있음을 아이에게 알리고 도움을 얻을 수 있는지 물어보라. 아이가 부모의 말을 멈출 수 있게 허용하고, 당신이 닫힌 질문이나 위장된 질문을 할 때 지적해 달라고 부탁하라. 그러는 것을 포착할 때마다 아이에게 천 원을 준다고 약속한다. 이는 아이와 부모가 즐거운 관계를 형성하게 하고, 또한 성숙함 가운데 아이와 부모가 파트너가 되게 만들어 준다. 게다가 아이에게는 용돈이 좀 더 생기기 때문에 동기 유발이 될 것이다.

기억하라. 효과적인 질문하기의 목적은 아이가 생각하고 느끼고 경험하는 것을 우리가 진정으로 이해할 수 있도록 아이를 끌어내는 것이다. 진정으로 이해하려면 제대로 경청하기 위해 효과적인 질문하기로 넘어서야 하므로 이제 경청 훈련으로 관심을 돌려 보자.

Pro-Active Parent Coaching

09

경청하기

"나는 다른 사람이 내 말을 진심으로 경청하고 있다고 느끼게 된 첫 순간을 기억해요. 제지당하고 연설을 들을 것이라 예상했는데 그렇지 않아서 나는 충격을 받았어요. 그들은 그저 내가 말하는 동안 듣고만 있었어요. 그들은 내가 정말 누군지, 그리고 무엇이 나를 화나게 하는지 진정으로 알고 이해하려는 것 같았어요. 그래서 나는 행복했고 어린아이가 아니라 어른이 된 것처럼 느껴졌어요. 나 자신이 그 사람에게 더 말하고 싶어 한다는 것을 깨달았는데, 특히 내가 어려웠던 시기에 그랬죠. 지금 나에게는 무슨 일이 있든 나를 위해 있어 주고 믿을 수 있는 사람이 있어요. 내가 절대로 부모님에게 얘기하지 않는 이유는 그런 종류의 반응을 받아 본 적이 없기 때문이에요. 그리고 부모님은 아직까지 왜 내가 마음을 열지 않는지 궁금해하시죠."

— 세라(15세)

효과적인 질문을 던지는 것은 우리가 이해하기 위해 경청하려 한다는 것을 의미한다. 경청한다는 것은 아이가 느낀 엄청난 욕구 중 하나, 즉 자기를 알아주길 바라고 이해받고 싶은 욕구와 연결된다. 그것은 아이가 생각하고 경험하고 느끼는 것을 우리가 더 명확하게 하고 진정으로 이해할 수 있도록 도와준다. 경청하는 행동 그 자체는 더 깊고 의미 있는 대화로 마음을 여는 것이다.

우리의 삶 속에서 이해하기 위해 진심으로 경청하는 사람들과의 일반적인 소통을 잠시 생각해 보라. 그들이 경청함으로써 창조하는 환경은 우리에게 다음과 같은 느낌을 준다.

받아들여진다.
가치를 인정받는다.
존중받는다.
진가를 인정받는다.
이해받는다.

요컨대 누군가가 내 말에 진정으로 귀 기울여 준다면 그것은 "나는 너를 사랑해."라고 말하는 셈이다. 우리는 사랑을 느낄 때 방어막을 내리고 방패를 내려놓으며 검토하기 위해 마음을 열게 된다.

이것을 경청하지 않으려는 누군가와 비교해 보자. 우리가 똑같은 사랑과 보살핌을 느끼게 될까? 우리가 안전함을 느끼고 방어막을 치우게 될까? 마음을 열고 나누게 될까? 아마도 그렇지 않을 것이다.

다음 대화를 읽고 대화 속의 경험이 어떻게 영향을 미칠지 생각해 보라.

"안녕, 어떻게 지내?"
"안녕, 이렇게 우연히 만나니 반갑다. 솔직히 힘든 한 주였어. 나는……."
"아, 그래, 무슨 말인지 알겠어. 나도 힘들었거든."
"사실은 내 개인 일은 아니야. 엄마가……."
"너희 엄마? 지난 주 너희 엄마를 보고 '와, 진짜 나이에 비해 젊어 보이시네.' 하고 생각했거

든. 우리 엄마와 아빠는 지금 플로리다에서 피서객처럼 삶을 즐기고 계셔. 나는 내가 은퇴할 때까지 기다릴 수가 없어. 나는 엄마, 아빠를 따라서 양지에서 겨울을 느긋하게 즐길 수 있을 거야. 그게 인생이야. 만약 내가 부자라면 그럴 텐데! 너는 은퇴하면 어떻게 할 계획이니?"

"너도 알다시피 나는 이번 주에 그런 생각을 할 수 없었어."

"그거 안됐다. '만약 계획에 실패하면 당신은 실패를 계획한 것이다'라는 말 알지? 너와 함께 하면 좋겠지만 급한 약속이 있어서 가 봐야 돼. 기억해. 만일 내가 도울 수 있는 일이 있다면 언제든 내가 있다는 걸 말이야."

"고마워. 기억해 둘게."

깊이 생각하기

위의 대화에서 상대방이 당신의 말을 경청하는 것은 당신에게 어떤 영향을 미치는가? 반대로 경청하지 않는 것은 어떤 영향을 미치는가?

- 당신 말을 잘 듣지 않는다고 느꼈을 때 당신의 본능적인 반응은 무엇인가?
- 그럴 때 당신은 어떻게 느끼는가?
- 당신은 삶 속에서 마음을 열고 마음속 깊이 있는 것들을 나누는가, 아니면 다른 사람들을 귀찮게 만들지 않으려고 하는가?

우리의 마음을 여는 경향이 있는 사람들은 어떤 사람들인가?

그들이 가진 특징은 무엇인가?

그들이 우리를 위해 만드는 환경은 어떠한가?

이 성찰을 돕기 위해 진심으로 당신의 말을 경청하는 지인을 생각해 보라. 지인은 당신이 무엇을 말하는지 명확하게 이해하기 위해 서로를 연결하고, 질문하고 경청하며, 더 필요한 것이 있으면 확인해 볼 것이다. 즉 그는 정신을 딴 데 팔지 않고 주제를 방해하거나 변경하지 않으면서 완전하게 당신과 함께 있는 것이다. 그는 완전하게 경청에 참여하는 것이다.

다음 빈칸에 당신이 어떻게 느꼈는지를 적어 보라.

당신이 서술한 것은 아마도 아래의 것을 포함하고 있을 것이다.

나는 _____ 느꼈다.

- 받아들여졌다고
- 가치를 인정받았다고
- 존중받았다고
- 인정받았다고
- 보호받았다고
- 판단받지 않았다고
- 안전하다고
- 이해받았다고
- 내 생각, 아이디어, 꿈을 표현하도록 허용되었다고
- 내 모습 그대로 자유롭다고

이 목록은 성장을 지속시켜 주지만 한 가지 부인할 수 없는 특징이 있다. 이런 환경에서는

> "요컨대 누군가가 내 말에
> 진정으로 귀 기울여 준다면
> 그것은 '나는 너를 사랑해'라고
> 말하는 셈이다."

사랑받는다고 느낀다는 것이다. 경청은 무엇보다도 우리의 사랑을 다른 사람들과 소통하게 하고 우리의 삶 속 깊은 영역에 가까이 다가가는 문을 열어 준다.

이는 우리가 필요로 하는 환경과 우리 스스로를 위한 바람을 잘 기억하게 해 주는데, 이것이 바로 우리 아이들이 필요로 하는 환경이며 그들 스스로를 위한 바람인 것이다. 방어막을 없애고 우리 마음속 깊은 문제를 나누는 것은 아이들이 필요로 하는 환경이다. 부모는 이런 환경을 만드는 데 가장 좋은 위치에 있으며, 그럴 수 있는 엄청난 기회를 가지고 있다.

경청은 사랑이다

청소년을 포함한 자녀들은 부모가 그들을 인정해 주는 것보다 부모에게 마음을 여는 데 더 관심이 있다. 사역을 통해 만나게 된 많은 아이는 부모와의 이런 관계를 환영한다고 했지만, 그들은 판단받는다는 공포와 거부, 일장 연설 없이 함께 나누어 본 적이 없었다.

> "나는 부모님과 함께 마음을 나누었으면 좋겠어요. 하지만 내가 때로 어떤 생각을 하는지 부모님이 아신다면 아마 분통을 터뜨리실 거예요. 그냥 비밀로 하는 게 우리 모두에게 훨씬 더 쉬운 일이죠."
> ─ 스티브(16세)

받아들이기에 힘든 말이긴 하지만 대부분의 현실이 그렇다. 부모가 아이의 말을 진정으로 경청하고 이해하려는 것을 막는 것은 무엇일까? 그것은 바로 자제력이다. 코칭의 측면에서 이것은 자기 관리이고, 정신적인 측면에서는 우리 삶 속에 있는 정신이 하는 일의 증거이다. 자제력, 그것은 아이를 완전히 이해하고 연결을 지속시키기 위해 우리의 _____을(를) 확보해 놓는 부모의 능력이다.

개인 의견

주제

선호도

자존감

방어

판단

자기 관리

자기 관리/자제력은 _____과는 반대되는 것으로, 부모가 아이를 이해하기 위해 경청할 수 있도록 관계 맺기를 지속하는 것을 돕는다.

결론으로 넘어가는 것,

이야기를 나누는 것,

방해하거나 혹은

아이에게 잔소리하는 것

이러한 것들은 아이를 밀어내고 마음의 문을 닫게 한다.

진정한 경청은 이런 방식으로 무조건적인 사랑을 소통시켜 주고 함께 관계를 지지하는 대화 속에서 신뢰와 개방의 환경을 창조한다. 만약 부모가 결론으로 넘어가고 판단하거나 잔소리를 시작하면 아이는 그저 입을 닫아 버리고 부모에게 솔직해질 수 없는 것처럼 느끼면서, 스티브처럼 '비밀로 하는 것이 우리 모두에게 더 쉬운 일'이라고 생각할 것이다.

우리 자신의 정서를 관리하는 것은 우리의 마음을 깨끗하게 하고, 아이에게 완전하고 전적인 관심을 주는 자유를 우리에게 허용하는 데 초점을 맞추는 것이다. 이런 방식으로 다음 두 청소년에게 일어난 효과적인 경청을 관찰해 보자.

"아빠가 내 이야기를 진심으로 경청해 주시는 것을 경험했을 때, 그동안 한 번도 겪어 보지 못한 엄청난 느낌이었어요. 이전에 느끼지 못했던 친밀감을 느꼈어요. 나는 존중받고 있다고 느꼈고, 무엇보다 중요한 건 사랑받는다고 느꼈다는 거예요. 아빠와 내가 두려움 없이, 판단받는다는 느낌 없이, 아빠의 의견을 나에게 정면으로 던지지 않고 의사소통할 수 있다고 느꼈죠. 나는 '아빠가 정말로 관심을 갖고 계시구나' 하고 생각했어요. 내가 어떻게 느꼈는지를 한마디로 얘기하자면 '사랑받았다'는 거예요."

– 패트리샤(16세)

"내 친구들의 부모님과 달리 우리 부모님은 내 말을 들으려고 시간을 내 주시죠. 내가 받은 느낌은 그분들이 단순히 '나를 고치려고 하기'보다는 한 인격체로서 진정으로 이해하고 알고자 하신다는 거예요. 내가 실수를 통해 배우고 더 나은 결정을 하도록 도우려고 부모님이 정말로 노력하신다고 나는 생각해요. 나는 부모님이 이런 방식으로 나를 존중해 주신다는 데 감사해요."

– 벤저민(17세)

> "말을 아끼는 자는 지식이 있고
> 성품이 냉철한 자는
> 명철하니라."
> – 「잠언」 17:27(NASB)

자녀의 관점에서 볼 때, 판단하거나 '고치려' 하지 않고 경청하는 것은 '너를 사랑한다', '너를 존중한다'라는 말을 크고 분명하게 전달하는 것이다.

기술을 뛰어넘어 경청하는 마음으로 옮겨 가기

눈 맞춤이나 몸의 자세, 가끔씩 '아, 그래, 좋아'와 같이 경청하고 있음을 알려 주는 역동적인 경청 기술은 중요하고 우리가 초점을 유지하도록 돕지만, 그렇다 해도 경청의 대체물은 아니다. 다음의 예를 보자.

아이와 대화할 때
- 나는 하던 일을 제쳐 놓을 수 있다.
- 나는 방을 두리번거리거나 컴퓨터 또는 텔레비전 보는 것을 멈출 수 있다.

- 나는 아이에게 초점을 맞추고 있다는 것을 나타내는 눈 맞춤을 할 수 있다.
- 나는 아이의 말 때문에 생길 수 있는 어떤 불편한 것을 숨기기 위해 열린 자세를 유지할 수 있다.
- 나는 고개를 끄덕이거나 주의를 집중하고 있음을 나타내는 언어적인 표현을 할 수 있다.

그렇지만 동시에 다른 생각을 할 수도 있다.
- 일이 거의 마무리되어 즐거워할 수도 있다.
- 직장의 프로젝트를 어떻게 할지 고민할 수도 있다.
- 전 배우자와의 면접 교섭권에 대해 생각할 수도 있다.
- 저녁 식사 계획을 세울 수도 있다.
- 더 중요한 일을 처리해야 하는데 아이와의 대화가 얼마나 걸릴까 생각할 수도 있다.
- 아이가 그 순간 이야기하는 것 외에 그 내면의 맥락이 무엇인지 생각할 수도 있다.

기술은 하나로 충분하지 않다. 그것은 우리가 _____ 것처럼 보이게 만든다.

관심을 갖는 척하는
흥미가 있는 척하는
경청하는 듯 보이지만 전혀 듣고 있지 않은

반면에 진정한 경청은 우리가 관계를 위해 세운 가치로부터 자연스럽게 이루어진다.

네가 하려는 말이 가치 있기 때문에 나는 듣는다.
나는 이해하고자 하기 때문에 듣는다.
나는 너를 사랑하기 때문에 듣는다.

기술과 기법은 이미 우리 마음속에 있는 것을 더 효과적으로 아이에게 제공하도록 돕는 도구일 뿐이다. 마음이 없이 기술과 기법만으로는 공허하고 얄팍해 보일 것이며, 아이에게는 진심이 아닌 거짓으로 인식될 수도 있다. 만약 부모가 아이와의 관계를 진정으로 의미 있게 생각한다면 효과적인 질문과 탁월한 경청 기법은 함께하는 대화를 통해 가치가 빛날 것이다.

그 순간의 진실이 변화를 촉진한다

"아빠, 아빠." 아이의 목소리가 처음에는 부드럽게 멀리서 들리고 공허했다. "아빠!" 아이의 목소리는 조금 더 커졌지만 아직 분명하지 않았다. "그레그 목사님! 들리세요?" 이 말은 생각의 감옥에서 나를 끄집어냈다. 나는 그동안 잊고 있다가 이따금 내 딸이 했던 말을 떠올렸다. "아빠, 나는 아빠가 듣고 계신 줄 알았는데 무슨 생각을 하고 계셨어요?"

익숙한 장소에 앉아 종종 하던 대로 함께 시간을 보내면서도 내 마음은 딴 데 가 있었다. 앞서 나누었던 대화에 대해 생각하느라 딸이 하는 이야기를 거의 놓쳐 버렸던 것이다. 딸아이의 호기심 어린 눈을 쳐다보면서 이렇게 고백했을 때 메스꺼운 느낌이 내 위 속을 휘저었다. "미안하다, 애야. 오늘은 집중이 안 돼서 그래. 잘 들을 테니까 한 번 더 얘기해 줄래?"

이 경험을 통해 나는 두 가지를 배웠다. 첫째, 우리가 보여 주는 외형적인 인상이 우리 내면에서 일어나는 것을 정확하게 나타내 주지는 않는다는 것이다. 둘째, 말로는 다중 작업을 할 수 없다는 것이다. 그 순간에 나는 대화에 참여할 때 완전히 몰입하고 있다는 모습을 보이겠다고 재차 다짐했다.

우리의 생각을 사로잡는 것

좋은 경청자와 나쁜 경청자의 차이는 마음을 관리하는 능력에 있다. 말로 다중 작업하기는 잘 경청하기에 대한 근본적인 도전이다. 우리의 뇌는 동시에 두 가지 일을 하기가 매우 어렵기 때문이다.

아이가 어떤 한 가지 일에 대해 말하고 있을 때 우리는 동시에 두 번째 일을 생각한다. 즉 우리 마음속에 보이지 않는 대화가 일어나고 있는 것이다. 우리의 뇌는 동시에 두 가지 대화를 진행할 수 없기 때문에, 우리에게 들리는 대화와 머릿속의 대화를 번갈아 하면 대화의 조각과 단편을 잃어버리게 된다.

> **"명철한 자의 마음은 지식을 얻고 지혜로운 자의 귀는 지식을 구하느니라."**
> -「잠언」18:15(NIV)

대화의 일부분을 잃어버린다면 어떻게 완전히 이해할 수 있겠는가? 잘 경청하려면 우리 마음속의 대화를 중단하고 아이의 이야기에 온전히 주의를 기울여야 한다.

경청을 할 때 우리 자신의 생각에서 채널을 돌리고 아이의 생각에 채널을 맞추는 것이 기본이지만, 이는 가장 좋은 상황이라도 힘든 규칙일 수 있다. 대화 속에서 우리가 채널을 돌렸다는 것을 깨달았을 때, 즉시 그것을 인식하고 아이에게 다시 말해 달라고 요청한다.

- "미안해. 마지막 말을 못 들었는데 다시 말해 줄 수 있을까?"
- "다시 말해 줄 수 있겠니? 잠깐 딴 생각을 했구나."
- "네 이야기에 나도 정말 흥미를 갖고 있는데 잠깐 집중하지 못했구나. 다시 말해 줄 수 있겠니?"

이때 '내가 주의를 기울이지 않았다는 것을 알면 아이가 무슨 생각을 할까?' 하고 자신의 이미지에 대해 걱정할 필요는 없다. 첫째로, 아마도 아이는 이미 알고 있을 것이고, 둘째로, 우리가 자신의 단점을 인정하되 이해하고 싶고 집중을 방해하지 않겠다고 확언할 때 관계 속의 신뢰성이 회복된다는 것을 알게 된다.

더 나은 경청자가 되기 위해 아이와 마주 앉아 자녀를 영예롭게 여기고 존중한다는 것을 보여 주자. 기꺼이 나를 도와줄 수 있는지 아이에게 물어본다. 이것은 관계를 맺기 위해 기회를 제공하는 재미있는 연습이 될지도 모른다. 나누고 싶은 것을 공유하기 위해 아이를 초대하고, 이야기 나누고 싶은 주제는 아이가 선택하게 한다. 한편 자녀가 말하는 것을 경청하고 이해하는 데 필수적인 개방적인 질문을 하겠다고 약속하라.

10~15분간 위와 같이 하고 곧바로 당신 자신에게 다음 질문을 해 본다.

- 아이의 말에 집중하는 것이 얼마나 어려운 일인가?
- 대화 중에 나는 다른 생각을 했는가?
- 내 마음속에서 생겨나 마음을 흔드는 것은 어떤 생각인가?
- 아이가 말하는 동안 얼마나 자주 내 반응과 그다음 질문을 구성함으로써 '문제를 해결'하려고 했는가?
- 내가 경청하고 있는 것처럼 보일지 그렇지 않을지에 관심을 가지게 되었는가?
- 내 경청 능력에 관해 어떻게 말할 수 있겠는가?

변화하는 관점

때로 우리는 기대하는 것이나 듣고 싶은 것만 들으려는 잘못을 범하곤 한다. 우리는 스스로 이해했다고 생각하는, 우리 자신의 생각과 아이디어를 가지고 대화에 불쑥 끼어든다. 그러면 아이는 좌절감, 존중받지 못한다는 느낌, 때로 부모가 이해하려고 관심을 기울이지 않는다는 느낌마저 가지게 된다.

"내가 경청해 달라고 했을 때 당신은 조언을 해 주기 시작했고, 내가 요청하는 것을 해 주지 않았어요. 내가 경청해 달라고 했을 때 당신은 내 문제를 해결할 어떤 것을 해야만 한다고 느꼈고, 나는 당신에게 실망하고 당신이 낯설게만 보였어요. 만약 당신이 말하고 싶을 때 잠깐 기다려 준다면 나는 당신 말을 경청한다고 약속하겠어요."

―익명

부모가 아이의 이야기를 경청하는 이유에 관해 잠시 생각해 보자. 경청의 목적은 무엇인가? 자녀의 문제를 진단하고 해결책을 제시할 수 있기 때문에 경청하는가? 만약 이러한 신념을 갖고 있다면 우리는 깨닫지도 못한 채 건강한 의사소통 순환 체계를 깨뜨리게 될 것이고, 아이의 말을 선입견 없이 들을 누군가에게 아이를 교묘히 밀어 보내게 될 것이다.

아니면 마음을 연결하고 관계를 지지하며 이해해 주고, 아이가 마음의 문을 열 수 있는 안전한 환경을 만들 것인가? 만약 부모가 관계에 기본적인 초점을 두고 있다면, 아이는 부모를 믿고 마음을 여는 법을 배우게 될 것이고, 마음속 깊은 문제에 관해 부모가 코치하도록 허용할 것이다.

공통의 내적 주의 산만 요소

- 아이의 '문제점'을 분석하는 것
- 대화가 어디로 흘러갈지 추측하려는 것
- 그다음에 물어볼 거대한 질문을 만드는 것
- 대화의 주제에 대해 불편하게 생각하는 것
- 아이가 말을 끝내기 전에 내 반응을 구성하는 것
- '나는 너의 주제가 무엇인지 알아.'라고 생각하는 것
- 아이가 말하는 동안 아이와 정신적인 논쟁을 하는 것
- 내 반응을 연습하는 것
- 판단을 만들어 내는 것
- 내가 방어적으로 되어 간다고 깨달았을 때 개방적인 자세를 유지하는 데 초점을 맞추는 것
- 아이가 말하거나 행동한 어떤 것에 대해 강하게 동의하지 않는 것, 그리고 거기에 초점을 맞추는 것
- 대화의 주제에 관한 흥미의 결여
- 말을 가로막는 것 같은 느낌
- 말을 가로막고 내 생각과 의견을 표현하는 것
- 내가 주의를 집중한다고 보이는 것에 대한 우려
- 내 호기심을 자극하는 어떤 것과 이에 대한 생각 때문에 아이의 말을 놓치는 것

우리의 장점에 호기심 활용하기

가장 효과적인 부모 코치들은 자연스러운 호기심을 가지고 있는 것처럼 보인다. 그들은 코칭 대화를 위해 장점에 호기심을 사용하면서 아이를 의미 있는 대화 속으로 끌어들인다. 호기심은 우리를 헷갈리게 만들기도 하고 특별히 이해를 돕는 안내자가 되기도 한다.

대화 속에서 호기심이 부정적으로 사용되는 경우는 다음과 같다.

> "노하기를 더디 하는 자는 크게
> 명철하여도 마음이 조급한 자는
> 어리석음을 나타내느니라."
> ―「잠언」14:29(NIV)

• 모든 대화 속에서 공통적인 장애물이 모습을 드러낸다.
• 한 단어, 한 문장, 혹은 몸짓 언어에 호기심을 갖는다.
• 아이의 문제를 밝혀내기 시작한다.
• 자신의 진단을 확정할 징후를 찾는다.
• 아이의 문제에 대한 잠재적 해결책을 개발한다.
• 자신의 해결책을 아이가 받아들일 수 있도록 하나의 정책을 발전시킨다.
• 대화를 깨뜨릴 기회를 찾는다.
• 자신이 보는 것을 아이에게 말하고 자신의 해결책이나 사고방식을 아이가 받아들이도록 설득한다.

만약 이러한 방식으로 호기심을 품으면 앞에서 지적한 대로 우리 마음속에 또 다른 대화를 유발할 것이고, 아이가 말하는 것을 만족스럽고 완전하게 경청하는 것을 가로막을 것이다.

우리는 호기심을 아이를 파악하는 방법으로 생각하지 말고 아이를 더 잘 이해하는 방법으로 생각해야 한다. 그리고 판단하기 위해 호기심을 사용하기보다는 아이에 대해 더 깊이 이해하기 위해 호기심을 사용해야 한다.

아이가 무엇을 생각하는가?

아이가 말하고, 경험하고, 느끼는 것은 무엇인가?

아이가 정말로 …라고 의미하는 것은 무엇인가?

부모 자신의 결론으로 넘어가지 말고, 아이가 대답할 때 그 의미가 무엇인지 묻고 경청해야 한다.

그것이 단어든, 진술이든, 호기심을 자극하는 몸짓 언어든, 우리는 반드시 효과적인 질문과 경청으로 즉시 추가적인 탐색을 하도록 허용해야만 한다. 예를 들면 다음과 같다.

- "나는 이해하고 싶어. 나에게 …에 대해 더 말해 줄 수 있겠니?"
- "너는 사랑받는다는 느낌을 갖지 못했다고 말했어. 나에게 …에 대해 더 말해 줄 수 있겠니?"
- "네가 말한 …에 대해 호기심이 생기는구나. 그 의미가 뭐니?"
- "그게 네 속에 있는 깊은 정서를 휘젓는 것처럼 보이는구나. 네가 지금 무엇을 느끼는지 얘기해 줄 수 있겠니?"
- "너는 …라고 말했는데 그것에 대해 더 말해 줄 수 있겠니?"
- "너는 문제가 있어 보이는데 무슨 일인지 말해 줄 수 있겠니?"

부모가 판단하려고 노력하지 않고, 호기심을 끄는 것에 초점을 맞추어 의미하는 바를 이야기해 달라고 요청하는 것은 아이가 생각하고 느끼고 경험하는 것을 부모가 진정으로 이해하도록 이끌어 준다. 게다가 부모가 진단의 덫에 빠지거나 아이의 진정한 의도를 잘못 이해하는 것을 막아 준다.

이 접근 방법에는 부모를 위한 관계적 보너스가 있다. 우리는 부정확한 결론이나 아이에 대한 성급한 판단에 뛰어들지 않고 아이와 의사소통을 한다. 더 나아가 우리는 우선적으로 관계를 만든다. 비록 아이의 말에 동의하지 않는다 하더라도

"훌륭한 청자와 형편없는 청자의 차이점은 한 가지 핵심 요소를 관리하는 능력에 달렸다. 그것은 바로 정신이다."

나는 여전히 아이를 무조건적으로 사랑할 수 있고, 아이와 아이가 가고 있는 곳이 어딘지를 완전히 이해하기 위해 경청한다.

이러한 방식으로 호기심을 활용하는 것은 새로운 대화의 패턴을 창출해 낸다.

- 호기심이 이끄는 것
- 질문이 이끄는 것
- 경청이 이끄는 것
- 명료화하기가 이끄는 것
- 이해하는 것
- 우리의 관계와 성장을 지지하는 것

부모 코칭 연습

A. 아이가 이야기할 때 당신이 만족스럽고 역동적인 경청을 할 수 있음을 입증할 수 있는 다섯 가지 방법을 작성해 보자.

1. 텔레비전과 컴퓨터를 끄고 책을 덮어 온전히 주의 집중을 한다.
2.
3.
4.
5.

B. 아이에게 당신의 활동을 관찰할 기회를 제공함으로써 당신이 더 좋은 경청자가 되도록 도와 달라고 아이에게 요청하라. 우선 아이에게 대화하고 싶다고 밝히고 대화의 주제는 아이가 정하게 한다. 더 나은 이해를 얻기 위해 호기심을 사용하는 것을 연습하라. 아이가 말할 때 무엇이 당신의 호기심을 자극하는지 주목하고 이렇게 물어본다. "너는 …에 대해 말했는데 좀 더 자세히 말해 줄 수 있겠니?"
10~15분 동안 진행한 후 잠시 동안 자신의 대화에 대해 성찰해 본다.

- 당신의 대화에 영향을 주는 더 나은 이해를 위해 호기심을 어떻게 사용했는가?
- 자녀의 반응은 어떠했는가?
- 모든 대화 속에서 더 나은 이해를 위해 당신의 호기심을 어떻게 사용할 것인가?

새로운 약속

많은 의사소통 훈련은 주로 말하기에 초점을 두어 다른 사람들의 이야기를 듣게 되지만, 나는 다른 사람들이 말하는 것, 경청하는 것을 배우는 데 시간을 들이는 것이 더 낫다고 확고하게 믿는다. 오늘 당신이 스스로 그렇게 하고자 약속한다면 지금 바로 그렇게 할 수 있다. 다음 문장의 빈칸을 채우고 진정한 경청을 하기 위한 약속을 한 후 서명하라.

오늘 ＿＿＿＿＿＿＿＿＿＿(날짜), 나는 아이와 함께할 때 충실하겠다고 서약한다.
나는 아이와의 대화에 집중하고, 주의를 흐트러뜨리는 다른 모든 것을 허용하지 않겠다.

＿＿＿＿＿＿＿＿＿＿(서명)

경청하기 위해 위대한 한 단계를 더 나아간 것을 축하한다. 당신이 약속을 실행하고 이해를 통해 관계를 유지하는 능력을 증명하리라 확신한다. 당신과 자녀의 사이는 더욱 나아질 것이다.

Pro-Active Parent Coaching

10

명료화하기

> "내가 한 말이 무슨 뜻인지 부모님이 나에게 물어본 후 시간을 갖고 내 말에 귀 기울일 때, 부모님이
> 정말로 나를 이해하고 싶어 한다는 것을 알게 되고 기분이 좋아져요."
>
> —앤절라(14세)

"그건 전혀 내 뜻이 아니에요. 항상 속단하시는군요!"
아이를 키우면서 이러한 비난을 피할 수 있는가?

명료화는 대화의 주제에 뚜렷하게 초점을 맞추면서 이해하는 데 핵심적이다. 명료화하기
를 대화 중에 자주 사용하면 아이의 말을 정확하게 이해하고, "그건 전혀 내 뜻이 아니에요.
항상 속단하시는군요!"라는 비난을 피할 수 있다. 명료화하기는 부모와 자녀 사이의 상호 이

해를 확실하게 하는 동시에 대화의 건강성을 유지해 준다.

이해는 건강한 관계를 바탕으로 한다. 우리는 논쟁, 의견 충돌, 또는 갈등이 오해의 결과가 되어 왔음을 깨닫는 데 얼마나 오랜 시간이 걸렸는가? 이 불행한 경험은 우리가 아이를 제대로 이해하지 못했음에도 잘 이해했다고 착각한 것을 깨닫게 하는 단초가 된다.

실제로 가족 내에서 오해가 관계의 갈등을 부채질하는 경우가 아주 많다. 명료화하기는 대화에 분명한 초점을 제공하고, 오해로 인한 불필요한 관계적 갈등을 예방한다.

> "명료화는 대화의 주제에 뚜렷하게 초점을 맞추면서 이해하는 데 핵심적이다."

부모의 잘못을 정정할 수 있는 아이

"그건 전혀 내 뜻이 아니에요. 내 생각은요……." 부모가 잘못했을 때 이렇게 아이가 정정할 수 있도록 허락해 주는 것이 매우 중요하다. 아이가 생각하는 것, 느끼는 것, 경험하는 것에 대해서는 아이 자신이 더 잘 알기 때문에 부모가 필요로 하는 아이의 정보를 아이가 가지고 있다는 것을 유념하라. 부모는 이해하기 위해 들어야 하고, 어떤 것에 대해서 명확하게 확신할 수 없을 때는 그것이 확인될 때까지 기다려야 한다. 명료화하기는 대화에서 체크포인트 같은 것으로, 아이가 대화에서 의도한 것을 우리가 정말로 이해했는지 혹은 아닌지를 확인하기 위해 질문해야 하는 바로 그 진실의 순간이다.

> "실제로 가족 내에서 오해가 관계의 갈등을 부채질하는 경우가 아주 많다."

아이가 "그건 전혀 내 뜻이 아니에요. 내 생각은요……."라고 말할 수 있도록 허용하고, 아이가 우리의 말을 정정해 주는 것을 경청하며 이렇게 말하라.

우리는 관계를 중시하고
우리는 상냥해야 하고
우리는 진정으로 서로를 이해하려 하고
우리는 상대가 의문을 가질 수 있도록 허용하고

우리가 항상 옳지는 않다는 것을 생각하라.

궁극적으로 우리는 아이에게 이렇게 이야기한다. "나는 너를 한 인격체로서 존중하고 높이 평가해. 그리고 진심으로 네가 말하고 생각하고 느낀 것을 이해하고 싶어. 만약 내가 너를 전혀 이해하지 못한다면 네가 고쳐 줘도 돼." 이것은 건강한 관계를 지지하고 로베르타가 부모에 대한 태도를 더 고정화하지 않도록 하는 놀라운 예방법이다.

> "나는 부모님에게 내 마음을 열려고 노력하거나 신경 쓰지 않았어요. 부모님은 바로 속단하고 제가 왜 그렇게 했는지 혹은 안 했는지에 관해 고함을 치기 시작했어요. 제 생각에 그분들은 저를 하나의 인격체로 보기보다는 자신들의 '규칙'에 더 관심을 갖는 것 같았어요. 부모님은 제 입장이나 관점에서 이야기를 완전히 설명할 기회를 주시지 않았어요. 이런 상황인데 제가 왜 그분들에게 마음을 열려고 신경써야 하죠? 내 친구들은 나를 이해해 줘서 나는 무언가 이야기할 필요가 있으면 친구들 중 하나를 찾아가요."
>
> —로베르타(15세)

진정한 이해는 부모와 자녀 모두가 상대의 의도에 대해 동의했다고 믿고 임하는 대화로부터 한 걸음 물러나는 것에서 시작된다. 자녀가 확실히 말하기 전까지는 자녀를 완전히 이해했다고 단정하지 말라. "맞아요. 그게 바로 제가 생각하는 거예요."라는 간단한 말로 안심할 수 있게 될 것이다.

대화의 과정에서 자신이 들은 것이 자녀의 진짜 의도인지 확인할 수 있도록 명료화하는 습관을 들여라. 그러면 시간이 좀 더 걸리기는 하지만, 완전히 이해했음을 확인하는 것은 서로 사랑을 전달하고 불필요한 관계적 갈등을 최소화하는 비교적 간단한 방법이다.

지금 잠깐 시간을 내어 대화 속에서 명료화하기에 대한 '체크포인트'로 사용할 수 있는 세 가지 추가적인 문장이나 질문을 적어 본다. 이런 방식으로 다음번 대화 때 자녀가 이야기한 것을 이해했는지 확인하는 데 필요한 것을 준비할 수 있다.

- "만약 내가 제대로 이해했다면 네 말의 의미는 …가 맞니?"
- "그럼 네가 이야기한 것은… 이게 네가 생각한 거니?"
-
-
-

명료하게 대화 이끌기

우리는 동일한 방식으로 정보를 해석하지 않기 때문에 대화가 통하지 않고 심각한 오해를 불러일으킬 수 있다. 우리는 각자 정보, 즉 우리의 역사, 교육, 문화, 인성, 경험과 같이 개인적으로 말을 이해하고 해석하는 방식에 서로 다른 지각적 필터를 가지고 있다. 대화 속에서 상대방이 말하는 것을 완전히 이해하기 위해서는 많은 노력이 필요하며, 명료화하기는 이렇게 할 수 있도록 도와준다.

> "우리는 동일한 방식으로 정보를 해석하지 않기 때문에 대화가 통하지 않고 심각한 오해를 불러일으킬 수 있다."

명료화하기와 이해가 있을 때 코칭 대화는 매우 강력한 힘을 갖게 된다. 다음 코칭 대화를 통해 명료화하기가 다른 사람이 의미하는 바를 얼마나 잘 이해하도록 돕고, 그럼으로써 대화에 깊이를 주는지 살펴보자.

코칭 대화 속에서 명료화하기

배경

트레보는 경영학 학위를 받기 위해 공부하고 있는 대학교 2학년생이다. 그는 공부 때문에 가족, 친구들과 멀리 떨어져 있을 수밖에 없다. 이렇게 친밀한 사람들과 멀리 떨어지게 되었음에도 그는 매우 사교적인 청년이라 건강한 친구 관계를 빠르게 맺을 수 있었다. 그는 집을 그리워하기는 했지만 새로운 환경, 친구, 학교를 좋아하는 것처럼 보였다. 하지만 대화가 진행됨에 따라 그는 마음을 열고 공부량 때문에 괴로워지기 시작했다고 털어놓았다. 공부의 부담, 실기 작업, 그리고 거기에 소요되는 시간이 늘어나는 것 등에 대해 다음과 같이 말했다.

"저는 감정적으로, 사회적으로 제 정신력이 달리기의 막판에 다다랐다고 느껴져요. 지난 2주 동안 저는 정말 힘들었고 계속 앞으로 나아가도록 스스로 압박했어요."

깊이 생각하기

트레보의 이야기를 읽고 마음에 곧바로 떠오르는 생각을 아래에 적어 본다.

다 적었으면 계속 읽는다.

"다른 사람의 이야기를 이해했다고 가정하지 말라. 항상 명료화하기를 연습하라."

이 이야기는 필자의 호기심을 자극했지만, 그 이유를 규명하는 것보다 더 많은 정보를 얻기 위해 명료화하는 질문을 했다.

코칭 대화	관찰
"트레보, 매우 의미 있는 이야기구나. 네가 말한 것이 너에게 어떤 의미인지 내가 이해할 수 있도록 도와주겠니?" "저에게 스트레스를 주는 가장 큰 원인은 서맨사와 멀어진 거예요. 우리는 일종의 의사소통 문제를 겪고 있고 제 정서 상태에 영향을 미치고 있어요." "어떤 방식으로?" "제 마음 한구석에서는 서로 만나서 대화하는 데 필요한 방법에 의존하지 않고 그녀를 만날 수 있었으면 좋겠고, 진정한 관계를 갖고 싶어요. 우리는 둘 다 바빠서 함께 얘기하기 어려운데 그게 저를 힘들게 했어요. 저는 여기서의 삶과 집에 돌아가서의 삶이 어떻게 균형을 이룰 수 있는지 정말 모른다는 걸 알게 되었어요. 그래서 모든 일이 고통스러웠어요. 저는 학교생활과 직업 연수에 모든 관심을 쏟아부어서 서로 마음으로 관계 맺기가 어려웠어요. 솔직히 우리의 관계는 '그때가 되면 생각해 보자' 하는 사고방식이었어요. 서맨사와 저는 이것에 대해 얘기해 왔고 그건 우리를 더욱 곤란하게 만들었어요."	명료화하는 질문을 한다. 트레보가 여자 친구와의 관계적인 이슈를 공개하지 않았더라면 대화의 방향을 잃었을 것이다. 명료화하기는 트레보로 하여금 자신의 문제가 무엇인지에 대해 마음을 열게 하고 자유롭게 만들었다. 질문을 하고 계속 경청하는 것은 초기에 기대했던 것보다 더 깊은 대화를 열어 준다. 이것이 바로 코칭의 힘이다.

깊이 생각하기

잠깐 멈추고 대화를 통해 자신의 머리에 떠오른 생각과 트레보가 실제로 직면하게 된 이슈를 공유하고 비교해 본다.

• 무엇을 깨달았는가?
• 대화가 필요하다고 느낀 시점은 언제인가?
• 호기심이 남았는가, 아니면 결론으로 뛰어넘었는가?
• 트레보의 진짜 의도를 명료하게 한 것은 코칭 대화에 어떤 도움을 주었는가?
• 코칭 대화에서 명료화의 원리를 관찰하며 무엇을 배웠는가?

호기심을 따라감으로써 트레보가 느끼고 경험한 것을 명확하게 이해할 수 있는 기회가 생겼다. 그 대화는 명료화를 통해 표면 아래 숨어 있던 그의 말을 밖으로 꺼냄으로써 점점 더 강력해졌다. 그것은 코칭을 통해 그가 성장하는 데 무엇이 정말 중요한지 공유할 수 있도록 허락했다. 우리는 몇 주 뒤에 트레보의 삶의 균형을 회복시킬 가능성을 탐색한 후 다시 만나 코칭 대화를 나누기로 약속했다. 그는 관계, 일, 학업을 건강하게 유지할 수 있는 기본적인 가치에 전념했다.

트레보와 코칭 대화를 하기로 약속하면서 필자의 마음에 남은 한 가지 조언은 바로 이것이다.

"그레그, 오직 경청하는 데 집중하면 내 마음을 공유하고 나에게 이로운 것을 소리 내어 말하는 자유를 얻을 걸세."

명료화하기는 대화의 주제를 예리하게 파악할 수 있도록 하는 이해의 핵심이다. 명료화하기는 앞으로 나아갈 수 있고 자녀를 진정으로 이해한다는 것을 확신하는 데 필요한 정보를 제공해 준다. 여기서 지원적 관계는 아이의 마음을 붙잡고 관계를 강하게 만들어 주며, 아이 삶의 이슈를 더 깊게 코칭함에 따라 아이의 성장을 지원하는 문을 열어 준다.

부모 코칭 연습

이번 주에 다른 사람과의 대화에서 명료화하기 연습을 해 보자. 명료화하기를 통해 확실하게 입증된 것이 아니라면, 자신이 이해했다고 가정한 것이 옳다고 생각하지 말라. 이렇게 하는 것이 곧 자연스러워질 것이며, 당신의 이해가 성장함에 따라 주변 사람들이 매우 고마워할 것이다. 의도적으로 명료화하기를 위한 질문을 하고 대화에 반영해 본다.

- 대화에서 명료화하기는 어떤 영향을 끼쳤는가?
- 의도적으로 사용한 명료화하기 기법을 통해 이해함으로써 마음속에 어떤 일이 일어났는가?
- 명료화하기를 통해 이해하는 것을 보고 이야기함으로써 다른 사람들에 대해 무엇을 관찰할 수 있었는가?
- 다른 사람들은 어떻게 반응하는가?

11

이해를 통한 관계 증진

이해를 통한 관계 증진 모델 안의 각 원칙(친밀해지기, 질문하기, 경청하기, 명료화하기)을 관찰했는데, 그것들을 모두 아우를 준비가 되어 있는가? 이제 시작해 보자. 우리의 관계 및 상대방을 이해하는 것으로부터 내부에서 일어날 변화를 확인해 보자.

시나리오 1

첫 번째 이야기는 아버지와 딸이 학교 숙제에 관한 문제를 논의하는 것이다. 여기서는 딸이 한 숙제가 아버지의 기대만큼 완벽하지 않다. 아버지가 원하는 결과를 얻기 위해 딸에게 '잔소리'를 해야 하는 만큼 피곤한 감정이 커질 것이다. 아버지는 필요한 작업(숙제)을 하지 않는

"집은 지혜로 말미암아 건축되고 이해로 견고하게 되며 또 방들은 지식으로 말미암아 여러 가지 귀하고 아름다운 보배로 채우게 되느니라"
— 『잠언』 24:3-4(NIV)

딸의 내부에서 일어나고 있는 것에 대해 이해하려고 노력한다.

친밀해지기, 질문하기, 경청하기, 명료화하기를 통해 아버지가 딸을 더 잘 이해해 가는 것을 지켜보자. 이해하기가 이 부녀 관계를 강화하는 상황에 대한 아버지의 관점을 어떻게 변화시키는지에 주목한다.

코칭 대화	관찰
"잠깐 같이 이야기할 시간 있니?" *"그럼요."* *"네 학업에 대해 얘기하고 싶구나. 솔직히 말해서 매일 너랑 싸우는 것도 지겹고 그것에 대해 너에게 잔소리하기도 지쳤어. 잔소리꾼이 되고 싶지는 않아."* *"네, 아버지. 저도 싸우는 건 지겨워요."* *"나는 그냥 너에게 무슨 일이 있고 네 숙제가 어떻게 되고 있는지 내가 이해할 수 있게 네가 도와줄 수 없나 싶다. 밖에서 보면 너는 신경을 안 쓰는 것같이 보이지만, 내가 알기엔 그렇지 않을 것 같고 진짜 어떤 일이 있는 건지 궁금해."* *"솔직히 얘기해도 돼요? 화내시지 않겠다고 약속할 수 있나요?"* *"그럼, 약속하지. 그리고 내가 화를 낼 것처럼 보이면 네가 나한테 즉시 알려 주고 '타임'을 외칠 수 있는 권한을 주마."* *"좋아요. 저도 학업에 신경 쓰고 있어요. 아마 아빠가 생각하시는 것보다 더 신경 쓰고 있을 거예요. 아빠가 신경 쓰는 것만큼은 아닐지 모르지만 저도 신경 쓰고 있다고요. 그냥 전 숙제를 제 방식대로 하고 싶은 거예요. 하고 싶을 때 한다는 거죠. 아빠가 기대하는 방식으로 아빠가 원하는 때 하는 게 아니고요."* *"그걸 좀 더 자세히 얘기해 줄래?"*	아버지는 딸에게 같이 이야기할 시간이 있는지 물어보아 딸과의 연결을 시도한다. 그럼으로써 딸은 이 상황에서 자신에게 결정권이 있다는 느낌을 갖게 된다. 더 나아가 아버지는 무엇에 대해 대화할지 이야기하고 자신을 '잔소리꾼'으로 표현함으로써 관계 속에서 연결하고자 한다. 아버지는 자신이 정말 이해하고 싶어 한다는 것을 밝히고 딸의 행동이 밖에서 보기에 어떤지를 표현한다. 그는 밖에서 보이는 것이 딸에게 어울리지 않는다고 말함으로써 딸을 인정해 주어 그들의 관계에 호소한다. 딸은 이야기를 전개하기 전에 조건을 물어보고 아버지가 거기에 동의하며 대화의 결정권을 주자 마음을 열기 시작한다.

"음, 학교에서 돌아와 문을 열자마자 처음 들리는 소리가 '숙제 잊지 마라, 다른 거 하기 전에 숙제부터 다 해야 한다'예요. 아빠는 계속해서 숙제가 최우선이어야 한다는 걸 상기시키죠. 제가 숙제를 하지 않으면 점수가 나빠지고, 점수가 나빠지면 대학에 못 들어갈 테니까요. 대학에 못 들어가면 난 사촌처럼 햄버거 가게에서 햄버거나 굽고 있게 될 거고, 아빠는 절대 그렇게 되길 바라시지 않죠."

"와, 내 얘기가 정말 그렇게 들리는 거니?"

"예, 아빠. 아빠가 하시는 소리는 그렇게 들려요. 웃긴 건, 아빠가 신경을 쓰시기 때문에 그러신다는 걸 알고 있지만 아빠가 그러면 전 기분이 나빠지고 숙제하기가 싫어져요."

"네 기분이 나빠졌다니 정말 미안하다. 나는 너에게 최선의 것을 원해. 그래서 오늘 얘기하자고 한 거야. 네 공부를 도와주고 격려해 주기 위해 내가 뭘 하면 좋은지 말해 줄 수 있니?"

"제게 제일 필요한 건 학교 끝나고 집에 와서 숙제를 하기 전에 잠깐 쉬는 거예요. 하루 종일 학교에서 선생님, 학생들, 책과 씨름하다 왔으니 다시 뛰어들기 전에 잠시 달아나고 싶어요."

"뛰어들기 전에 잠시 달아나고 싶다는 건 숙제하기 전에 잠시 긴장을 좀 풀고 싶다는 의미니?"

"네, 맞아요. 집에 오자마자 숙제하기를 바라시는 건 알지만 저는 학교와 숙제 사이에 휴식 시간이 좀 필요해요."

"좋아, 듣고 보니 합당하고 일리 있는 말인 것 같구나. 네가 학교 끝나고 좀 쉬어야 된다는 걸 고려하지 않은 것 같아. 생각해 보니 나도 퇴근하고 집에 오자마자 바로 또 일을 하는 게 제일 싫을 것 같다. 나도 휴식이 좀 필요하지."

"그렇게 말씀해 주셔서 고마워요, 아빠. 저에게 큰 의미가 있어요."

"나한테 솔직하게 말해 줘서 고맙다. 이제 네 관점을 이해할 수 있겠구나."

아버지는 딸에게 좀 더 자세히 이야기해 달라고 요청함으로써 딸이 의미하는 바를 이해하려고 한다.

딸이 자신의 관점을 나눌 때 아버지는 자제력의 모범을 보인다.

딸은 그 상황에 대해 자신이 그렇게 느끼고 있음을 확인해 준다.

아버지는 딸의 말에 공감하고 사과한다. 이것은 관계 정립을 위해 옳은 방향으로 가는 커다란 진전이다. 아버지는 딸이 필요하다고 생각하는 것이 무엇인지 말하도록 계속 딸에게 물어본다. 이는 아버지가 딸을 돕고 싶어 한다는 것을 보여 주지만 그 한도를 딸이 설정할 수 있게 한다. 자녀는 부모에게 어떤 도움을 받고 싶은지 알고 있기 때문에 이는 매우 중요한 단계이다.

아버지는 다시 한 번 명확하게 말하고 딸의 확인 또는 정정을 기다린다.

딸은 아버지가 제대로 이해했다고 알려 준다. 아버지는 이해함으로써 색다른 관점으로 바라보게 되고, 이를 고려해 보지 않았다는 것을 인정함으로써 한 단계 더 나아가게 된다. 이렇게 자기 자신을 약하게 함으로써 관계를 더욱 단단하게 할 수 있다.

딸은 아버지의 지적을 인정하며 거기에 대한 고마움을 표시한다.

이해관계가 자리를 잡으면 E.A.S.E. 모델을 통한 성장 지지로의 전이가 가능해진다.

- 이해는 어떤 방식으로 숙제에 대한 아버지의 관점을 변화시켰는가?
- 잠재적으로 변화무쌍한 주제는 어떻게 코칭하여 갈등을 해소하고 생산적이 되도록 할 수 있는가?
- 당신은 그들의 관계가 강화되었다는 것을 어떤 방식으로 인지하는가?

이해를 통한 관계 증진 모델 코칭은 아버지가 딸과의 대화에서 올바른 자세를 유지할 수 있도록 만들어 주었다. 아버지는 효과적인 질문을 하고, 딸이 주제에 대한 전망을 나눌 때 딸의 이야기를 진심으로 경청했다. 아버지는 필요한 순간에 명확하게 함으로써 자신이 딸을 이해하고 있다는 것을 알 수 있도록 했다. 딸은 아버지에게 새로운 관점을 심어 주고 자신이 휴식을 취해야 함을 이해시켰기 때문에 대화 전반에 걸쳐 자기 자신과 아버지에 대해 기분이 더 좋아질 수 있었다. 이 과정은 원만한 관계를 형성시키고, 딸이 아버지와 자신을 존중하면서 숙제에 신경 쓸 가능성을 조사함으로써 관계의 향상으로 전이할 가능성이 생기게 되었다.

시나리오 2

이해를 통한 관계 증진은 대부분 하나의 대화적 과정이지만, 다음에 제시되는 이야기에서는 우리의 호기심을 자극하는 몸짓 언어 때문에 처음 접할 수도 있다는 것을 보여 준다. 우리는 그릇된 추정을 하도록 호기심이 우리의 마음을 자극하게 허용하기보다는, 질문하고 경청함으로써 이해하기 위해 우리의 호기심을 활용하여 지렛대 효과를 얻고자 한다. 다음 이야기에서 엄마는 친밀해지기, 질문하기, 경청하기, 명료화하기를 통해 이해를 얻으려고 노력할 때 자신의 호기심을 잘 따랐다.

"내 사랑하는 형제들아
너희가 알지니 사람마다 듣기는
속히 하고 말하기는 더디 하며
성내기도 더디 하라.
사람이 성내는 것이 하나님의
의를 이루지 못함이라."
─『야고보서』1:19(NIV)

엄마가 아들과 어떻게 관계를 맺고, 아들이 대화 속에서 마음을 여는 방식으로 어떻게 질문하는지를 살펴보자.

한 어머니의 이야기

4개월 전 우리 가족은 중대한 인생의 전환점을 맞게 되었다. 우리는 40대이다. 같은 분야에서 20년 넘게 일해 왔는데 갑자기 직장을 잃게 되어 새로운 인생의 장으로 떠밀린 것이다. 고맙게도 부모님은 우리가 다시 자리를 잡을 때까지 부모님 집에 들어와 살라고 하셨지만, 그러면 우리 친구들이나 우리에게 익숙한 모든 것들로부터 멀어지게 된다. 이 문제를 가족과 의논한 후 그것이 최선의 길이라는 데 동의하여 집을 팔고 부모님 집으로 들어가게 되었다.

우리는 이 일이 우리 인생에 어떤 변화를 가져올지 매우 불확실한 채 이사를 했고 이러한 변화 기간 동안 우리 아이들이 괜찮기를 바랐다. 얼마간은 모든 일이 순조로웠지만 3개월이 지나자 어떤 일이 일어나 우리는 걱정을 하게 되었다. 어느 날 저녁 갑자기 아들이 눈에 띄게 불안해하는 것이었다. 젊은이들이 대개 그렇듯이 아들도 그것을 숨기려 했고 아무렇지도 않은 듯 거실을 나갔다. 아이가 상처를 받으면 엄마인 나도 상처를 받게 되므로 아이에게 무슨 일이 일어났는지 알고 싶었다. 힘들긴 했지만 걷잡을 수 없는 생각을 겨우 추스리면서 아들이 다시 돌아오기를 기다렸다. 잠시 시간이 흐른 후 아들이 돌아오지 않으리라는 것을 깨달은 나는 가족들에게 양해를 구하고 자리에서 일어나 아이의 침실이 있는 위층으로 향했다.

조용히 계단을 오르는데 책과 CD를 내동댕이치고 부수는 소리가 들렸다. 그런 소리를 들으니 진정하기가 힘들어 조용히 기도를 했다. '주님, 랜디에게 무슨 일이 있는지 저는 모르겠습니다. 그리고 제 마음은 가장 안 좋은 쪽으로 달려가려고 합니다. 제발 주님, 제 생각을 조절할 수 있게 해 주시고 저에게 지혜를 주셔서 무엇을 물어봐야 할지, 제 입을 다물고 있어야 할 때가 언제인지 알게 해 주십시오. 주님, 아들이 저와 이야기하고 싶어 할 수 있도록 허락해 주시고 그렇게 되면 제가 경청할 수 있게, 이해하는 마음을 가질 수 있게 도와주세요.'

나는 부드럽게 문을 두드렸다. 잠시 조용하다 뒤적거리는 소리가 난 후 "예?"라는 말이 들렸다.

코칭 대화	관찰
"랜디, 들어가도 되니?" 나는 부드럽게 묻고 답을 기다렸다. "엄마, 잠깐만 기다려 주세요." 곧 문이 열려 내가 방 안으로 들어가자 랜디는 침대에 털썩 주저앉았다. 나는 책상 의자에 앉아 잠시 아들을 쳐다보았다. 아들의 얼굴에 드러난 고통을 보니 가슴이 몹시 아팠다. 무슨 생각을 하고 있는지 알 수 없었기에 나는 물었다.	들어가도 되는지 묻는 것은 랜디가 현 상황에 대한 통제력을 유지할 수 있도록 해 준다.
"랜디, 위층으로 올라올 때 들으니 기분이 안 좋은 것 같았는데 무슨 일 있어?" "괜찮아요, 엄마. 별일 아니에요."	엄마는 아들이 거실을 나갈 때 느꼈던 것에 대해 연결하고 확인하려 한다.
"그래? 별일 아니란 말이지? 엄마가 한마디 해도 될까?" "마음대로 하세요."	엄마는 견해를 말해도 되는지 묻는다.
"내가 보기에는 별일이 있는 것 같아. 네가 거실을 나갈 때 기분이 안 좋아 보였고 이 방을 보니 물건을 집어 던진 것 같구나. 랜디, 네가 이런 행동을 한 데에는 다 이유가 있는 듯한데 정말 괜찮은 건지, 아니면 무슨 일이 있는 건지 말해 줄래?"	엄마는 자신의 관점에서 보기에 어떤지 그림을 그린다.
"그래요, 아마 별일이 없는 건 아니겠죠." "그래서?" "그래서라니요?"	랜디는 엄마의 자각을 인정한다.
"네가 원한다면 내가 여기 앉아서 무슨 일인지 추측해 볼 수는 있겠지만, 네가 더 잘 알다시피 내 추측이 틀릴 가능성이 높지. 그냥 무엇이 잘못된 건지 계속 추측만 할까, 아니면 무슨 일인지 내가 이해할 수 있게 도와주겠니?" "엄마는 여기 계속 앉아서 추측만 하시겠죠." "아마도 그렇겠지만 다 너를 사랑해서 그런 거야."	엄마는 아들이 마음을 열고 공유하도록 격려함으로써 그들의 관계에 유익하기를 바라면서 지속적으로 가볍게 살펴본다.
"그래요, 엄마 말이 맞아요. 무슨 일이 있어요. 처음에는 시간이 흐르면 괜찮아질 줄 알았는데 더 나빠지기만 하고	랜디가 마음을 터놓기 시작한다.

시간이 갈수록 더 화만 나요."

"그래, 계속 얘기하렴."

"솔직히 말해 제 자신이 가치 있게 느껴지지 않아요. 아무
도 나에게 관심이 없고 나는 존중받지 못하는 것 같아요."

엄마는 끼어들지 않고 아들이 하고 싶은 말
을 계속하게 한다.

깊이 생각하기

잠시 멈추어 자신이 생각한 것과 연관지어 보자.
- 랜디의 말에 어떻게 답할 것인가? 무슨 말을 할 것인가?
- 랜디가 그런 기분을 느끼는 것에 대해 어떻게 생각하는지 아래 빈 공간에 써 보자.

자신의 생각을 다 썼으면 다음 대화를 계속 살펴본다.

코칭 대화	관찰
"그런 말을 듣게 되어 유감이구나. 그렇게 기분 좋지는 않네. 그런 기분이 드는 이유를 내가 이해할 수 있게 도와주겠니?" "그러니까 우리가 이사한 직후부터였죠. 전에는 모든 것이 좋았고 엄마, 아빠가 나를 존중한다는 생각이 들었는데 이젠 뭔가 달라졌어요. 그 이유는 정확히 모르겠지만 저는 그냥 이런 상황에서 도망쳐서 생각해 보고 싶어요." "뭐가 달라졌는지 얘기해 줄 수 있겠니?" "아, 정말 어떻게 말해야 할지 잘 모르겠어요." "그래? 그냥 네가 하고 싶은 아무 말이나 해도 돼. 네가	엄마는 공감하면서 자신이 이해하도록 도와줄 수 있는지 아들에게 물어본다. 그런 다음 경청하기 위해 앉아서 아무런 방해도 받지 않고 아들과 공유하려 한다. 엄마는 자신의 호기심에 따라 무엇이 달라졌는지 물어본다. 랜디가 망설이자 엄마는 하고 싶은 말은 무

어떤 말을 해도 엄마가 널 사랑한다는 거 알지? 그냥 얘기해 봐. 얘기하고 나면 같이 그 문제를 해결할 수 있을 거야."

"우리가 처음 이사 왔을 때 많은 것이 변해서 전 그로 인한 스트레스 때문일 거라고 생각했어요. 엄마, 아빠는 직업도 없이 재교육을 받으시고 나나, 포파와 함께 생활했죠. 그래서 그걸 그렇게 깊이 생각하지 않았는데 그게 쌓이고 쌓이다 보니 오늘 다 폭발한 것 같아요."

"네가 말하는 '그것'이 뭐니?"

"엄마도 아시잖아요. 예전에 우리가 집에 있을 때 어땠는지 말예요. 예전에 우리는 결정을 하고……."

"그래."

"엄마, 아빠는 뭔가 결정하실 때 저희까지 참여시켜서 저희의 생각과 의견을 물어보셨잖아요."

"맞아, 그랬지."

"그리고 시간을 갖고 우리가 얘기한 것에 대해 기도하라고 항상 요청하셨죠. 그런 다음 우리는 함께 모여 또다시 얘기하고, 그렇게 해서 함께 결정을 내리곤 했잖아요?"

"그래, 엄마는 모두 기억하고 있어."

"그런데 이사 온 이후로 엄마, 아빠는 달라지셨어요. 엄마, 아빠는 정기적인 가족회의를 하는 대신 우리 가족에 관한 모든 결정을 두 분이 다 해 버리시는 것 같아요. 아빠가 학교 교육에 몰두하고 있다는 건 저도 알아요. 우리를 잊은 것 같아요. 우리도 가족의 일원인데 엄마, 아빠가 우리를 제외할 때 마음이 아파요."

"랜디, 정말 미안해. 아빠와 엄마가 그 부분에 대해서는 전혀 생각하지 못했구나. 네가 그렇게 생각하는 줄은 미처 몰랐어. 엄마, 아빠가 너무 바빠서 너희를 위해 시간을 낼 수 없다고 생각하는구나, 그렇지?"

"아니요, 엄마. 엄마, 아빠가 너무 바빠서 저희를 위해 시간을 낼 수 없다고 생각하는 게 아니에요. 그 부분은 두

엇이든 해도 되고 항상 사랑한다고 확실히 말한다.

'그것'이 무엇인지 밝혀지지 않아 엄마의 호기심을 계속 부추긴다.

엄마는 '그것'이 무엇인지 물어봄으로써 이해하려고 한다.

이제 문제가 수면 위로 떠올랐다.

엄마는 자제력을 발휘하고 자기 관리를 하며 공격도 방어도 하지 않는다. 대신 아들이 하는 얘기를 계속 들어 그의 마음속에 있는 것을 깊이 이해하게 된다.

엄마는 랜디의 상처를 인식하고 자신이 정확하게 이해했는지 확인한다.

랜디는 엄마가 아직 이해하지 못했다고 지적하고 엄마가 이해할 수 있도록 자신의 염

분이 정말 훌륭하시고, 이사 기간 동안에도 저희와 많은 시간을 보내셨잖아요. 그건 결정을 내리는 것에 대해서만 그런 게 아니에요. 우리는 한 가족으로서 함께했는데 최근에는 그렇지 않았어요. 엄마, 아빠가 우리 가족에 관한 모든 결정을 내리시는 것 같아요. 우리 생각 같은 건 아예 관심도 없는 것처럼 보여요."

"정말 미안해, 랜디. 내가 좀 더 일찍 눈치를 챘어야 했는데…… 결정을 내리면서 네 의견을 들었을 때는 너를 존중하는 것처럼 느꼈는데, 최근에는 네 의견을 묻지도 않고 부모끼리 그냥 결정을 내렸다고 얘기하는 거지? 그리고 그로 인해 엄마, 아빠가 네 의견은 신경도 안 쓰는 것처럼 보이고. 내가 지금 제대로 이해한 거니?"

"네, 바로 그거예요. 미안해요, 엄마. 속상하게 하려던 건 아니고, 정말 내가 아무것도 아닌 것처럼 느껴져서 한 가족인 우리에게 무슨 일이 일어나고 있는지 궁금한 것뿐이에요."

"그건 걱정하지 마. 이런 일들에 대해 마음을 열고 얘기한다는 게 더 중요해. 마음을 터놓고 얘기해 줘서 정말 고마워. 그렇지 않았다면 네가 어떻게 생각하고 있는지, 네가 왜 화가 났는지 이해하지 못했을 거야. 내가 제안을 하나 해도 될까?"

"그럼요."

"우리 가끔 아빠, 다른 아이들과 함께하는 시간을 가질 수 있을까? 그리고 이런 모든 것에 대해 얘기해 보는 거야. 네가 지금 그렇게 느끼고 있다면 다른 아이들도 마찬가지겠지. 가족으로서 위기를 불식하는 게 중요하다고 생각해."

"좋아요, 엄마. 괜찮은 생각이에요."

려에 대해 다시 설명한다.

명확히 하는 것은 자녀의 생각을 정확하게 이해하는 데 중요하다.

엄마는 확실히 이해한다고 다시 말하며 랜디에게 확인을 받기 위해 물어본다.

랜디는 엄마가 제대로 이해했다고 알려 주며. 이렇게 공개적으로 공유함으로써 엄마의 마음을 상하게 한 것에 대해 사과한다.

엄마는 건강한 방식으로 함께할 수 있도록 이런 종류의 주제를 다루는 것에 대한 중요성을 강조하면서 아들의 투명성을 인정하고 확인한다.

엄마는 랜디를 존중하고 그가 대화에서 주도한다는 느낌을 유지하면서 제안을 해도 되는지 묻는다.

이 장의 처음 부분에서 했던 생각에 대해 다시 생각해 보자. 랜디가 "솔직히 말해 제 자신이 가치 있게 느껴지지 않아요. 아무도 나에게 관심이 없고 나는 존중받지 못하는 것 같아요."라고 말한 것에 대해 어떤 생각이 들었는가?

• 당신은 랜디의 문제가 무엇이라고 '진단'했는가? 아니면 그 대화를 잘 관리하면서 마음에 간직하고 더 잘 이해하기 위해 명확히 설명해 달라고 요청할 수 있겠는가? 그렇다면 축하할 일이다. 당신은 다른 사람의 마음에 주파수를 맞추는 쪽으로 발전하고 있는 것이다.
• 이 대화에서 무엇을 이해했는가?
• 이 상황에서 이해하기 위해 어떤 질문을 이용할 것인가?

시나리오 3

마지막 이야기는 열한 살짜리 딸 한나와 내가 나눈 재미있는 대화이다. 이 대화는 몇 가지 우스꽝스러운 이해 부족을 초래하는 인식의 필터를 통해 말을 인식하고 이해하는 것을 잘 보여준다.

한나는 매우 특별한 것을 구입하기 위해 몇 년 동안 돈을 저축해 왔다. 한나는 개를 돌보고 싶어 해서 아주 작은 닥스훈트를 목표로 삼았다. 지난여름에 한나는 목표 저축액을 달성했고, 자신이 개를 돌보기에 충분한 책임감을 가지고 있음을 아내와 내게 보여 주었다. 개를 구입해도 좋다는 허락을 받고 난 후 한나는 자기 생일날에 태어난 강아지를 보유한 동물 사육자를 검색해서 찾아냈다. 아내가 그 강아지를 만나 보는 약속을 잡도록 도와준 다음 아래의 대화가 이어졌다.

단순한 단어가 부정확한 이해로 인해 얼마나 다르게 해석되는지 살펴보라.

코칭 대화	관찰
"아빠, 만약 그 닥스훈트가 내가 좋아하는 색깔이고 좋은 부모한테서 태어났다면 나는 그 강아지를 가질 거예요."	한나는 대화를 시작함으로써 나와 연결된다.
"그거 참 근사하겠구나. 그런데 질문 하나 해도 될까?"	나는 조금 혼란스러워서 질문을 해도 되는지 물어본다.
"물론이죠."	나는 명료화를 한다.
"우리가 그 강아지를 가진 가족을 방문할 때, 먼저 그 강아지를 갖고 싶다는 의사나 혹은 사야겠다는 결정을 한 다음에 그 강아지를 가져야 되지 않겠니?"	
"분명히 먼저 결정했어요."	나는 여전히 혼란스럽다.
"재미있구나, 얘야. 나는 네가 먼저 그 강아지를 갖는 데 흥미를 느껴야 하고, 결정하기 전에 네가 그 강아지를 좋아하는지, 그리고 그 강아지가 너를 좋아하는지 봐야 하지 않나 생각되는데."	나는 한나가 앞으로 더 나아갔음을 내가 어떻게 감지했는지를 진술한다. 한나가 나를 바로잡아 주고 아이의 말을 내가 이해하도록 도와주기를 바랐다. 한나는 내가 말하는 '갖다'라는 의미가 자신의 의미와 전혀 다르다고 밝힌다.
"맞아요. 정말 좋다면 가져야죠. 아빠, 그런데 내 말은 그런 의미가 아니에요."	나는 명료화하기 위해 다시 질문한다.
"그래, 그렇다면 네 말이 무슨 의미인지 이해할 수 있도록 도와주겠니?"	내가 신중하게 경청했을 때, 한나의 어조 속에 들어 있는 강조가 나에게 실마리를 주었다. 나는 한나의 말이 강아지를 껴안으려면 무언가를 걸어야 한다는 것(돈을 맡김)을 의미한다고 생각했다.
한나는 강한 어조로 대답했다.	
"만약 내가 그 강아지의 색깔을 좋아하고 좋은 부모한테서 태어난 것처럼 보이면 나는 그 강아지를 가질 거예요. 그 강아지가 엄마를 떠날 준비가 될 때 데려올 수 있잖아요! 내 말이 무슨 뜻인지 이해하시겠어요?"	
나는 웃으며 아직 이해하지 못한 척하면서 한나를 조금 놀리고 싶어 이렇게 물었다.	
"너는 강아지를 그 집에 맡겨 놓고 네가 다시 돌아올 때까지 그 사람들이 강아지를 '가지고' 있도록 하고, 엄마를 떠날 준비가 되었을 때 데리고 온다는 말이니?"	나는 한나가 말한 의미라고 생각한 것을 다시 진술함으로써 명료화를 하고, 내가 이해한 것에 대해 한나가 인정하거나 고쳐 주도록 한나의 말을 경청한다.
"맞아요, 그 말이에요!"	한나는 아버지가 이해했음을 인정한다.
나는 다시 웃었다.	
"좋아, 이해했어. 네가 강아지를 보러 갔을 때 강아지를	

데려오지 않으려 한다는 게 좀 이상하게 생각되었단다."

"그건 아니죠, 아빠."

깊이 생각하기

이 재미있는 대화는 사람들이 말할 때 심지어 똑같은 단어를 사용해도 완전히 다르게 오해하고 전혀 다른 의미로 받아들이기도 한다는 것을 보여 준다.

- 이 대화에서 이해의 중요성에 대해 가르쳐 주는 것은 무엇인가?
- 아이를 이해한다고 믿게 하기 위해 당신이 전념해야 할 한 가지는 무엇인가?

나는 관계에서 일어나는 갈등을 부채질하는 오해와는 대조적으로 이런 오해를 경험하는 것을 개인적으로 선호한다. 우리는 이런 일이 얼마나 쉽게 일어나는지 알고 있다. 흔히 개인적으로 경험하거나 사역에서 목격되는 관계적 긴장은 어떤 오해에서 비롯된다.

만약 우리의 관계 안에서 건강을 증진하고 아이의 성장을 지원하기 위해 자연스럽게 전환하려 한다면 이해를 통한 관계 증진이 가장 우선적이 되어야 한다. 우리는 하나님의 자녀로서 우리에 대한 하나님의 방법을 따라가는 것임을 기억하라. 먼저 관계 지원하기에 초점을 맞춘다. 이렇게 함으로써 아이의 신뢰를 얻게 되면 아이는 아주 자연스럽게 마음을 열고 자기 마음의 깊은 영역에 접촉하도록, 그리고 가능성 탐색하기, 욕구 파악하기, 전념하기, 진전 격려하기를 통해 성장을 지원하도록 허용할 것이다.

깊이 생각하기

이해를 통한 관계 증진에 대해 읽은 모든 것을 생각해 보라.

- 이해를 통한 관계 증진은 당신과 아이의 관계에 어떤 가치를 더할 수 있는가?
- 현재 당신의 양육에 이해 모델을 어떤 방식으로 적용할 것인가?
- 이해를 통한 관계 증진의 행로에서 현재 당신이 아이와 함께 설정해야 할 단계는 무엇인가?

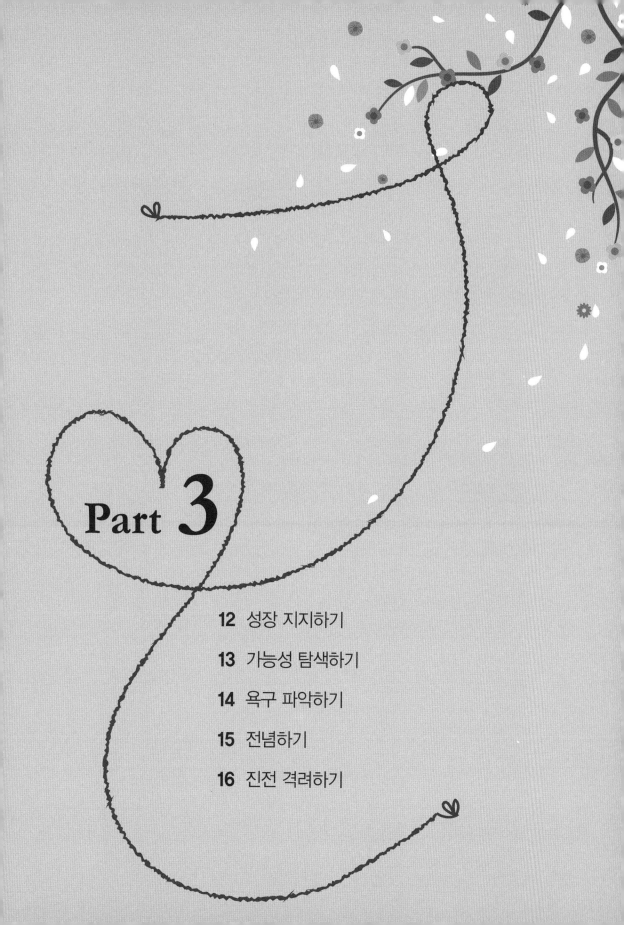

Part 3

12

성장 지지하기

성공적인 부모 코칭 모델

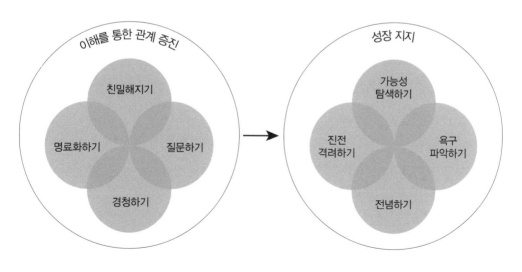

"부모님이 몇 년 동안 저를 코칭해 주신 덕분에 우리는 대립하지 않고 함께할 수 있었어요. 저는 친구들이 부모님과 다투는 것을 볼 때면 저와 협력하는 부모님이 계셔서 행운이라고 느껴요. 부모님은 제 자신이 내리는 결정이 저에게 조금 해가 되더라도 스스로 결정을 내릴 수 있도록 해 주세요. 그래서 저는 대체로 제 자신에 대해 만족하고, 부모님과 그분들의 이러한 양육 방식에 대해 새롭게 존경심을 갖게 되었죠."

—톰(16세)

"모든 코칭 대화가 성장이라는 목표에 초점을 두는 것은 아니지만 모든 대화는 관계를 지원한다."

모든 일은 관계에 따라 좋아지거나 나빠진다. 부모와 자녀의 개방성 및 투명성은 건강한 관계의 맥락 안에서 흘러간다. 아이의 마음을 사로잡는 능력은 있는 그대로의 아이와 성장하는 아이를 존중하고 이해하려 노력할 때 우리의 범위 안에 있는 것이다. 아이가 기꺼이 마음을 열게 하고, 아이가 삶의 문제에 깊이 관여할 수 있도록 허용하며, 코칭으로 성장을 지원하는 것은 관계가 얼마나 건강하고 견고한지에 달려 있다. 바로 이런 이유로 이 책에서 제시하는 부모 코칭 모델의 기본적인 목적은 이해를 바탕으로 관계를 확립하고 지원하는 데 초점을 맞추고 있다.

코치의 마음, 기술 및 훈련을 실천에 옮기는 풍부한 관계 연결을 경험할 때, 우리는 목적지에 도착했다고 믿고 자신이 경험하고 있는 풍부한 관계 연결을 단순히 즐기는 것에서 멈추고 싶을지도 모른다. 그러나 이것은 시작에 불과하다. 자녀가 역사 속에서 자신의 역할을 이해하고 가정을 넘어선 삶을 준비하려면 부모로부터 더 많은 것을 필요로 하고 또 받아야 한다. 부모는 자녀의 성장을 지원하기 위해 전환해야만 한다. 자녀의 복지와 미래를 위한 부모의 여정은 사랑으로 자녀를 지원해 주는 것으로 돌아서야 한다.

코칭 과정의 여정을 통해 부모는 자녀와 풍요롭고 경이로운 대화를 마음껏 즐기게 될 것이다. 모든 코칭 대화가 성장이라는 목표에 초점을 두는 것은 아니지만 모든 대화는 관계를 지원한다. 이어지는 몇 개 장의 목적은 우리의 관심을 성장 지지로 돌리는 것이다. 또한 관계의 발전, 지지, 강화에 대해 계속 살펴볼 것이다.

자연적 전환

이해를 통한 관계 증진은 코칭의 즐거운 요소이다. 이러한 즐거움은 아이가 삶 속에서 일찍이 경험할 수 있다. 어린 시절부터 연습했다면 자녀와 부모 사이에 건강한 의사소통의 규칙적인 리듬이 세워졌을 것이다. 즉 어떤 사람들에게는 이상하고 비현실적으로 보일지 모르는 의사소통(예를 들면 1장에서 케이틀린과 나 사이의 개방적인 대화)이 평범하고 자연스러워지며, 아이가 생각하고 느끼고 경험하는 것들을 진심으로 이해할 수 있도록 돕는다. 이것은 코칭 관계에 대해 삶이 주는 그 무엇이다.

자녀의 발달 과정에서 부모와 자녀가 확립한 관계는 부모와 자녀 사이에 평생 동안 지속될 관계를 특징짓는다. 만약 부모가 항상 아이를 위해 무언가를 해 주거나 아이에게 무엇을 해야 할지 말해 주었다면 아이가 집을 떠난 후에도 부모는 계속해서 똑같이 하려고 할 것이다. 하지만 아이가 어릴 때부터 코칭으로 자율권을 부여한다면 건전한 상호 의존적인 관계가 확립될 것이고, 아이가 책임감 있는 성인으로 자라도록 부모 코칭에서 동료 코칭으로 자연스럽게 전환될 것이다. 코칭의 이점은 자녀가 성년으로 바뀌는 것을 부모와 자녀 모두에게 매우 쉽게 이루어 준다는 것이다. 집을 떠나기에 앞서 본질적인 생활 기술을 갖추게 된다는 면에서 자녀가 더 잘 준비하고, 부모는 책임으로부터 벗어나 코칭을 통해 더 많은 자유를 주는 건강한 방법으로 '떠나보내기' 과정을 이미 시작했기 때문에 더 잘 준비할 수 있다.

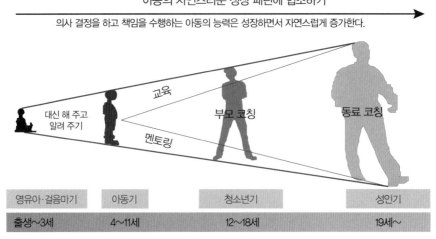

자율권을 주는 양육 방식

아동의 자연스러운 성장 패턴에 협조하기

의사 결정을 하고 책임을 수행하는 아동의 능력은 성장하면서 자연스럽게 증가한다.

교육

대신 해 주고
알려 주기

부모 코칭

동료 코칭

멘토링

영유아·걸음마기	아동기	청소년기	성인기
출생~3세	4~11세	12~18세	19세~

내면적 도전

성장 지지는 이해를 통한 관계 증진만큼 즐겁고 신나며 재미있는 일이다. 이번 코칭 단계에서는 아이의 재능이 성장하는 것과 하나님께서 아이 안에 두신 가능성을 진정으로 알아보게 된다. 자유를 주는 것, 아이가 결정하도록 허락하는 것, 의무감을 심어 놓는 것은 부모에게 아주 놀라운 경험이 될 수 있다. 그러나 이 단계는 계획이나 의도가 구현되는 시간이다. 앞서 소개한 코칭 대화는 관계에 초점을 두었지만 이제는 의도적으로 초점을 성장 지지에 맞춘다. 이는 보다 큰 절제력과 인내를 지니면서 무조건 끼어드는 행동을 삼가는 것이다. 이렇게 함으로써 아이가 겪을지 모르는 모든 고통스러운 상황으로부터 아이를 구해 내고 보호할 수 있다. 부모는 절대적 지배권을 포기하려고 의식적으로 결정하지만 이것은 말처럼 쉽지 않다.

> "어떤 부모들은
> 자녀에게 책임감을 주고
> 그것을 지키도록
> 허용하기가 어렵다."

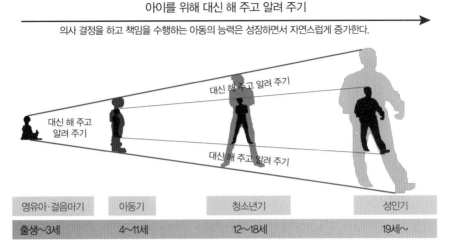

제한적인 양육 방식

아이를 위해 대신 해 주고 알려 주기

의사 결정을 하고 책임을 수행하는 아동의 능력은 성장하면서 자연스럽게 증가한다.

대신 해 주고 알려 주기

대신 해 주고
알려 주기

대신 해 주고 알려 주기

영유아·걸음마기	아동기	청소년기	성인기
출생~3세	4~11세	12~18세	19세~

굵은 바깥 선을 주의해서 보라. 이 선은 자녀의 자연적인 성장 패턴, 그리고 자녀의 책임감과 스스로 결정을 내리는 능력이 증가하는 것을 나타낸다. 가는 안쪽 선은 스스로 해낼 수 있는 성장 능력에 부합하는 자유를 주지 않음으로써 자녀를 제한시키는 경우를 나타낸다. 안쪽과 바깥쪽 사이의 거리를 주의해서 살펴보자. 그 거리는 자녀와의 관계 속에서 빚어지는 갈등과 자유를 얻기 위해 부모로부터 독립하려는 자녀의 강력한 에너지를 의미한다. 아이는 성장 능력을 연습할 필요가 있다.

성장 지지는 '제한적인 양육 방식'에서 벗어나고 자녀의 능력에 따라 보다 큰 자유와 책임감을 주는 것이다.

적극적인 부모 코칭은 다음과 같이 믿는다.

• 자녀에게 더 빨리 책임감을 허락할수록 자녀가 책임감을 가질 가능성이 더 많아진다.
• 책임을 지는 것이 더 쉬워질수록 자녀가 책임감을 가질 가능성이 더 많아진다.
• 책임감에 대한 동기가 커질수록 자녀가 책임감을 가질 가능성이 더 많아진다.
• 책임을 완수하는 동안 더 많은 지원과 격려를 받을수록 미래에 더 많은 책임감을 가지게 된다.

성공적인 부모 코칭에서 핵심은 의도적인 E.A.S.E.이다. 예정된 시기에 맞추어 자녀를 자유의 몸으로 만드는 것이 아니라 책임감 있는 어른으로 성숙해 가는 자연스러운 성장 속에 두는 것이다. 자녀가 성장과 발달을 통해 배운 것은 문제 해결 능력과 재능을 키워 주고 이는 일생 동안 삶을 감당하게 한다.

성공적인 부모 코칭이 의도적으로 자녀의 성장에 중점을 둔다는 것은 두말할 나위 없는 사실이다. 성장 지지는 단순한 수행 목표보다 더 포괄적인 것이다. 우리는 아주 다양한 성장 경험(자아 존중, 관계, 결정, 삶의 목표, 소명, 꿈의 성장, 학교 교육, 가치, 자기 인식 등)을 통해 효과적으로 자녀를 코칭할 수 있다.

성장 지지

성장 지지는 우리의 관심을 어떤 사건, 문제, 걱정을 이해하는 것에서 자녀의 성장을 지원하는 것으로 돌리기만 한다면 비교적 쉬운 과정이다. 가능성을 살펴보고, 아이의 욕구를 파악하고, 전념하고, 진전을 격려함으로써 부모는 자녀의 성장 여정 중에 필수적인 지원과 격려를 제공하게 된다. 이 작업이 어떻게 진행되는지를 내 둘째 딸 한나와 나누었던 코칭 대화를 예로 들어 설명하겠다.

배경

한나가 어렸을 때 우리는 한나 안에서 성장하고 있는 관대함을 인식하게 되었다. 종종 한나는 자신이 축복하려는 누군가에게 선물을 해도 되는지 나와 린의 의견을 물었다. 그 선물은 장난감 또는 누군가를 위해 한나가 만든 것이었다. 점차 커져 가는 깨달음의 빛 속에서 우리는 코칭 대화를 하며 놀라워했고, 돈을 버는 방법을 창의적으로 전개함으로써 한나의 성장을 지원해 줄 아주 좋은 기회를 얻게 되었다.

"아빠, 이번 크리스마스에는 제 힘으로 선물을 사서 모두에게 주고 싶어요."

"정말? 네가 꼭 그렇게 하지 않아도 된다는 건 알고 있지?"

"네, 알아요. 하지만 전 정말로 그렇게 하고 싶어요."

"생각이 아주 깊구나. 우리 한나가 많이 컸어. 그래, 무엇을 구입할지 정했니?"

"얼마 전에 가게에서 모두가 좋아할 만한 것들을 찾아봤어요. 선물을 사는 데 얼마가 들지 대강 생각하고 있어요."

"좋아."

"우리 가족 한 사람당 15~20달러 정도 지출하게 될 것 같아요. 그럼 약 150달러가 필요하죠."

"한나야, 마음이 아주 너그럽구나."

"고마워요. 그런데 한 가지 문제가 있어요."

"그게 뭐니?"

"제가 그 많은 돈을 벌 수 있을지 잘 모르겠어요."

"그럼 내가 그 점을 도와줄 수 있을 것 같구나. 내가 몇 가지 질문을 해도 되겠니? 네가 충분한 돈을 벌 가능성을 찾을 수 있을 거야."

"네, 그거 좋은데요."

"자, 생각해 보자. 너는 필요한 돈을 벌기 위해 무엇을 할 수 있겠니?"

"음, 야드세일을 할 수 있어요."

"하나의 가능성이 나왔구나. 네가 할 수 있는 다른 일은 또 뭐가 있을까?"

"글쎄요, 음…… 제가 찍은 사진을 온라인에 파는 거요."

"그래, 또 다른 가능성이 반드시 있을 거야. 그게 뭘까?"

"음…… 공예품을 만들어 팔 수도 있어요."

"그렇지, 그것도 좋은 생각인걸. 또 다른 걸 생각해 낼 수

각자에게 꼭 맞는 선물을 주는 것은 한나에게 큰 기쁨이다. 나는 한나의 파산을 바라지 않기 때문에 어떻게 해낼 것인지에 관한 대화에 참여한다.

나는 한나가 생각이 깊다는 것을 확인하고, 돈이 얼마나 필요한지 직접적으로 물었다. 여기서 한나를 위한 성장 기회는 스스로 선물을 구입함으로써 책임감을 가지게 된다는 것과 돈을 벌 수 있는 방법을 스스로 발견하는 능력이 성장한다는 데 있다.

한나의 목표는 150달러이다.

나는 한나가 돈에 대해 말할 것이라고 생각하여 한나가 그 주제를 말하게 했다. 이는 한나가 대화를 주도할 수 있게 하고 내가 부적절한 의견을 내세우지 않게 해 준다.

동의를 구하는 것은 한나가 대화를 주도하도록 유지해 주며 한나의 방향대로 진행되게 한다.

한나는 '가능성 탐색하기'를 시작한다.

'다른 것'을 물어보면 선택할 수 있는 사항이 많아질 뿐만 아니라, 한나의 명백한 생각 혹은 한나가 나와 얘기하기 전에 이미 생각해 놓았던 것 이상으로 뻗어 나가게 해 준다.

나는 한나가 생각을 펼치도록 격려하고 싶

있겠니?"

"잘 모르겠어요, 아빠."

"좋아, 적어도 한 개는 더 찾을 수 있을 거야. 우리가 아직 고려하지 않았던 게 뭐지?"

—침묵—

"아, 이웃 사람들을 위해 정원 일, 낙엽 쓸기, 심부름을 할 수 있어요."

"아주 좋아! 잘하고 있구나. 네 마음속 어딘가에 숨어 있어서 끄집어 낼 수 있는 또 다른 게 있을까?"

—침묵—

"음…… 없어요. 아무것도 떠오르지 않아요, 아빠."

"좋아, 넌 지금 대단한 아이디어들을 생각해 냈단다. 그 아이디어들을 정리해 볼까?"

"그래요."

"너는 공예품을 만들어 파는 것, 야드세일, 낙엽 쓸기 같은 정원 일과 심부름을 생각해 냈단다. 그럼 이 중에서 어떤 걸 꼭 하고 싶니?"

"야드세일이 제일 쉬워요. 그렇지만 많은 돈을 벌 수는 없을 것 같아요. 지난번에 야드세일을 했을 때 겨우 몇 달러밖에 못 벌었어요. 제 생각엔 공예품을 만드는 게 가장 좋을 것 같아요."

"왜 공예품을 만드는 게 좋다는 생각을 하게 되었니?"

"몇 가지 이유가 있는데요. 일단 제가 갖고 있는 많은 사진을 이용해서 공예품을 만들 수 있을 것 같아요. 또 엄마가 11월에 모임 사람들과 쇼핑몰에 부스를 하나 빌려서 물건을 파신다고 했거든요. 그러니까 함께 공예품을 팔수 있을 거예요."

"좋은 생각이야! 그럼 사진을 이용해서 어떤 공예품을 만들 수 있을까?"

"사진으로 달력을 만들어 팔 수 있을 거예요."

"그래, 그거 좋겠다. 생각할 만한 게 또 뭐가 있을까?"

었는데, 이는 아이가 자신의 틀을 깨고 창의성을 활용하게 한다. 나는 한나가 생각할 수 있도록 침묵을 허용한다.

나는 아이디어와 대안을 만들어 낼 수 있는 한나의 능력을 확인한다.

우리의 관심은 욕구를 파악하는 쪽으로 향하기 시작했다. 이때 중요한 점은 한나가 착수할 일 중 가장 흥미로운 데 집중하는 것이다. 이는 전념하려는 것에 대해 묻는 것이다. 나는 한나가 생각해 낸 가능성들을 다시 말하고 한나가 정말로 하고 싶은 것이 무엇인지 묻는다.

한나는 가능성들을 평가한다.

나는 계속해서 한나의 욕구를 탐색한다.

나는 "어떤 공예품을 만들 수 있을까?"라는 구체적인 질문을 한다.

나는 더 많은 대안을 탐색한다.

"카드를 만들 수 있어요. 아마 책꽂이도 만들 수 있을 거예요."

"좋은 생각이야. 이게 다 네가 하고 싶은 거니?"

"네, 하고 싶어요. 재미있을 것 같고, 이 방법으로 충분한 돈을 벌 수 있을 거라 생각해요."

"구체적으로 어떻게 할 거니?"

"무엇을 만들지 확실히 결정하기 전에 달력, 카드, 책꽂이를 만드는 데 드는 비용을 알아봐야겠죠. 제 생각에는 먼저 종이와 그 밖에 필요한 물건의 가격을 알아보고 무엇을 만들지 결정해야 될 것 같아요. 결정한 다음에는 쇼핑몰에 가져갈 공예품을 곧바로 만들기 시작할 거예요."

"네 계획을 언제부터 시작할 생각이니?"

"이번 주에 시작할 거예요."

"아주 좋아. 내가 도와줄 일은 없니?"

"날을 정해서 재료의 값을 확인하러 갈 건데 저를 가게에 데려다 주실래요?"

"당연히 그래야지. 왠지 굉장히 멋진 날이 될 것 같구나."

욕구 파악하기: "하고 싶어요."라는 말은 이 일에 착수하려는 동기 부여가 되었다는 강하고 결정적인 지표이다.

성장 지지와 행동 보장을 위해서는 욕구와 전념하기를 넘어서 이동해야 한다(무엇을 언제 할 것인가?). 나는 한나가 구체적으로 무엇을 할 것인지, 그 후에는 어떻게 할 것인지, 언제 계획을 실행할 것인지 물어봄으로써 이 단계를 실행한다.

나는 "도와줄 일은 없니?"라고 질문함으로써 계속 지원을 제공한다.

내가 코칭 과정에 충실했던 것에 주목하라. 나는 한나한테서 책임감을 빼앗지 않으면서 내가 할 수 있는 최선의 도움을 주고 싶었다. 그렇게 함으로써 이 경험은 한나에게 큰 가르침을 준다.

한나는 계획을 세우고 그날을 준비했다. 먼저 상점을 둘러보고 카드와 달력을 만드는 데 필요한 재료의 가격을 확인한다. 무엇을 만들지 결정을 내리면 필요한 물품을 구입한다. 마지막으로 쇼핑몰에 가서 음료수를 마시며 이야기를 나눈다. 이 모든 계획 덕분에 우리는 아주 멋진 시간을 보내게 될 것이라고 말해 주었다.

"너무 비싸요, 아빠. 제 생각엔 카드를 만드는 비용을 살펴보는 게 더 나을 것 같아요."

한나는 공예품으로 만들 달력의 비용을 충분히 인식했다는 듯이 속삭였다.

"우리는 할 수 있단다, 얘야. 아빠가 장담하건대 카드를 만드는 비용은 그렇게 비싸지 않을 거야."

한나가 슬며시 내게 팔짱을 끼었다. 우리는 한나의 열정에 다시 불을 붙여 줄 공예 센터로 함께 들어갔다. 흥분한 한나의 눈이 커졌다.

"이 가격이 훨씬 저렴해요! 아빠 생각은 어때요?"

나는 방긋 웃는 한나의 얼굴을 바라보며 대답했다.

"정말 그렇구나! 카드를 만들어서 특별 손님에겐 세일도 해 줄 수 있겠는걸. 이게 네가 원하는 거니?"

"그럼요."

"넌 멋지게 해낼 거야, 한나!"

무언가를 완수했음을 느끼며 우리는 카드 용지와 봉투를 쇼핑카트에 싣고, 음료수를 마시러 쇼핑몰로 향했다. 그날 저녁 린과 나는 한나를 도와 대바겐세일에 쓰일 카드를 상자에 담았다.

한나에 대한 부모 코칭에서는 E.A.S.E.를 바탕으로 한 성장 지지의 초기 세 단계, 즉 가능성 탐색하기, 욕구 파악하기, 전념하기를 따랐다. 크리스마스 선물을 주고 싶지만 선물 살 돈이 충분하지 않다는 '딜레마'에 대해 생각해 보도록 한나에게 요청했다. 그리고 한나가 주려는 선물의 비용을 마련할 가능성을 찾게 했다. 무엇을 해야 할지 말해 주지 않고 질문을 한 것은 아이 스스로 창의성에 다가가고 대안을 떠올리는 능력(문제 해결 능력)을 키워 주기 위함이다. 게다가 이는 자신의 아이디어이기 때문에 대안을 수행하는 데 더욱 동기 부여가 되는 경향이 있다.

한나가 몇 가지 아이디어를 생각해 낸 다음 "이 중에서 어떤 걸 꼭 하고 싶니?"라고 물어봄으로써 욕구 파악하기 단계로 옮겨 갔다. 이런 식으로 나는 한나가 무엇에 가장 동기화되는지를 알게 되었다. 한나가 어떻게 해 나갈 것이고 목표를 달성하는 데 걸리는 시간이 어느 정도인지 분명해지면 합의에 도달하는 단계로 나아갈 때이다. 이것은 코칭으로 자녀의 성장을 지지할 때 누구나 적용할 수 있는 쉽고 자연스러운 과정이다.

다음 단계는 진전 격려하기이다. 우리는 높은 에너지를 유지하길 바라고 여기에 필요한 격려를 제공한다. 이러한 격려는 목표를 향해 움직이게 하는 동기를 계발시킬 것이다. 부모의 짐작대로 가끔 자녀는 어떤 상황으로 인해 낙심하고 초점을 잃는다. 진전 격려하기는 자녀가 앞을 향해 나아가도록 격려하고 고무할 기회를 준다.

　한나는 자신의 전념을 말로 표현했기 때문에 건강한 책임 구조가 이미 확립되었다. 이것은 이후의 코칭 대화를 가능하게 할 뿐만 아니라 기대되게 해 주었다. 부모는 진행 과정을 보고하게 하고, 자녀가 성취한 것이나 배운 것을 함께 나누도록 허용한다. 부모는 경청하면서 자녀가 목표를 성취하기 위해 택한 발걸음을 격려할 방식을 무의식적으로 찾게 된다. 아무리 작은 목표를 향한 발걸음일지라도 인식하고 기념할 필요가 있는 성장 표식이라는 점을 기억하라. 나와 한나가 했던 것처럼 부모가 원하는 만큼 늘 목표에 빨리 도달하는 것은 아니며, 때로 필요하다면 E.A.S.E. 모델로 되돌아가서 행동을 재조정해야 한다는 것을 알게 될 것이다.

　카드 판매가 어떻게 되었는지 물어보자 한나는 목표를 달성하지 못했다고 털어놓았다. 다음 대화에서는 한나가 이미 진전을 이룬 것과 그 목표에 다시 초점을 맞춘 것에 대해 내가 어떻게 격려했는지를 주목해서 보라. 이 격려는 한나가 본래의 목표를 향해 나아가도록 또다시 힘을 주고 동기를 부여했다.

코칭 대화	관찰
"오늘 판매가 어땠는지 얘기해 줄래?" "잘 모르겠지만 잘한 것 같아요. 카드를 42장 팔았는데 선물을 사기에 충분한 돈을 벌진 못했어요." "괜찮아. 돈을 얼마나 마련했니?" "재료 비용을 빼고 나니 겨우 70달러가 남았어요." "그거 굉장한데! 생각해 봐, 70달러면 벌써 반 정도는 모은 거잖아. 아주 잘하고 있구나! 이제 네 카드를 팔 다른 방법을 생각해 보자." "좋아요." "그렇게 하고 싶니?" "예, 그러면 좋겠어요!" "좋아, 그럼 다른 방법으로 뭐가 있을까?" "테이블을 다시 빌려서 다음 토요일에 파는 거요." "좋은 생각이야. 또 다른 방법은?"	나는 판매 상황을 물었다. 이런 질문은 한나가 전반적으로 어떻게 해 왔고 무슨 일이 일어났는지 이해하도록 돕는다. 한나는 눈에 띄게 의욕이 꺾였다. 자신이 해낸 것이 아닌 성취하지 못한 것에 초점을 맞추고 있음이 목소리 톤에서도 드러난다. 나는 한나가 거의 중간 지점까지 도달했다는 사실과 그것이 굉장한 진전이라는 데 주목하기를 바랐다. "좋아요."라는 말 속에는 새로운 에너지가 들어 있다. 이미 성취한 것이 어느 정도인지 깨달은 후 한나의 목소리는 활기를 되찾았다. 이는 내가 E.A.S.E.로 되돌아가서 가능성 탐색하기를 또 하고 싶은지 물었을 때 한나가 긍정적으로 대답함으로써 강조된다.

"친척들에게 전화를 걸어서 카드를 사고 싶은지 여쭤 봐요."

"그래, 그것도 한 방법이 될 수 있겠구나. 아이디어를 잘 생각해 내고 있어. 그 밖에 무엇을 더 할 수 있을까?"

"잘 모르겠어요."

"좋아, 좀 더 시간을 줄게. 아이디어가 생각날 수 있게 말이야."

─침묵─

"네가 할 수 있는 모든 것을 생각해 봤니?"

"네, 다른 방법이 떠오르지 않아요."

"내가 도움이 될 만한 몇 가지를 제안해도 될까?"

"물론이죠!"

"기억해, 내가 말하는 건 제안일 뿐이란다. 그러니 내 제안을 받아들일지 말지는 전적으로 네게 달려 있어."

"네."

"공예품 가게 몇 곳을 찾아가서 카드를 보여 주고 거기에 전시해 놓을 수 있는지 물어보는 건 어떨까?"

"좋은 생각이에요, 아빠."

"고맙구나. 또 아빠의 페이스북에 카드를 올려서 판매해 보자. 사람들이 흥미를 보이고 구입할지도 모르잖아."

"와, 그것도 마음에 들어요."

"이 아이디어들에 대해 어떻게 생각하니?"

"좋아요. 다른 아이디어 더 없어요?"

"더 없는데. 그럼 지금까지 나온 대안을 한번 보자. 쇼핑몰에서 다시 테이블을 빌리는 것, 친척들에게 카드를 살지 전화해 보는 것, 공예품 가게에 카드를 전시하는 것, 페이스북에 카드를 올리는 것, 어떤 게 가장 마음에 드니?"

"페이스북에 올리는 거요. 그게 가장 마음에 들어요."

"확실해?"

"네, 오늘 당장 올려요!"

"그러자꾸나. 무슨 일이 일어나는지 보자고."

내가 해결책을 제시하거나 부족한 돈을 채워 주어 한나를 구조하지 않고 다시 한 번 과정을 밟도록 했기 때문에 한나는 책임감을 유지할 수 있다.

나는 무엇을 할 것인지 질문하기 전에 침묵을 허용함으로써 생각할 시간을 갖게 한다.

나는 한나가 할 수 있는 모든 방법으로 성공해 내길 바라지만 기본적인 초점은 한나의 목표가 아니라 이 과정을 통해 무엇을 배우는가에 있다.

내 아이디어를 제안해도 되는지 물어본다. 의견을 제안하면서 '받아들여야만 한다'가 아니라 '받아들일 수도 있다'는 말을 사용했다는 데 주목하라.

부모가 의견을 제안할 때 자녀에게 그 아이디어를 수용하거나 거절할 자유를 주어야 한다. 경우에 따라서 자녀는 부모의 아이디어를 묵살할 수도 있고, 그래도 괜찮다고 안심시키는 말이 필요할 수도 있다.

이는 욕구 파악하기 단계이다.

나는 한나가 숙고하도록 대안을 다시 언급하고 무엇이 가장 마음에 드는지 물어본다.

한나의 결정은 신속하고 명확하며 우리는 수월하게 전념한다.

코칭의 미(美)는 코칭 대화를 계속함으로써 자녀의 성장에 자연적 지원 체계를 제공하는 데에서 발견된다. 이것 또한 원원이다. 부모는 자녀의 성장을 지원한다. 자녀는 책임감 안에서 성숙해지고 부모가 그랬던 것처럼 부모를 향한 자녀의 존경도 자라난다. 결국 부모와 자녀가 함께하는 관계가 강화된다.

결과

한나는 내 페이스북에 카드를 올려서 팔기로 결정했다. 우리는 컴퓨터 앞에 앉아 새로운 사진 앨범을 만들었다. 이는 그 자체로 린과 나의 지원, 그리고 한나의 능력과 결정, 이 영역에서의 성장에 대한 긍정으로 우리 사이의 관계가 강화된 멋진 시

> "코칭을 통해 자녀의 성장을 지원하는 것은 누구나 사용할 수 있는, 쉽고 자연스러운 과정이다."

간이었다. 2주 후에 한나는 카드 85장을 더 팔았다. 모두를 위한 크리스마스 선물을 구입하고도 교회에 기부하고 앞으로의 선물을 위해 저축할 수 있을 만한 돈을 번 것이다. 게다가 한나는 자신의 목표를 빨리 달성했기 때문에 11월 28일에 모든 쇼핑을 마칠 수 있었다.

이 경험에서는 한나의 성취 여부보다 한나의 성격이 어떻게 성장하고 과정 속에서 무엇을 배웠는지가 더 중요하다. 한나는 스스로 크리스마스 선물을 주는 것과 같은 단순한 일에서 책임감을 가지고 성장하려는 욕구가 있었다. 한나의 행동을 인정함으로써 재능, 욕구, 관대한 마음을 주장하게 할 수 있었다. 이것은 스스로 돈을 벌 수 있는 능력, 창의적으로 생각할 수 있는 능력을 성장시키도록 한나에게 권한을 부여했다. 이를 통해 한나는 상황을 파악하는 능력, 가능성을 꿈꾸는 능력, 자신의 목표를 향한 작은 걸음의 소중함, 항상 목표에 도달할 수 있다는 깨달음을 얻게 되었다.

> "자녀의 성장과 책임감 안에서 의도적으로 E.A.S.E. 하도록 하는 성공적인 부모 코칭이 우리의 핵심이다."

성장 지지는 자녀에게 다음과 같이 표현해 줄 수 있다.

실행 단계로 발걸음을 떼기 시작해서

구체적인 과정을 만들어 가고

희망하는 목표를 향해 꾸준히 가렴.

이는 자녀의 진전을 격려함으로써 자연스럽게 건강한 책임 구조를 제공할 수 있도록 해 준다.

부모 코칭 연습

당신의 자녀가 '가능성 탐색하기, 욕구 파악하기, 전념하기'를 시도하려고 하는 구체적인 상황을 생각해 보자. 그 상황에 관해 대화를 나눌 만한 구체적인 시간을 정하고 E.A.S.E. 모델을 실행한다. 이 방법을 적용하면서 모든 과정 속에서 특히 자녀와 당신의 내면 속에 무슨 일이 일어나는지 주의를 기울인다. 그리고 다음 질문에 대해 깊이 생각해 본다.

- 당신이 해결책을 제시하지 않고 아이 스스로 가능성을 창조하도록 요구했을 때 아이에 대해 무엇을 알아차리게 되었는가?
- 아이는 이 접근 방식에 대해 처음에 어떤 반응을 보였는가?
- 아이가 가능성을 찾는 동안 인내심을 가지고 기다리고 아이가 원하는 것을 선택하도록 자유를 줄 때 당신의 감정은 어땠는가?
- 당신이 이런 방식으로 책임감을 내려놓았을 때 아이의 내면에서 어떤 변화가 일어났는지 알아차렸는가?

이 과정을 처음 시도해 보았다면 당신과 아이 모두 어색할 수 있다. 하지만 아이가 책임감을 유지하도록 최선을 다해 시도하라. 즉 아이 스스로 가능성을 창조하고, 그중에서 선택하고, 이를 통해 전념하게 하라.

단어가 아닌 성장에 초점 맞추기

목표 지향적인 대화라 할지라도 단어에 구애받지 말라고 말해 주고 싶다. 어떤 아이들은 재미있어 하고 하나의 목표를 향해 나아가는 데 동기 유발이 될 것이다. 반면에 어떤 아이들은 '목표'라는 단어 때문에 흥미를 잃어버릴 수 있다. 그러므로 아이가 어떤 단어에 최고의 반응을 보이고 어떤 단어를 주로 사용하는지를 이해하는 것이 중요하다.

예를 들어 아이가 '목표'라는 단어에 좋은 반응을 보였다면 어떻게든 그 단어로 말한다.

"네 목표는 무엇이니?"
"네 목표를 이루는 데 어떤 진전이 있니?"

만약 아이가 '목적', '꿈', '바람', '성취', '과녁' 등의 단어에 잘 반응한다면 다음과 같이 쉽게 물어볼 수 있다.

"네 목적은 무엇이니?"
"무엇을 성취하고 싶니?"
"무엇을 하기 바라니?"
"무엇을 하고 싶니?"

부모 코칭 연습

중요한 것은 적절한 단어가 아니라 아이의 성장을 지원하는 것이다. 만약 아이가 반응하는 단어를 사용함으로써 아이와 연결된다면 더 재미있어질 것이고, 당신은 코칭 대화에서 멋진 성공을 경험할 것이다. 다음과 같은 것을 생각해 보자.

• 당신의 아이는 어떤 단어에 가장 반응을 보이는가?
• 잠시 시간을 내어 당신 아이만의 독특함을 생각해 보라. 성장 목표를 떠올릴 때 아이는 어떤 단어를 거부하는가?
• 아이와 연결되고 관계를 맺게 하는 최고의 것은 무엇인가?

구체적인 단어를 주장하지 말고 아이의 욕구를 바탕으로 아이와 연결될 수 있도록 전념하라.

실패 순간의 유의점

자녀가 어떤 것을 실패했다고 하는 것과 자녀를 실패한 아이라고 하는 것은 크게 다르다. 자녀가 살아가면서 마주치는 가장 큰 도전 중 하나는 '건전하고 생산적인 방식으로 자신의 결점을 어떻게 처리하고 헤쳐 나갈 것인가'이다. 부모가 실패를 바라보는 관점은 자녀가 그것을 통해 배우고 잘 관리하는 능력과 관점에 큰 영향을 미친다.

실패는 사람이 아니라 하나의 사건이다

실패를 겪은 아이의 느낌이 어떤지 생각해 보라. 아이는 "저는 …를 잘하지 못해요." 또는 "제가 할 수 있는 건 아무것도 없어요."라고 말한다.

실패는 자녀의 내면에 놀랍도록 강력한 느낌을 만들어 내며, 부모가 자녀에게 전혀 다르고 건강한 관점을 가져다주게도 한다. 부모는 다음과 같이 함으로써 실패가 인생과 배움의 자연스러운 한 부분이라는 것을 자녀에게 가르칠 기회를 갖게 된다.

• 실패는 명백하게 그리고 흔히 삶과 배움의 자연스러운 부분이라는 점을 의사소통함으로써
• 아이의 실패에 대한 부정적인 반응을 피함으로써
• 아이를 향한 당신의 사랑이 무조건적이며, 아이가 '행하는 것'에서 비롯되지 않는다는 것을 지속적으로 보여 줌으로써
• 부모 자신의 실패에 관해, 그리고 그런 경험이 부모의 삶에 가져다준 가치를 아이와 함께 개방적으로 나눔으로써

자녀의 삶 속에서 내면적인 갈등의 시간 동안 부모는 자녀가 적절한 전망을 얻는 성찰적인 사고를 더 하도록 격려할 수 있다. 부모는 다음과 같이 질문할 수 있을 것이다.

• "내가 잘 이해했는지 모르지만, …에서의 실패가 어떻게 일을 그르치게 만들었니?"
• "나는 실패를 보지 않아. 내가 보는 것은 (긍정적인 성격 특징)이야."
• "너에겐 좋은 점이 많이 있단다. 몇 개를 말해 볼 수 있겠니?"

이렇게 말함으로써 어떤 일에 실패한다는 것이 아이의 전체에 해당하는 것이 아니라 단지 하나의 사건임을 강조할 수 있다.

나는 실패가 가져다주는 고통을 무시하거나 최소화하라고 제안하는 것이 아니다. 우리는 건강하게 균형을 잡아야 한다. 부모는 고통을 처리하는 데 필요한 시간을 허용함으로써 자녀를 존중하고, 다른 한편으로 자녀가 그것에 대해 성찰하고 그 고통으로부터 얻는 위대한 배움의 경험을 끌어낼 수 있도록 코칭해야 한다. 코칭은 성장 지지를 통해 이런 과정을 더욱 효과적으로 하도록 도움을 줄 것이다.

13

가능성 탐색하기

"우리 자신의 가능성에 대해 꿈꾸는 것은 정말 멋진 경험이에요. 나는 몇 가지를 꿈꾼 후 원하는 것을 선택했죠. 그건 정말 멋졌어요."

– 채드(12세)

가능성을 탐색하면 자녀의 관심을 성장의 기회로 전환하는데, 이는 다음 질문처럼 간단하게 할 수 있다.

"여기서 네가 보는 가능성은 뭐니?"

"이 상황에서 네가 할 수 있는 건 뭐지?"

"네가 선택할 수 있는 건 어떤 게 있지?"

"앞으로 나아가기에 가장 좋은 건 뭘까?"

모든 기회는 어떤 면에서 성장의 기회이기 때문에 기본적으로 부모는 아이가 가능성을 탐색하도록 경청하고 질문을 해야 한다.

가능성 탐색하기를 시작하면서 질문하기 코칭 접근법과 일반적인 말하기 접근법을 비교해 보자. 다음에 제시된 아버지와 아들의 대화를 읽으면서, 해야 할 일을 말하면 자녀가 어떻게 반응하는지, 그리고 자녀와 대화하는 데 어떻게 영향을 주는지 관찰한다. 그런 다음 자녀에 대한 질문 아이디어를 확인하고, 이것이 두 번째 대화에 어떤 영향을 미치는지 살펴본다.

"우리의 초점은 자녀의 문제를 해결해 주고 해결책을 제시하는 것이 아니라 자녀의 성장과 발달을 지원하는 데 있다."

배경

엄마와 아빠가 함께 거실에 앉아 있는데 아들이 학교에서 집에 돌아와 이번 달에 과학 프로젝트 숙제가 있다고 말한다.

지시적 접근법	코칭적 접근법
"엄마, 아빠! 이번 달에 과학 프로젝트 숙제를 해야 돼요."	"엄마, 아빠! 이번 달에 과학 프로젝트 숙제를 해야 돼요."
"그래, 나도 학교 다닐 때 과학 프로젝트 했던 게 생각난다. 멋지겠는데."	"그래, 나도 학교 다닐 때 과학 프로젝트 했던 게 생각난다. 멋지겠는데."
"예, 그럴 거예요."	"예, 그럴 거예요."
"네가 뭘 해야 하는지는 내가 알지."	"그래서 생각 좀 해 봤니?"
"정말요? 뭔데요?"	"예, 조금요."
"화산을 만들어!"	"지금까지 생각해 놓은 건 뭐야?"
"화산이요?"	"음, 저는 야외 활동 같은 걸 좋아하잖아요. 지

"응."

"왜요?"

"내가 6학년 때 화산을 만들어 봤으니 너를 도 와줄 수 있어. 쉬울 거야. 봐라, 종이죽으로 화 산을 만들고 그 중간에 고무 튜브를 넣어. 튜 브를 옆에 붙이고 거기에 피스톤 장치를 연결 하는 거야. 피스톤을 누르면 분출하는 거지. 저 번에 잘됐어. 용암이 튜브 위로 솟아오르고 위 에서 아래로 흘러내려서 아래 계곡까지 흘렀 지. 게다가 점수도 좋았어."

"근데요, 아빠, 좋을 것 같긴 한데, 음…… 안 할래요."

"왜 안 해?"

"음, 전 다른 데 정말 관심을 두고 있거든요. 생각하고 있는 게 두 가지 있어요."

"에이, 왜…… 그 아이디어는 관둬. 이게 더 쉬 울 거고 이미 경험해 봤잖아. 어렵지 않아. 약 속할게. 제대로 만드는 데 필요한 걸 다 내가 알려 줄 수 있어."

"아빠, 솔직히 말해서 전 화산 만드는 데는 별 로 관심이 없어요."

"나는 널 도와주려고 하는 건데 왜 그래? 나는 네 아빠잖아, 응?"

"엄마, 아빠한테 제가 관심 없다고 얘기 좀 해 주실래요? 제 얘기는 전혀 안 들으시는 것 같 아요. 전 제 방 가서 쉬고 있을 테니 저녁 식사 가 다 되면 부르세요."

난주 과학 시간에 자연자원부에서 사람이 나 와 얘기해 줬는데 그게 정말 멋있었어요! 그 사 람이 일터에서 하는 일은 카누를 타고 하이킹 도 하고 불법적인 행동을 하는 사람에게 벌금 을 물리고…… 그런 것들이에요. 그 사람은 생 물학이 얼마나 중요한지, 또 우리가 환경을 보 호해야 한다는 걸 얘기해 줬어요. 그래서 그런 것 중에 몇 가지를 생각하고 있어요."

"재미있을 것 같구나. 얘기해 줄 수 있니?"

"하나는 우리 집 주변에 있는 호수와 강, 시냇 물의 오염을 시험하는 거예요. 생물학적 검정 을 이용해서."

"생물 뭐?"

"생물학적 검정이요. 식물 같은 생물을 이용해 서 수질을 시험하는 거예요. 그래서 공해가 식 물에 미치는 영향을 측정하는 거죠."

"그거 아주 멋진데. 맞아, 그렇게 하는 것 같더 라."

"그래요. 아빠."

"몇 가지를 생각해 봤다고 했는데 다른 건 뭐 지?"

"그 사람이 얘기해 준 건데 많은 사람이 이 지 역의 가마우지에 대해 불평을 한대요. 가마우 지가 너무 많아서 물고기를 다 먹어 치운다고 요. 우리 호수를 조사해서 가마우지 둥지가 있 는지, 그리고 얼마나 많은지 알아보는 것도 괜 찮을 것 같아요. 호수에 어떤 영향을 미치는지 도 생각해 볼 수 있고요."

"정말 좋은 생각이네. 뭘 하고 싶은지 정했니?"

- 앞의 대화를 읽으면서 무엇을 관찰했는가?
- 어떤 차이를 보았는가?
- 지시적 접근법과 코칭적 접근법은 대화의 방향에 어떻게 영향을 주었는가?
- 자녀와의 대화에서 당신의 아이디어를 제시하거나 영향을 주지 않고 어떻게 자녀에게 가능성에 대해 질문할 것인가?

대화의 차이에 주목하자. 지시적 접근법의 경우 자녀의 욕구를 전혀 고려하지 않고 부모의 주제에만 초점을 맞춘다. 아빠는 이달에 해야 할 프로젝트 숙제가 있다는 '상황'을 평가했다. 그런 다음 아빠는 자신이 초등학교 때 해 보았다는 이유로 화산을 만드는 하나의 '해결책'을 계획했다. 뒤이어 아빠는 아들이 그 '해결책'을 받아들이도록 '설득'하려고 시도한다. 이렇게 함으로써 아빠는 아들의 잠재적인 성장 기회를 막고 질문하기와 경청하기가 제공할 수 있는 거대한 관계적 연결 기회를 잃었다.

반면에 코칭적 접근법에서는 완전히 다른 결과를 볼 수 있다. 아빠는 질문과 경청을 통해 아들을 존중해 주었다. 그리고 관계를 증진하는 관계적 연결을 발전시키고 자연스럽고도 쉽게 성장 지지로 이행했다. 이러한 접근은 아들의 생각이 지닌 가치를 인정해 주고, 아들이 앞으로 더 쉽게 마음을 열고 생각을 나누도록 해 준다. 인정한 다음 아빠는 아들에게 무엇을 하고 싶은지 물어본다. 이때 아빠는 욕구 파악하기를 시작했으며, 아들의 반응에 따라 더 많은 가능성을 탐색하거나 앞으로 나아가기 위해 단순히 전념할 수 있다.

자녀에게 해야 할 것을 이야기해 주거나 단순히 해결책을 제시하는 것보다는 의사소통의 문을 활짝 열어 놓고 더 긍정적인 영향을 미치도록 하는 것이 건강한 관계적 접근법이다. 이때 부모가 할 일은 자녀를 위해 생각해 주는 것이 아니라 자녀가 스스로 생각하도록 보장해 주는 것이다. 자녀의 코치로서 부모는 자녀가 상황을 생각해 보고 모든 가능성을 고려하게 한다.

아이들이 하는 말

부모님이 여러분의 의견을 묻고 결정할 수 있도록 허용해 줄 때, 그리고 때로 그러한 결정으로 고통스러운 결과를 경험할 때 어떤 느낌이 드나요?

"와, 그거 좋은 질문인데요. 어떻게 대답해야 할지 모르겠어요. 왜냐하면 그런 경험을 한 번도 해 본 적이 없거든요."
— 에릭(16세)

"부모님이 처음 코칭 접근법을 쓰기 시작했을 때는 이상하게 느껴졌어요. 보통은 부모님이 저에게 뭘 하라고 말씀해 주셨지 그 상황이나 결정에 대해 내가 어떻게 생각하는지 물어보진 않으셨거든요. 처음에 저는 망설여졌어요. 부모님이 저에게 '미끼를 던지시는' 거고, 정말 별로 말하고 싶지 않아서 그러시는 거라고 생각했죠. 그런데 시간이 갈수록 부모님은 계속 질문하고 들어주셨어요. 저는 부모님의 진심을 알게 되었고, 제가 결정을 내리고 스스로 더 큰 책임을 질 수 있도록 배우는 것을 정말로 도우려 하신다는 걸 알게 되었죠. 완전히 새로운 관계를 맺게 된 것 같은 느낌이 들었고 부모님에 대한 존경심도 커졌어요."
— 시에라(17세)

다섯 가지 선택 기술

이 단계에서 유용한 기술 하나는 다섯 가지 선택 기술이다. 도전 과제에 직면했을 때 아이는 두세 가지 선택안을 생각해 본 후 창의적으로 생각하는 것을 멈추는 경향이 있다. 선택안이 아이의 마음을 끌지 않는다면 거기서 막혀 버려 무엇을 해야 할지 모르게 된다. 다섯 가지 선택 기술은 아이가 처음 생각한 선택안들을 넘어서 생각하고 창의적인 영역으로 다시 돌아가도록 도전 과제를 던짐으로써 전환점을 마련할 수 있게 돕는다. 이렇게 하기 위해 부모는 단순히 아이의 상황, 문제, 또는 염려와 함께 아이가 전진할 수 있는 방법에 대한 다섯 가지 선택안을 물어볼 수도 있다. 그런 다음 아이가 다섯 가지 선택안을 만드는 데 필요한 시간을 준다. 아이가 이를 쉽게 해낸다면 일고여덟 가지 선택안을 물어볼 수도 있다.

- "여기에 네가 어떻게 접근할 수 있는지 다섯 가지 방법을 말해 보렴."
- "우리가 아직 생각해 보지 않은 것이 있다면 무엇일까?"
- "다른 가능성은 무엇일까?"
- "하나 더 생각해 보자."
- "또 다른 것으로 뭘 할 수 있을까?"
- "상자 밖으로 나온다면 어떤 것을 시도해 보겠니?"

자신의 반응에 주의하라

아이들은 매우 창의적이며 풍부한 자원과 생생한 상상력을 가지고 있다. 그들이 생각하는 대단한 가능성은 깜짝 놀랄 만한 것이거나 심지어 비현실적으로 보일 수도 있다. 이때 그런 생각에 대해 우리의 몸짓 언어와 우리가 전달할 수 있는 다른 것들에 특별히 주의를 기울여야 한다. 우리가 눈동자를 굴리는 것, 우리가 하는 말, 또는 불신해서 한숨을 내쉬는 것 등을 통해 아이가 자신의 생각이 부정적으로 판단된다고 느끼면 마음을 닫아 버릴 가능성이 있다. 이 단계에서 우리의 목적은 가능성을 평가하는 것이 아니라 아이가 가능한 한 많은 가능성을 만들어 내게 하는 것이다. 그 후에 목표를 향해 전진함에 따라 아이는 그중에서 가장 마음에 드는 하나를 고르게 될 것이다. 아이가 최고의 것을 고를 때까지는 모든 가능성이 좋은 가능성이라는 점을 기억하라. 가능성을 탐색할 수 있게 허용함으로써 부모는 아이의 창의성이란 문을 열게 되며, 어쩌면 아이는 부모가 전혀 생각해 보지 못한 효과적인 것을 창조해 내어 깜짝 놀라게 할지도 모른다.

사례

어느 날 오후 여섯 살짜리 아들이 학교 공부 때문에 눈에 띄게 짜증이 나 있었다. 아이의 몸짓 언어와 태도는 크고 분명하게 말하고 있었다. 나는 아이가 이렇게 반응하게 만든 무슨 일이 있었는지를 내가 이해하도록 아이가 도와줄 수 있는지 살펴보았다. 놀랍게도 아이는 바로 응수했다.

"학교를 그만 다녀야겠어요."

나는 마음의 평정을 유지하면서 '이것을 하나의 성장 기회로 활용하고 어떻게 되는지 살펴봐야겠다.' 하고 생각하며 이렇게 대답했다.

"그래, 조시. 그것도 하나의 가능성으로 생각해 볼 수 있겠지. 네가 할 수 있는 게 또 무엇이 있을까?"

나의 반응에 깜짝 놀란 아이는 어려움을 벗어날 수 있는 다른 방법에 대해 계속 이야기했다. 이런 상황에서 아이에게 대응하지 않고 아이 그리고 이 상황을 판단하는 아이의 능력을

> "우리가 할 일은 아이가 생각하도록 하는 것이지 아이 대신 생각해 주는 것이 아니다."

존중하면서 '학교를 그만두는 것'을 하나의 가능성으로 검토해 보도록 허락했다. 단순히 아이가 말하도록 허용하고 아이의 말을 경청하는 것은 마음을 차분히 가라앉히고 더 합리적인 행동을 정할 시간을 주었다.

자녀가 자신의 가능성을 탐구하도록 돕는 열린 질문

- "어떤 가능성이 있니?"
- "네가 이루고 싶은 것을 향해 나아가기 위해 우리는 무엇을 할 수 있을까?"
- "여기서부터 어떻게 나아갈 수 있을까?"
- "네가 할 수 있는 다섯 가지는 무엇이니?"
- "그것 말고 또 다른 건 무엇이 있을까?"
- "네 목표에 도달하기 위해 내가 도와줄 건 뭐지?"

조기에 시작하기

코칭은 자녀의 성장 속에서 매우 일찍 시작할 수 있고, 그렇게 함으로써 우리는 부모와 자녀 모두에게 코칭의 혜택이 제공됨을 인식하게 될 것이다. 자녀가 스스로 생각을 시작하게 하고 가능성을 탐색하도록 요청함으로써 부모는 자녀가 허둥거리는 때를 알아차릴 수 있다. 부모의 목표는 자녀의 자연스러운 성장 패턴에 따라 자녀의 성장과 발달을 돕는 것임을 기억하자. 돌다리를 두드리며 건너는 심정으로 생각하는 것이 건강한 것이다. 자녀가 허둥거리는 순간에 부모는 성공적인 코칭의 처음 과정 참석자 중 한 사람이 했던 것과 똑같은 질문을 할 수 있을 것이다.

"아이가 대답을 못할 것 같거나 가능성을 꿈꾸는 능력이 없을 것 같은 경우에도 아이에게 제안을 할 수 있나요?"

물론이다. 그러나 다음과 같은 지침을 따라야 한다.

1. 우선 아이가 자신에 대해 생각해 보도록 요청함으로써 코칭의 기본을 만든다. 이런 방법으로 아이의 가능성을 생각할 수 있다고 부모는 믿는다. 이는 부모가 자신의 생각을 덧붙이기 전에 아이의 자원이 고갈되었다는 것을 확인하게 도와준다. 아이가 정말로 애먹고 있다는 것을 인지하고 나서 부모가 제안을 해도 되는지 동의를 구하는 것이 적절하다.

2. 제안을 해도 되는지 동의를 구한다. 부모는 다음과 같은 말로 시작할 수 있다. "네가 생각해 볼 만한 것을 제시해도 될까?" "내가 가진 생각에 관심이 있니?" "지금 내가 몇 가지를 제시한다면 너에게 도움이 될까?" 자녀가 여기에 '관심'이 없거나 아무것도 원하지 않을 때 간섭하고 제안하는 것은 자녀의 입을 다물게 하고 분노를 만들어 낼 가능성이 있다.

3. 자녀가 부모의 생각을 받아들이거나 거절할 수 있도록 허용한다. 최종 선택은 자녀가 하는 것임을 재확인시켜 준다. 자녀가 어디에도 의지하지 않고 부모의 생각을 받아들이거나 거절하는 것을 허용한다.

4. 항상 여러 가지 제안을 내놓는다. 이렇게 하여 자녀가 여러 선택 사항 중에서 실행하기로 약속할 것을 고르게 된다. 예를 들면 다음과 같다.

   • "너는 _____ 또는 _____ 할 수 있어. 어떤 게 더 좋니?"
   • "너는 _____을 할래, 아니면 _____을 할래?
   • "네가 원한다면 기꺼이 _____ 또는 _____을 해도 좋아."
   • "어떤 상황에서도 너는 _____ 또는 _____을 할 수 있어. 아니면 떠오르는 다른 게 있니?"

부모는 '다른 것'이 있는지 질문함으로써 자녀에게 생각하고 선택하는 자유를 주게 된다.

주의 사항: 부모는 준비되어 있어야 하고 제공한 제안 중에서 아이가 선택한 결과를 기꺼

이 받아들여야 한다. 예를 들어 교통량이 많은 곳에 살고 있는 경우라면 부모의 제안이 신중한 것이어야 한다. "넌 뒤뜰이나 앞뜰(잠재적 위험성이 높은 곳)에서 놀 수 있어, 어느 쪽이든 좋아." 그러나 이 제안에서 고를 수 있는 것은 모두 바람직하지 않다.

"부모님과 저는 이야기를 아주 많이 하고 부모님은 가장 좋은 지원자예요. 부모님은 저에게 해야 할 일을 묻는 대신 제 생각에 대해 물어보시고 제가 결정하도록 이끌어 주세요. 제가 결정하도록 했는데 그게 안 좋은 결정이었고 저에게 약간 해가 된 적도 몇 번 있었어요. 그거 아세요? 그런 것 때문에 저는 부모님을 존경해요. 부모님이 저한테 하지 말라고 하셨다 해도 아마 저는 그렇게 했을 거예요. 저에게 가장 자극이 되었던 건 그분들이 '나는 그게 잘 안 될 걸 알고 있었어'라고 말해 저를 지치게 하지 않고, 제가 이 경험을 통해 무엇을 배웠는지, 다음번에는 무엇을 다르게 할 수 있는지 간단히 물어보신 거예요. 저는 부모님이 저를 진심으로 돌봐 주시고 가장 좋은 걸 원하신다는 걸 알아요."

— 대니엘(17세)

E.A.S.E.를 통해 성장 지지를 시작했을 때 우리는 가능성 탐색하기에서 아이가 얼마나 창조적일 수 있는지를 깨달았다. 그것은 단순히 문제 해결에 대한 것만이 아니라 모든 상황에서의 성장 가능성에 대한 것이다. 아이가 할 수 있는 만큼 많은 가능성을 생각해 내면 그다음에는 욕구 파악하기에 초점을 맞추고 전념하기를 하여 실행으로 연결될 수 있다.

깊이 생각하기

성공적인 부모 코칭에서의 강조점은 자녀가 자신의 상황에 참여하고 성찰하도록, 그러고 나서 어떻게 그것을 통해 성장할 수 있는지에 대한 가능성을 꿈꾸도록 돕는 것이다.

- 이 접근법을 이용함으로써 어떤 이점이 있다고 생각하는가?
- 이는 어떤 방법으로 자녀에게 개인적으로 영향을 주게 되는가?
- 이는 향후 어떤 방법으로 자녀의 생각을 형성할 수 있는가?

14

욕구 파악하기

욕구의 힘

욕구 파악하기는 전념하기 이전 단계의 코칭에서 중요한 요소이다. 이 단계에서는 자녀의 동기 수준과 자녀가 전념하게 될 가능성을 평가한다. 이때 부모가 좋은 아이디어라고 생각하기 때문에 혹은 그렇게 하라는 말을 들었기 때문에 행동하는 것이 아니라 자녀 스스로 직접 행동하도록 보장하는 것이 중요하다.

정보를 넘어서서 동기를 우선시하는 것은 부모가 자녀의 성장과 학습에 어떻게 접근할 것인지에 관해 놀라운 차이를 만든다. 자녀가 성장하고 배우거나 변화하기 위해서는 부모가 반드시 자녀가 해야 할 필요가 있는 것을 말해 주어야만 한다고 믿을 때 부모는 지속적으로 그렇게 행동하고 말할 것이다. 그러나 동기 부여가 가장 중요한 요소라고 믿는다면 부모는 자연스럽게 아이의 욕구에 대해 코칭하고 적절하게 맞춰 주려 할 것이다. 왜냐하면 부모는 자녀가 자기 자신의 것을 만드는 단계에는 성취와 동기가 가장 중요하다는 것을 알기 때문이다.

성장과 변화의 가장 큰 장애물은 정보가 아니라 동기이다. 무엇을 해야 할지 아는 것이 변화를 만들어 내지는 않는다. 변화를 위한 욕구가 있어야만 한다. 이는 우리가 신체를 건강하게 유지하기 위해 건강하게 먹고 운동해야 한다는 것을 알지만(정보), 건강상 문제가 생기고 반드시 변화해야 할 이유(동기)가 있을 때까지 실천하지 않는다는 사실로도 알 수 있다. 마찬가지로, 부모는 자녀가 구체적인 영역에서 어떻게 성장할 수 있을지에 관한 좋은 아이디어를 가지고 있을지도 모르지만, 만약 자녀에게 동기 부여가 되지 않았다면 부모가 말하는 모든 것(정보)이 거의 영향을 미치지 못할 것이다.

"성장과 변화의 가장 큰 장애물은 정보가 아니라 동기이다."
-토니 스톨츠퍼스

부모와 마찬가지로 자녀는 대부분 자신의 생각에 의해 동기 부여가 되며 이 생각은 욕구에서 비롯된다. 그러므로 자녀의 성장을 지원해 주고 싶다면 욕구를 이해하고 다가갈 필요가 있다. 욕구는 자녀가 가장 전념하고 싶어 하는 것이기 때문이다.

아이가 노력하고 싶도록 동기 부여를 받은 것은 무엇인가?

아이는 어떻게 동기 부여가 되었는가?

아이가 하고 싶어 하는 것은 무엇인가?

부모는 욕구를 파악함으로써 자녀가 노력하고 싶도록 동기 부여를 받은 가능성을 이해하려 한다. 이는 부모가 거대한 잠재력을 가진 가능성에 대해 전념하게 해 줄 것이다. 대부분 이것은 다음과 같은 이유로 빠르고 쉬운 단계일 것이다.

- 아이가 그것에 대해 이야기하여 이미 그 가능성을 어느 정도 고려했을 것이기 때문이다.
- 한두 가지는 아이가 더 추구하고 싶어 하는 것으로서 아이의 마음에 분명하게 드러나기 때문이다.
- 그 가능성은 대부분 아이의 아이디어이며 아이가 매우 좋아하는 것이기 때문이다.

- 아이는 그 과정에 직접적으로 연관되었을 것이고, 이는 흥미, 동기 부여, 성취하고 싶은 마음을 불러일으킬 것이다. 왜냐하면 아이가 무엇을 할 수 있을지 혹은 해야 할지에 대해 '이야기 들은 것'이 아니기 때문이다.

욕구를 파악할 때 자녀가 만든 가능성에 대한 주의를 되돌리고 다음과 같이 질문한다.

- "이 가능성들(목록 작성)을 고려할 때 가장 끌리는 게 뭐니?"
- "너는 지금 굉장한 가능성을 가진 생각을 하고 있구나. 어떤 것을 하고 싶니?"
- "모든 가능성 중에서 무엇이 가장 좋니?"
- "무엇을 하고 싶니?"

부모 코칭 연습

2~3분 정도 시간을 내어 아이의 욕구 수준 평가를 돕기 위해 아이에게 물어볼 수 있는 세 가지 질문을 적어 보자.

-
-
-

말투와 몸짓 언어

이 단계에는 반드시 자녀의 말투와 몸짓 언어에 특별한 관심을 기울여야 한다. 자녀가 신나 하는가? 목소리 톤과 몸짓으로 드러나는가? 열정이 있는가? "그게 네가 하고 싶은 거니?"라는 마지막 질문은 자녀가 가지고 있는 욕구의 수준을 평가하고 부모가 자연스럽게 전념하기로 나아가도록 허용해 준다.

만약 대화에서 "그게 네가 하고 싶은 거니?"라고 물어보았을 때 아이가 "네, 그게 괜찮은 생각 같아요."라고 대답한다면 당신은 어떻게 생각하겠는가? 동기 부여가 잘되었다고 생각하겠는가? 앞으로 진전시킬 더 강한 욕구가 있는가? 아이는 깊이 몰두할 것인가?

아마 아닐 것이다. 만약 그렇게 대답한다면 아이가 다른 행동 방식을 더 좋아한다는 것, 그리고 아이의 코치로서 지금 전념을 강요하기보다는 아이의 욕구를 추구해야 한다는 것을 나타내는 반응일 것이다.

한편 같은 질문을 했을 때 아이가 "네, 그거 진짜 하고 싶어요. 재미있을 것 같아요!"라고 대답할 수도 있다. 이때는 아이가 전념할 수 있는 무언가를 찾았다고 확신할 수 있다.

대화에서 부모가 초점을 맞춰야 할 부분

- 가능성: 어떠한 가능성이 있는가?
- 욕구: 아이의 동기 수준은 어떠한가?
- 전념: 아이가 무엇에 전념하게 할 것인가?

높은 동기를 유지하는 비결

- 작게 시작하라. 자녀의 성장 지지는 갑자기 자녀를 풀어놓는 것이 아니라 그 능력 안에서 성장하도록 돕는 것이다. 그러므로 자녀가 디딤돌로써 성공을 경험하도록 허용하면서 작은 것부터 시작하라.

- 자녀가 이룰 수 있는 목표를 설정하라. 부모는 너무 크거나 너무 작은 행동이 자녀의 동기에 영향을 미치고 에너지와 자신감을 소모시킬 수 있다는 사실을 항상 염두에 두어야 한다. 만약 전념이 너무 커지면 자녀는 의욕을 잃을 수 있고 반대로 전념이 너무 작

아지면 지루해하고 흥미를 잃을 수 있다. 비결은 균형이다. 좋은 질문은 "아이가 성장하기에 충분한 행동을 격려하는 것은 무엇인가? 무엇이 성장을 격려할 수 있는가? 무엇이 아이의 신체적, 정서적, 영적 건강을 유지할 수 있게 하는가?"이다.

- 진전을 격려하라. 자녀를 존중하고, 자녀가 인정할 수 있는 방식으로 자녀의 진전을 축하하고 격려해 주는 방법을 찾는다.
- 자주 이야기하라. 마음을 열고 이야기하는 시간을 자주 가지는 것은 자녀의 동기를 높게 유지해 주거나 필요한 경우 동기를 북돋아 줄 것이다. 흥미롭게도 많은 사람은 자녀가 다 자랐기 때문에 부모와 함께할 시간이 거의 필요 없다고 믿는다. 사실은 그 반대이다. 자녀가 성장함에 따라 부모가 건강한 대화로 자녀를 지원하는 데 더 많은 시간이 필요하다는 데 초점을 맞출 필요가 있다.

욕구 파악하기는 중요하다. 이는 자녀가 어떤 노력을 하도록 동기 부여를 받고 힘을 얻었는지 이해하게 해 준다. 또한 부모가 더 자연스럽고 효율적으로 전념하기 단계로 전환할 수 있도록 해 주고, 전념이 더욱 의미 있고 분명해지게 한다.

깊이 생각하기

- 전념에 대해 질문하기 전에 욕구를 파악하는 것이 왜 중요한가?
- 부모로서 이 과정 안에서 행하는 단계는 무엇인가?
- 아이가 자신의 능력을 최대한 발휘할 수 있도록 부모가 해 줄 수 있는 것은 무엇인가?
- 이것은 자신의 양육에 어떤 도움을 주는가?

15

전념하기

"전념하지 않는다면 약속과 희망만 있고… 계획은 없는 것이다."

— 피터 드러커

흥미와 전념은 차이가 있다. 우리는 어떤 것에 흥미가 있을 때 수행하기 편리하면 실행에 옮긴다. 또한 어떤 것에 전념하고 있을 때는 확실히 완료한다. "전념은 선택하는 것 그 이상이다. 우리는 매일 아침 어떻게 옷을 입을지, 예를 들면 캐주얼하게 입을지, 격식을 갖춰서 입을지 선택한다. 또한 아침에 달걀을 먹을지, 와플을 먹을지 선택한다. 그러나 전념한다는 것은 신에게 헌신하는 것처럼 혹은 행동의 한 방향과 같이 확고하고 그 무게가 상당하다."[7]

7. Laura Whitworth, Karen Kimsey-House, Henry Kimsey-House, and Phillip Sandahl. Co-Active Coaching (Mountainview: Davies-Black Publishing, 2007), pp. 148.

전념은 '나는 이것을 할 것이다'라는 우선순위를 나타낸다. 그리고 건강한 의무를 제공하고 자녀의 진전을 격려하는 데 필수적이다. 이는 부모가 모래놀이 통에 선을 긋고 자녀에게 행동에 집중해서 부모 쪽으로 넘어오라고 요청하는 것이다. 이는 단순히 꿈꾸고 이야기하고 행동하는 것을 넘어서 이동하도록 요구한다.

"넌 그것을 할 거니?"
"네 행동 계획에 전념할 거니?"

자녀가 "네, 난 그것에 전념할 거예요."라고 말한다면 이는 어른이나 아이, 두 집단 모두에게 하나의 강력한 행동이다. 이는 다음 행동을 하는 데 책임감을 불러일으킬 것이고, 자녀가 목표를 향해 나아갈 때 부모가 자녀에게 건강한 책임감을 제공할 기회를 준다.

"아빠, 아빠는 제가 좀 더 나은 결정을 하는 사람이 되도록 도와주시고 있는 건가요?"

호기심 많은 아들은 우리가 제자리에 가져다 놓은 보트 덮개 너머를 쳐다보았다. 나는 아들을 바라보고 미소지으며 말했다.

"왜 그렇게 물어보니, 조시?"

"제가 결정을 내릴 때마다 뭘 해야 할지 아빠가 말씀해 주시진 않고 제게 선택하라고 하고 어떤 것에 전념할지 물어보시니까요. 그래서 제가 더 나은 결정을 하는 사람이 되도록 아빠가 돕는다고 생각했어요. 그래요?"

"조시, 넌 매우 관찰력이 있구나. 사실 그게 맞단다. 그 이유를 알고 싶니?"

"네, 알고 싶어요, 아빠."

나는 보트에 기대어 아들의 눈을 보고 말했다.

"조시, 평생 동안 너는 사소한 많은 일부터 정말 큰일까지 결정해야 할 순간이 있을 거란다."

"나중에 커서 누구랑 결혼할지 같은 건가요?"

웃으면서 나는 대답했다.

"그래, 그게 바로 네가 삶을 살아가면서 부딪히게 될 가장 큰 결정 중 하나야. 그런데 엄마와 아빠는 네가 그런 결정에 맞닥뜨리기 전에 결정을 잘 내리는 사람이 되는 것을 도와주고 싶어. 네가 나이가 들면 의사 결정을 하고 그 의사 결정에 전념하고 따라가는 경험을 하게 될 거란다. 엄마, 아빠가 이렇게 너를 도우려 한다는 걸 알아차리다니 정말 똑똑하구나."

"고마워요, 아빠."

부모가 자녀에게 전념하라고 한다면 조시의 경우처럼 자녀의 마음속에서 정신적 변화가 일어날 것이다. "이봐, 우리는 여기서 단지 가능성에 대해 말하는 것이 아니라 전념에 대해 말하고 있는 거야! 이게 어른스러운 일이야."라는 깨달음이 있다.

행동에 대한 욕구에서 전념하기로 넘어가기

욕구를 파악한 다음 전념하기는 "이 모든 것을 고려했을 때, 너는 무엇을 할 것이며 언제까지 할 거니?"라는 질문만큼 단순할 수 있다. 이 질문은 의도적으로 자녀의 주의를 가능성으로부터 자녀가 하고 싶은 것을 거쳐서 무엇을 할 것인지로 전환한다.

이는 중요한 단계이다. 우리는 많은 훌륭한 일에 대해 이야기하고 위대한 가능성을 만들어 내며, "대단한 아이디어야! 언젠가 이렇게 할 거야."라고 말하기 때문이다. 그러나 약속 날짜를 지키지 않는다면 '언젠가'는 거의 오지 않는다.

> "전념은
> 우선순위를 말한다.
> '나는 이것을 할 거야!'"

전념의 가치는 그것이 행동 방침, 즉 무엇이 완벽하게 시행될 것이고 시간적 틀 안에서 무엇이 일어날 것인지를 확립한다는 사실 안에서 볼 수 있다. 이는 책임감을 형성시킬 뿐만 아니라 부모와 자녀 사이에 명확한 기대감을 준다. 부모가 자녀의 의도를 정확하게 알고 있으면 오해 및 불분명하고 충족되지 않은 기대로부터 일어나는 불필요한 관계적 갈등이 완화된다. 부모가 자녀에게 무엇을 할 것이고 언제까지 할 것인지를 정확하게 말로 표현해 달라고 요청함으로써 전념하기 단계에 이르기 전에는 이 단계의 코칭 대화가 끝나지 않는다.

무엇을 언제까지 할 거니?

이것이 달성되었는지 너는 어떻게 알 수 있니?

어떻게 내가 알 수 있니?

행동 단계에서의 세 가지 테스트

- 명료화: 부모와 자녀는 모두 어떻게 될 것인지를 정확히 알 것이다.
- 전념: 자녀는 책임감을 가지고 이를 시행할 것이다.
- 결론: 구체적인 일정이 확립되어 있다.

부모가 대화를 다시 시작하고 자녀의 진전을 격려할 수 있도록 자녀가 전념해야 할 것이 무엇인지를 기억하는 방법을 확립하는 것은 매우 중요하다. 자녀가 성장하면서 가치 있는 시간 관리 원칙을 배울 수 있도록 스스로 달력 등에 기록해 놓은 계획을 추적할 수 있다.

전념을 재조정하도록 허락하기

이 과정에서 때때로 부모에게는 자녀가 하는 일에 대한 주인의식이 부족하거나 망설이는 것처럼 보일 수도 있다. 다시 말해 이는 과정이 진행되면서 실패하거나 또는 전념을 재조정하고 싶어 하는 것일 수도 있다.

이를 알아챘을 때 부모는 단순히 한 걸음 물러서서 자녀가 '마음을 변화시키는 것'을 허용하고 E.A.S.E.를 다시 찾을 수 있도록 해야 한다. 예를 들면 5장에 있는 케이틀린의 이야기 속에서 케이틀린이 내렸던 결정을 바꿀 수 있도록 한 것을 다시 살펴본다.

이러한 순간에 부모와 자녀가 자신의 욕구와 다시 연결되도록

"약속은 확실한 가능성을 만들어 내기도 하지만 부모와 자녀 사이에 명백한 기대치를 만들어 내기도 한다."

돕거나 혹은 자녀가 전념해야 할 것을 명료하게 하도록 돕는 데에는 다음과 같은 질문을 이용할 수 있다.

- "네가 이 단계에 대해 별로 신나 보이지 않는 것 같구나. 너는 네 마음을 변화시킬 수 있다는 걸 기억해. 더 하고 싶은 게 있니?"
- "네가 해 보고 싶은 다른 방식이 있니? 그렇다면 그것에 대해 이야기해 보자."
- "그것에 전념할 준비가 되어 있니?"
- "너는 네가 _____를 할 것이라고 말했지. 네가 계속해서 '나는 _____를 한다'라고 할 것이 있니?"
- "너는 '이것은 해야 해'라고 말해. 실제로 네가 그 일을 하고 싶게 하는 건 뭐니?"
- "그건 전적으로 너에게 달려 있어. 너의 선택이야. 너는 그걸 할 수도 있고 하지 않을 수도 있어. 무엇을 선택하겠니?"
- "네가 이것에 대해 완전히 전념하기 전에 얘기하고 싶은 게 있니? 만일 있다면 무엇이니?"

전념하기는 자녀의 성장을 지원하고 격려하며, 자녀가 성장 목표를 향해 노력할 때 필요한 책임감을 제공하는 데 필수적이다. 자녀가 자신의 전념에 대해 말하기 시작한다면 부모는 자녀의 진전을 격려해 주는 데 성공한 것이다.

깊이 생각하기

- 전념에 대해 질문하기 전에 자녀에게 원하는 바를 묻는 것이 왜 중요한가?
- 단순히 자녀가 원하는 바를 묻는 것이 아니라 몰두(전념)하는 과정을 따르는 것의 목적은 무엇인가?
- 단순히 자녀가 원하는 바를 묻는 것이 아니라 무엇에 전념하고 있는지 물어봄으로써 달성되는 것은 무엇인가?
- 전념하기는 어떻게 자녀가 임무(계획한 것)를 마치는 능력을 향상할 수 있는가?

Pro-Active Parent Coaching

16

진전 격려하기

"부모님은 저를 무척 격려해 주세요. 제 스스로 결정을 내리도록 도와주시고 제가 그걸 어떻게 하는
지 끝까지 지켜봐 주세요. 제가 잘할 때는 더 성장하도록 밀어 주시고, 제가 잘 못할 때는 솔직한 대
화를 나누며 저를 도와주시죠. 부모님이 제가 잘하고 있는 것들을 찾아서 말씀해 주시는 건 아주 멋
진 일이에요. 제가 실패했다고 느낄 때조차 말이죠. 그분들이 그러시는 게 저는 좋아요."

― 테오(12세)

자녀가 행동 방침을 세우고 그것을 성취하도록 지원하는 것은 최고의 사기 진작 방법이다.
삶의 어떠한 영역에서든 성장이 이루어지는 동안에는 전념과 자기 성찰이 필요하다. 진전 격
려하기는 자녀에게 건강한 책임 구조를 제공할 뿐 아니라 경험에 대해 되돌아보는 기회와 앞
으로 계속 전진하는 데 필요한 용기를 준다.

멀리 떨어져 있거나 관심이 부족하면 자녀에게 도움이 될 수 없다. 자녀가 필요로 하는 것은 집을 나설 때 등을 두드려 주거나 몇 마디 말을 건네는 것이 아니라 계획된 시간이다. 성공적인 부모 코칭을 실천할 때 이러한 지원을 잘 해 주는 것은 자녀에게 매우 중요하다. 자녀와 이야기 나눌 시간을 갖는다는 것은 부모가 자녀를 정말로 사랑하고 관심이 있으며, 자녀를 신뢰하고, 자녀의 배움 과정 동안 지지한다는 점에 대해 허심탄회하게 대화하는 것이다.

진전 격려하기에는 네 가지 기본 요소가 있는데 이는 진전 축하하기, 신뢰 표현하기, 인정, 건강한 책임 부여하기이다. 이는 모두 말의 힘을 통해 지원되는 것이므로 잠시 말의 힘에 대해 살펴보자.

말의 힘

말은 강력한 영향력을 가지고 있다. 솔로몬은 현명하게 다음과 같이 말했다. "죽고 사는 것이 혀의 힘에 달렸나니 혀를 쓰기 좋아하는 자는 혀의 열매를 먹으리라."(『잠언』 18:21) 부모는 자녀에게 생기를 주고 힘을 북돋울 수 있는 능력이 있으며, 한편으로 낙심시킬 수 있는

힘도 가지고 있다. 이는 대부분 부모가 하는 말의 성향에 따라 좌우된다. 이야기를 나눌 때 자녀에 대해 의도하는 것은 무엇인가? 생기를 불어넣고 자녀를 일으켜 세우기 위함인가? 아니면 다른 목적이 있는가?

"막대기와 돌은 내 뼈를 부술 수 있지만 너의 말은 나를 결코 해치지 못한다"라는 오래된 만트라는 사실과 거리가 멀다. 부모의 말은 자녀에게 강력한 영향을 미치기 때문에 앞의 말을 다음과 같이 바꾸어야 할 것이다. "막대기와 돌은 내 뼈를 부술 수 있다. 그리고 너의 말은 항상 나의 모습을 만들어 준다." 부모의 말은 자녀가 자기 자신에 대해 갖는 인식과 신념을 결정하며 자녀의 전반적인 안녕에 영향을 준다.

비판에서 칭찬으로 이동하기

자녀와 시간을 가지고 자신의 생각을 조정해 보자. 자녀와 상호작용할 때 어떤 비판적 생각이 수면으로 떠오르는지 주목한다. 다시 초점을 맞추기 위해 시간을 내어 자녀에 대해 감사하게 여기는 것을 생각해 본다.

- 아이에 대해 가장 감사하게 생각하는 것은 무엇인가?
- 아이는 당신의 삶에 어떤 가치를 주었는가?
- 아이는 어떤 방법으로 당신을 풍요롭게 만드는가?

이전의 코칭 기술을 실행하고 있다면 상대적으로 연습하기 쉬울 것이다. 그러나 어떤 사람들에게는 이것이 무리일 수 있다. 당신이 함께하는 관계의 질은 당신이 자녀를 어떻게 인식하고 자녀와 어떻게 의사소통하는지에 따라 주로 결정될 것이다. 이것은 대부분 마음의 문제이며, 예수님은 다음과 같이 말씀하셨다. "이는 마음에 가득한 것을 입으로 말함이니라."(『누가복음』 6:45) 부모의 말은 자녀에 대해 마음속에 가지고 있던 것들을 실제로 드러낸다.

아이들은 건설적인 피드백을 필요로 하고 중요하게 생각한다. 우리 모두 그렇다. 진실한 격려는 영혼의 산소이다. 따라서 성공적인 부모 코치는 자녀에게 무엇이 부족한지가 아니라 어떤 사람이 되어 가는가라는 관점에서 의도적으로 자녀와 관계를 맺는다.

하나님이 당신의 자녀인 우리에게 동일한 것을 하시고 있다는 사실이 나는 매우 흥미롭다. 하나님은 우리의 결핍이 아니라 운명이라는 관점에서 우리와 관계를 맺으신다. 『에베소서』 2장은 우리에게 다가오시는 하나님의 인격을 보여 준다. 우리는 허물과 죄로 죽었지만 신은 우리를 선택했다. 더 나아가 예수 그리스도의 희생을 통해 하나님과의 화해 수단을 제공했다. 그분은 이렇게 말씀하셨다. "나는 너의 운명을 알고 네 안에 남아 있는 가능성을 알고 있으며 네가 충만함에 이르기까지 성장하도록 도울 것이다."

> "아이들은 건설적인 피드백을 필요로 하고 중요하게 생각한다. 우리 모두 그렇다."

긍정적인 피드백을 통한 지원은 건강한 시각과 하고 있는 일에 대한 목적의식, 계속 전진할 수 있는 에너지를 자녀에게 제공한다.

자신이 인정받고 축하받는 시간에 대해 생각해 보자.

- "당신은 그것을 통해 어떻게 느꼈는가?"
- "그것은 퇴근 후의 생활에 어떤 영향을 미쳤는가?"
- "그것은 당신을 존중하는 사람들과 당신 사이의 관계에 어떤 영향을 미쳤는가?"

진전 축하하기

누구나 좌절하기 쉽고, 앞으로 전진할 수 있는 동기와 초점을 잃어버리기도 쉽다. 우리가 서 있는 곳과 목표 사이의 거리에 너무 압도되어 우리가 이미 이루어 놓은 진전이 보이지 않는 경우가 있다. 이때는 관점을 상실하고 동기가 감소되며 때로는 계속할 의지가 사라진다.

"누구나 좌절하기 쉽고, 앞으로 전진할 수 있는 동기와 초점을 잃어버리기도 쉽다."

이에 대해 잠시 생각해 보면 또 다른 깨달음을 얻게 된다. 성인인 내가 종종 이런 식으로 관점을 상실한다면 내 아이들이 그렇게 되기란 얼마나 쉽겠는가?

그런 순간이 있다. 우리가 관점을 다시 얻도록 누군가 옆에서 격려의 말을 건네고 도와줄 때 우리는 앞으로 나아갈 새로운 힘과 열정을 발견하게 된다. 부모가 코칭을 한다면 자녀는 자신이 지닌 관점을 새롭게 할 최고의 기회를 얻는 셈이다. 또한 부모는 진전을 축하해 줌으로써 진전을 지속하는 데 필요한 에너지를 준다.

어느 날 우리는 아이가 초점을 잃거나 진전 과정에서 좌절했다는 것을 깨달을 수도 있다. 이미 성취한 진전에 초점을 맞추고 축하해 주는 것은 그 순간에 아이에게 필요한 산소가 될 것이다.

우리가 알고 있는 것, 자녀가 이루어 가는 단계, 자녀가 보여 준 성장, 자녀가 이미 이룬 성취에 대해 이야기하는 시간을 갖는 것은 강력한 자극제가 되며, 자녀가 더 큰 그림 안에서 건강한 관점을 다시 얻는 데 도움이 된다.

만일 자녀가 관점을 얻도록 돕고자 한다면 부모는 다음과 같이 변화에 대한 것을 물어볼 수 있다.

- "나는 네가 이미 이루었다는 걸 알고 있어. 네가 성취한 것에 대해 말해 줄 수 있니?"
- "너는 아직 목표를 달성하지 못했을 수도 있어. 네가 이루어 놓은 것과 목표 사이의 거리가 어느 정도인지 말해 줄 수 있니?"
- "너는 아주 열심히 일한 것 같아. 네가 한 일에 대해 어떻게 생각하니?"

부모 코칭 연습

진전을 축하해 주는 것은 자녀가 이미 성취한 것에 중점을 둔다. 잠시 동안 다음 질문을 통해 생각해 보자.

- 아이가 이미 성취한 것 중 축하해 줄 수 있는 것은 무엇인가?
- 아이와 이야기를 나눈 후 구체적으로 이루어진 진전은 무엇인가?
- 아이가 한 것 중 진심으로 잘되었다고 말할 수 있는 것은 무엇인가?
- 아이가 앞으로 나아가는 작은 단계들을 당신은 어떤 방법으로 확신할 수 있는가?

앞으로 이틀 이내에 자녀와 함께하는 시간을 내어 자녀의 진전을 축하해 주자. 이것이 자녀에게 얼마나 영향을 주는지, 그리고 당신과의 관계 안에서 어떻게 작용하는지에 주목한다.

신뢰 표현하기

당신이 스스로를 신뢰하지 않을 때에도 누군가가 당신을 신뢰한다고 말한 적이 있는가? 그런 경험이 있다면 그것은 당신의 사고에 어떤 영향을 미쳤는가? 그 신뢰는 당신이 포기했거나 전혀 노력하지 않는 영역에서 스스로 앞으로 나아갈 수 있는 내적인 힘을 주었는가?

부모로서 자녀를 존중하고 보살피며 신뢰할 때 우리는 자녀의 꿈과 희망에 힘과 활기를 불어넣어 준다. 자녀의 목표를 상기시킬 때 신뢰를 표현하고 다음과 같이 확신의 말을 해 주어야 한다.

"난 널 믿어!"
"난 네가 할 수 있다는 걸 알아!"

나의 둘째 딸 한나가 대화 중에 "아빠, 제가 아기를 돌봐 줄 만큼 책임감이 있다고 생각하세요?"라는 질문을 한 것은 무슨 이유일까? 한나는 책임감이 있을 것이라는 스스로에 대한 신뢰가 있었고, 아빠도 자신을 믿어 주는지 아주 솔직하게 알고 싶어 했다. 부모가 신뢰를 표현하는 것은 자녀에게 강력한 자극이 되며, 자녀가 어려움에 대처하고 부모의 기대에 부응할 수 있게 해 준다. 나는 한나의 질문에 이렇게 대답했다. "그렇고말고. 난 그렇다고 생각해. 너는 여러 분야에서 책임감 있게 행동했고 아기 돌보는 일에도 충분히 책임감이 있을 거라고 아빠는 확신해. 실제로도 네가 조슈

> **"부모로서 자녀를 존중하고 보살피며 신뢰할 때 우리는 자녀의 꿈과 희망에 힘과 활기를 불어넣어 준다."**

아를 잘 돌본다고 생각한단다." 이와 같은 신뢰의 표현은 부모로서 한나에게 힘과 자신감을 불어넣어 주었으며, 이후 한나는 곧바로 아기 돌봄 과정에 등록하여 자격증을 취득했다.

신뢰 표현하기는 언제 어디서든 할 수 있다.

올여름 조슈아는 스케이트보드에 푹 빠졌다. 조슈아는 중고용품 판매점에서 5달러짜리 중고 스케이트보드와 10달러짜리 팔꿈치, 무릎, 손목 보호대를 구매했다. 이렇게 구매한 헬멧과 새로운 장비로 무장하고 준비를 완료한 조슈아는 많은 시간을 연습한 결과 스케이트보드를 아주 능숙하게 탈 수 있게 되었다.

어느 날 우리는 스케이드보드 공원에 가서 놀며 '프로'라고 불리는 사람들의 묘기를 보았다. 그 후 일이 벌어졌다. 두 달 뒤 찌는 듯한 어느 오후, 조슈아는 하프파이프 구조물에 올라가

스케이트보드를 레일 위에 놓고 경사면을 바라보며 서 있었다.

"아빠, 좀 무서워요. 그래도 꼭 해 보고 싶어요."

나는 대답했다.

"네 두려움과 희망을 다 이해할 수 있을 것 같구나. 지금 해 봐도 좋고 나중에 해도 괜찮아."

"전 오늘 꼭 해 보고 싶어요! 제가 정말 이걸 할 수 있을 것 같아요?"

조슈아가 갈색 눈으로 응시하며 물었다. 나는 대답했다.

"조시, 스케이트보드 타는 것을 배우려는 너의 노력을 보니 하프파이프를 해낼 수 있을 거라고 확신해. 한두 번의 시도로 안 될 수도 있어. 하지만 너도 알고 있지? 넘어지는 것도 배움의 한 부분이라는 걸. 하지만 난 네가 할 수 있다고 믿는단다."

잠시 생각한 후 조슈아는 체중을 스케이트보드로 옮기면서 몸을 앞으로 기울이고 경사면을 내려가기 시작했다. 다음 순간 조슈아는 배를 깔고 똑바로 누워서 신음하며 이렇게 말했다.

"아, 아픈데 너무 멋졌어요."

조슈아는 계속 시도했지만 그날 오후까지도 하프파이프를 해내지 못했다. 조슈아는 멍도 약간 들고 아파했는데 집에 가는 동안 나와 아내는 이것을 기억하도록 격려해 주었다.

"배울 수 있는 유일한 길은 배우면서 몇 번 긁히고 멍도 드는 거란다."

다음 날 아침, 조슈아는 전염성에 가까운 새로운 열의를 가지고 일어나 말했다.

"엄마, 아빠, 제가 뭘 잘못했는지 알 것 같아요. 스케이트보드 위에서 체중을 유지하는 방법이 문제였어요. 오늘 다시 가서 해 볼 수 있을까요?"

그날 조슈아는 놀랍게도 몇 번의 시도 끝에 하프파이프를 성공적으로 타게 되었다.

단순한 신뢰의 표현은 책임감과 하나의 자신감을 키워 주었으며, 다른 한편으로는 조슈아에게 용기를 주어 고통의 관점을 직면하고 시도하게 했다.

"단순한 신뢰의 표현은 자녀의 책임감과 자신감을 키워 준다."

신뢰를 표현하는 것은 아이가 할 수 있다고 믿는 바를 이야기해 주는 것이다. 잠시 동안 다음 질문에 대해 생각해 보자.

- 내가 아이에 대한 신뢰를 표현할 수 있는 한 가지는 무엇인가?
- 지금까지 본 것에 따르면 나는 아이의 미래에 대해 어떤 긍정적인 것을 믿고 있는가?
- 미래의 성공으로 이끌어 주는 아이의 기술, 습관, 능력은 무엇인가?
- 생활 속에서 아이가 정말 할 수 있는 것은 무엇인가?
- 내가 아이에 대한 신뢰를 표현하여 찾아낼 수 있는 잠재력은 무엇인가?

다음 기회에는 자녀에게 신뢰를 표현하고, 그것이 자녀의 자신감 수준에 얼마나 영향을 미치는지 주의를 기울여 살펴보자.

인정

진전 격려하기는 자녀의 성장을 뒷받침하는 것이지만 성장은 그냥 자녀가 하는 것 또는 성취하는 것보다 훨씬 크다. 자녀가 목표에 도달하는 것이 중요하지만, 목표에 도달하는 동안 어떤 사람이 되어 가는가에 비하면 목표 도달은 후순위이다.

칭찬과 찬사가 중요하다 하더라도 그런 것들은 일차적으로 아이가 무엇을 하는지에 초점을 맞추며 성취한 것을 강조하는 경향이 있다. 한편 인정은 아이가 어떤 사람이 되어 가는 것을 인정해 주고 하나님이 아이 안에서 형성해 가는 성격에 대해 이야기하는 것이다. "어제 잔디 깎기 잘했어."라는 말과 "너는 매우 책임감 있는 청년이 되고 있구나."의 차이를 느껴 보라. 칭찬은 머리를 향하지만 인정은 마음으로 들어가 자리 잡는다.

부모가 자녀의 내재된 성격 특성을 인정할 때 자녀에게 영감을 주게 되고, 동기를 부여하며, 에너지를 주는 자녀의 핵심으로 바로 연결된다. 인정은 성격 특성을 드러내게 하여 자녀가 놓칠지 모를 특성을 탐구하고 조사하고 고려하는 기회를 제공한다.

누구나 진실된 인정을 고마워한다. 누군가가 있는 그대로의 본심이 담긴 인정을 해 주었던 가장 최근의 경험을 떠올려 보자. 그것은 잘 해낸 일에 대한 칭찬이나 찬사가 아니라 그 순간 당신이 어떤 사람이었는지에 대한 관찰을 드러낸다.

• "그런 결정을 하다니 당신은 대단한 강직함을 보여 주는군요!"
• "당신은 현장에서 모든 걸 쏟아부었어요. 팀을 위한 당신의 헌신은 놀랍군요!"
• "당신이 가정을 소중히 여기는 것은 쉽게 드러나고, 그건 자녀의 인생을 다르게 만들어 줄 거예요!"

적절한 인정은 하루를 보람차게 만들어 준다. 자신이 그러한 인정을 받았던 때를 떠올려 다음 질문에 답해 보자.

• 인정을 받았을 때 어떤 생각이 들었는가?
• 그것은 자기 자신에 대한 생각에 어떤 영향을 주었는가?
• 그것은 당신을 인정해 준 사람에 대한 생각에 어떤 영향을 주었는가?
• 그것은 당신의 삶 속에서 무엇을 다르게 만들었는가?

예수님과 시몬 베드로의 대화는 행동에 대한 이 원칙을 인식하는 데 아주 좋은 예가 된다. 시몬과 이야기하면서 예수님은 여러 가지 일—그가 성취한 것이나 성취하지 못한 것, 그의 단점, 언젠가는 그가 훌륭한 연사, 전달자, 전도사, 교회 설립자가 된다는 것—에 초점을 두실 수도 있었다. 그러나 예수님은 시몬이 성취할 것보다 훨씬 더 중요한 것을 보셨다. 예수님은 시몬의 내부 깊은 곳에 있는 성격 특성을 알아보고 말씀하셨다.

> "진심어린 인정은 하나님이 아이를 보는 대로 아이가 자기 자신을 볼 수 있게 도와준다."

"네가 요한의 아들 시몬이니 장차 게바라 하리라." 이 말씀은 '너는 반석'이라는 의미이다(『요한복음』 1:42 참조).

예수님의 초점은 시몬이 무엇을 하는지가 아니라 그가 가진 특성에 있었다. 나는 베드로가 예수님에게 이 말씀을 들었을 때 무슨 생각을 했을지 궁금하다. "누구요, 저요? 농담하시는 거죠? 저는 바위하고는 한참 먼데요. 예수님, 지금 무슨 생각을 하고 계신지는 모르겠지만 저는 아닙니다!" "예수님, 정말 제 안에서 그게 보이세요?" "예수님, 그 말씀이 제 안의 무언가를 흔들어 놓습니다. 말씀하신 것에는 무언가가 있군요. 그리고 저는 정말 거기에 따라 살고 싶습니다!"

인정은 아이의 가슴에 그대로 전달되며 아이가 어떤 사람인지 확인해 준다. 인정은 아이가 자신 안의 더 깊은 무언가를 깨닫게 해 주고, 아이가 좀 더 크게 설 수 있게 해 주며, 우리가 아이 내면에서 보는 것을 충족하게 한다.

부모 코칭 연습

인정은 자녀가 속이 깊은 사람이라는 것을 지지하는 것이다. 잠시 다음 질문에 대해 생각해 보자.

- 나는 아이 내면의 어떤 성격 특성을 존중하는가?
- 아이의 진정한 가치는 무엇인가?
- 나는 어떤 내적 위대함과 잠재성을 보는가?
- 아이가 보지 못할 수도 있는, 아이 안에 숨겨진 보물은 무엇인가?
- 하나님은 아이 안에서 무엇을 보시며, 하나님은 내가 무엇을 추출해 내기를 원하시는가?

힘 있는 인정에는 다음과 같은 세 가지 부분이 있다. 첫 번째는 실제로 성격 특성을 인식하고 그것을 언어화하는 것이다. 두 번째는 자녀가 인정을 받고 그 영향을 느낄 시간을 허용하는 것이다. 세 번째는 진정성 있게 말하는 것이다. 앞의 연습에서 생각해 본 것을 바탕으로 자녀에게 줄 수 있는 인정을 다음 빈칸에 정형화해 보라. 그런 다음 자녀를 인정할 기회를 만들어 자녀가 어떻게 반응하는지 살펴본다.

"인정은 아이의 가슴에 그대로 전달되며 아이가 어떤 사람인지 확인해 준다."

진심어린 인정은 하나님이 아이를 보시는 대로 아이가 자기 자신을 볼 수 있게 도와주며, 어쩌면 '엄마, 아빠, 그 말씀이 제 안의 뭔가를 흔들어 놓아요. 말씀하신 것에 뭔가가 있네요. 그리고 저는 정말 거기에 따라 살고 싶어요!'라는 생각이 들게 할 것이다.

지원하기 위해 질문하기

부모는 진전에 대한 질문을 통해 자녀의 성장과 발달에 필요한 지원, 격려 및 책임을 제공할 수 있다. 책임을 인식하지 않으면 우리는 포기하거나 다른 상황이 우리의 목표 달성을 방해하도록 허용하고 만다. 질문에 따라 얼마나 더 많은 일을 할 수 있는지는 놀라울 정도이다. 질문은 성장을 지지하고 양육에 쉽게 적용할 수 있는 간단하면서도 강력한 관계의 원칙이다.

진전 격려하기의 마지막 요소는 책임감 대화이다. 책임감 대화는 자녀가 목표를 향해 나아갈 때 계속적인 지원을 통해 자녀에게 생기를 불어넣어 준다. 대화의 맥락 안에서 부모는 진전을 축하하고 신뢰를 표현하며 자녀를 진심으로 인정해 준다. 한편으로 책임감 대화는 회전문과 같다. 부모가 원하는 곳으로 데려가지만 다시 시작 지점으로 데려다주면서 자녀에게 건강하고 지속적인 지원 구조를 제공한다.

> "부모의 초점은 성장 지지에 있다. 그러므로 우리는 의도적으로 긍정적인 관점을 취하고 진전에 초점을 맞추어야 한다."

부모가 책임감 문제의 제기를 준비할 때 초점은 성장 지지에 있다. 그러므로 우리는 의도적으로 긍정적인 관점을 취하고 의식적으로 결여와 다른 관점을 취함으로써 진전에 초점을 맞추어야 한다.

두 문항의 차이 살펴보기

"우리가 _____에 대해 얘기한 걸 기억해 봐. 넌 그걸 했었니?"

"애야, _____에 대해 그동안 해낸 부분을 간단하게 얘기해 보렴."

두 문항의 차이는 미묘하지만 함축된 의미는 강력하다. "그걸 했었니?"라는 질문은 매우 구체적이고 "예" 또는 "아니요"라는 답이 돌아오며, '넌 아마 그걸 안 했겠지', '뭔가 잘못했겠지'라고 해석될 여지가 있다. 이렇게 해석될 가능성이 있는 질문은 자녀로 하여금 책임감을 회피하게 만들고, '내가 왜 신경 써야 하죠? 어차피 내가 그걸 할 수 있다고 믿지도 않으면서.' 또는 '왜 해 보시겠어요? 내가 아무리 해 봐야 엄마, 아빠 마음에 안 들잖아요!'와 같은 생각이나 감정을 불러일으킬 수 있다.

"그동안 해낸 부분을 간단하게 얘기해 보렴." 또는 "진전된 것에 대해 얘기해 줘."라는 말은 더 긍정적이며, 아이가 실제로 진전하고 있다는 신뢰를 나타낸다. 더 나아가 그동안 이룬 것이 크든 작든 그것을 인정하고 축하하게 된다. 이는 자녀로 하여금 만족과 성취감을 느끼게 하며, 자녀가 목표를 향해 계속 나아가는 데 필요한 감정적 에너지를 준다.

깊이 생각하기

자녀의 성장을 지원하기 위해 부모는 진전에 대한 질문을 해야 한다. 질문하기에는 다음과 같은 세 가지 간단한 요점이 있다.
a. 직접적인 질문을 한다.
b. 긍정적인 방식으로 질문을 한다.
c. 초점은 무엇이 부족한지 강조하는 것이 아니라 진전을 격려하는 데 있다.

다음 질문에 대해 생각해 보자.
• 부모가 자녀의 행동 단계에 대한 진전 상황에 대해 질문하지 않으면 무슨 일이 일어나겠는가?
• 진전 상황에 대해 질문하기의 장점은 무엇인가?

부족한 점이 아니라 자녀가 이룬 것에 초점을 맞추어 자녀에게 책임감을 묻는 두 가지 질문을 적어 보자.
• "지난주에 너는 발표 과제에 대해 선생님과 얘기하기로 약속했잖니. 그게 어떻게 되었는지 말해 보렴." (구체적이며 행동을 취했다고 가정한 경우)
•
•

건강한 책임감

많은 부모는 자신이 안 좋은 경험을 했다는 이유로 오랫동안 책임 있는 관계 맺기를 기피했다. 삶 속에서 변화나 성장을 유지하는 데 필요한 격려와 에너지를 줄 것으로 기대했던 것들이 실제로는 반대 작용을 한 결과 우리는 비난받고, 실패하고, 실망스러운 느낌을 갖게 된다.

건강한 책임감은 자녀에게 감시당하거나 통제받는다는 느낌보다 에너지를 주고 동기를 부여한다. 코칭 관계에서 책임감은 잘못된 행동에 대해 처벌하거나, 자녀가 실패했을 때 수치심이나 죄책감을 느끼게 만드는 것이 아니다. 건강한 책임감은 판단을 내리거나 꾸짖는 것이 아니라 자녀의 진전에 초점을 맞추고 이를 기반으로 하여 계속 전진하려는 자녀의 열망을 강화하는 데 필요한 피드백을 주고 격려해 주는 것이다.

단순히 그 의미는 자녀가 약속한 것에 대해 스스로 진행한 것을 이야기하고, 필요하면 과정을 변경할 수 있는 수단에 지나지 않는다. 건강한 책임감은 부모에게만 해당되는 것이 아니다. 코칭은 자녀가 어디에 있고, 어디로 가고 싶어 하는지를 이해하며, 자녀가 거기에 도달하는 데 필요한 지원을 제공하는 것임을 기억하라.

단호하면서도 부드러운 책임감은 자녀에게 에너지와 격려를 제공하는 동시에 관계 안에서 모두의 건강을 계속 증진한다. 여기에 상호 독립적인 관계의 강점이 있다. 만일 부모가 두려움, 수치, 또는 죄책감을 통해 자녀에게 동기 부여를 하려고 한다면 자녀는 부모로부터 벗어나 다른 곳에서 격려를 찾게 된다.

건강하지 않은 책임감과 건강한 책임감

진전 격려하기를 결론으로 이끌어 가면서 건강하지 못한 책임감과 건강한 책임감의 차이를 설명하겠다. 두 가지 대화를 살펴보자. 첫 번째 대화는 건강하지 못한 책임감이 자녀를 얼마나 좌절시킬 수 있는지를 보여 준다. 그리고 두 번째 대화는 건강

> "책임감은 잘못된 행동에 대해 처벌하거나, 자녀가 실패했을 때 수치심이나 죄책감을 느끼게 만드는 것이 아니다."

한 책임감이 어떻게 진전을 격려하는지를 보여 준다. 이는 관계를 강화하면서 자녀가 목표를 향해 계속 나아가는 데 필요한 감정적 힘을 준다.

배경

다음 대화를 보자. 성적이 향상되기를 바라는 한 아이가 있다. 이 성장 문제를 코칭하기 위해 아빠의 허락을 구했다. 가능성 탐색과 욕구 파악 후 매일 한 시간씩 집에서 공부하는 시간을 늘리고 즉시 시작했다. 이 약속은 명백하고 아빠와 아들 모두 다음에 해야 할 행동을 정확히 알고 있기 때문에 책임을 허용하기가 간단하다.

사례 1: 건강하지 못한 책임감
다음 대화에서 아빠가 어떻게 아들의 책임감을 유지하는지 살펴보라. 아이의 마음속에 무슨 일이 일어나고 있을지 생각해 보자.

- 자녀는 목표를 향해 계속 나아가는 데 자극을 받게 될 것인가?
- 이러한 대화가 부모와 자녀의 관계에서 어떤 역할을 할 것이라고 예상하는가?
- 자녀는 이 책임 관계가 계속되기를 바랄 것인가?

건강하지 못한 책임감에 관한 대화	관찰
"저번에 네 숙제에 대해 얘기했을 때 너는 더 잘하고 싶다고 말했지. 어떻게 되어 가니?" *"좋았어요. 제 말은 숙제는 숙제라는 거예요. 그렇죠? 하지만 괜찮았어요."* *"숙제하는 데 어려움이 있었니?"* *"음…… 아니요, 괜찮았어요. 더 잘할 수 있었을 것 같*	건강한 책임감과 성취한 것에 대해 진정으로 이해하기에는 너무 일반적인 질문이다. 아빠는 아이의 진전에 대한 정보를 얻지 못해 어려움에 부정적인 초점을 맞추어 다시 묻는다.

아요. 다른 과목보다 어려운 과목도 있지만 전반적으로 괜찮았어요."

"숙제하는 데 한 시간이 걸린 적이 얼마나 되니?"

"매주 두세 번이요."

"그래서 매일 저녁 한 시간씩 하는 게 목표였는데 학교 가는 5일 저녁 중 두세 번 그렇게 했다는 거구나. 실제로 빠진 날이 얼마나 많은지 말해 줄 수 있니? 두세 번이니?"

"네, 세 번이에요."

"응, 그렇구나. 그럼 3일 저녁을 못했네. 그건 네가 한 날보다 더 많은데! 목표로 정한 첫 번째 달의 50% 목표도 달성하지 못한다면 어떻게 도달할 수 있겠니?"

"하지만 아빠, 저는 그게 어렵더라고요. 저도 하기는 했어요."

"얘야, 생각 좀 해 봐. 간신히 50%를 넘기고 네 목표에 거의 도달하지도 못했어. 살면서 성공하려면 그 진전이 겨우 하나의 단계일 뿐이라는 걸 지금 깨달아야 해. 어떻게 하면 목표를 달성할 수 있겠니?"

"아빠, 제발요. 그건 그냥 숙제일 뿐이에요. 저는 그 숙제나 다른 어떤 것에도 실패한 게 아니에요. 제 전체 점수가 약간 올라가길 바랄 뿐인걸요. 스트레스 주지 마세요!"

"알고 있니? 나는 그냥 이 전체 상황에 대해 네가 심각하게 여기지 않는다는 생각이 들었을 뿐이다. 내가 왜 너를 도우려고 애쓰는지 모르겠다. 너는 뭔가를 할 거라고 하면서도 아무것도 하지 않지. 이건 우리 둘 다 시간 낭비야."

"아빠, 그거 아세요? 아빠는 지금처럼 항상 저한테 버럭 화를 내세요. 아빠는 한 번도 만족한 적이 없어요."

아빠는 질문 형태로 원래 목표를 다시 언급하여 자신이 필요로 하는 정보를 얻으려고 노력한다. 여기서 초점은 아이가 목표 달성에 실패했다는 것이다.

아빠는 얼마나 많이 못했는지를 강조하고 경멸적인 질문을 한다.

아빠는 정말 일어나고 있는 것을 이해할 수 있도록 연결하고 질문하며 듣는 데 실패했다. 그는 지금 아이와 단절되어 훈계를 시작한다.

대화는 아빠와 아이의 사이가 멀어지는 비난으로 흘러갔다.

- 부모와 자녀의 관계에서 이런 대화는 어떤 역할은 하는가?
- 아이의 진전을 격려하고 앞으로 나아가려는 욕구를 강화했는가?
- 대화 중 어떤 말이 이런 결론을 도출하게 했는가?
- 자녀가 책임 관계를 지속하고 싶어 한다고 생각되는가?
- 어떻게 그러한 결론에 이르게 되었는가?

사례 2: 건강한 책임감

다음 코칭 대화를 관찰하고 아빠가 책임감에 접근하는 방식의 차이를 살펴보자.

- 아빠와 아이의 관계에서 어떤 일이 벌어지고 있다는 것이 느껴지는가?
- 이렇게 생각하도록 이끈 것은 무엇인가?
- 아빠는 어떻게 아이가 전체적인 목표에 계속 초점을 두게 하면서 아이의 진전을 격려하는가?
- 이 책임 관계에서 어떤 장점이 보이는가?

건강한 책임감에 관한 대화	관찰
"지난번에 우리가 네 숙제에 대한 얘기를 했을 때 너는 평일 저녁마다 한 시간씩 숙제를 하는 목표를 정했지. 어떻게 되고 있니? "잘되고 있어요. 한 주에 두세 번 했어요." "잘했네. 몇 번 했지? 두 번? 세 번?" "음, 솔직히 두 번이에요." "그렇다면 한 달 전보다는 두 번 더 한 거로구나. 너는 나아지고 있고 전보다 목표에 더 가까워졌어. 네가 앞으로 나아가고 있다는 걸 알면 어떤 느낌이 드니?"	매우 구체적이며 아이의 주의를 직접 목표로 돌리고 그 목표에 따른 진행 상황에 대해 물어본다. 시작이 직접적이고 긍정적이다. 어떤 진전이든 긍정적이고 좋다는 것을 지지한다. 그런 다음 명료화하여 어떤 진전을 이루었는지 정확히 이해시킨다. 아빠는 아이의 목표와 3일 차이가 난다는 것을 알지만 아이가 이미 성취한 것에 초점을 맞춘다.

"아빠, 사실 저는 아주 기분이 좋아요. 말씀하셨듯이 제가 한 달 전에 한 것보다는 많고 벌써 그 덕을 본다는 것을 알 수 있어요. 아직도 갈 길이 멀지만 제가 성큼성큼 앞으로 나아가고 있다는 게 자랑스러워요."

"대단한 거야. 자, 네 목표를 향한 전체적인 진행을 생각해 보자. 너는 이제 일주일에 두 번 한 시간씩 꾸준히 숙제를 하고 있어. 그런데 네 목표인 다섯 번을 향해 나아갈 때 네 번까지 늘리려면 어떻게 해야 할까?"

"저도 거기에 대해 좀 생각해 봤어요. 숙제 시간을 확보하기 위해 궁리해 봤죠. 일주일에 농구 연습이 두 번 있고 그 이틀 동안 숙제를 못한 거예요. 그날은 학교에서 수업이 없는 남는 시간에 숙제를 할 수도 있고, 아니면 연습 때까지 기다리지 말고 학교에서 집에 오자마자 바로 할 수도 있어요. 농구 연습을 하고 나면 보통 숙제를 하기엔 너무 피곤하니까요."

"너는 정말 잘 알아서 하고 있는 것 같구나. 모두 대단한 가능성이야! 생각나는 게 또 있니?"

"음, 금요일 저녁에 숙제를 한다는 건 마음에 들지 않아요. 일주일 동안 학교에 다녔으니 좀 자유롭게 쉬고 친구들이랑 놀고 싶어요. 지금 생각으론 금요일 저녁 공부 시간을 일요일 저녁으로 옮길 수 있을 것 같아요."

"좋은 생각이야. 다른 건?"

"일주일에 한두 번은 시간을 두 배로 늘릴 수 있어요. 그날은 한 시간이 아니라 두 시간 공부하는 거죠."

"그래, 그것도 가능하겠다. 또 생각나는 게 있니?"

"아뇨, 별로요."

"좋은 생각이고 난 네가 이 문제를 정말 잘 다루고 있다고 생각해. 이 네 가지 아이디어 중에서 네 마음에 드는 걸 얘기해 보렴. 남는 시간에 공부한다, 연습이 있는 날은 학교에서 집에 오자마자 바로 공부한다, 일요일 저녁 또는 며칠은 공부 시간을 두 배로 늘린다,

그럼으로써 아이가 지금까지 이룬 진전에 대해 느끼는 감정을 잘 숙고해 보도록 권한다. 이는 격려의 관점을 불러일으킨다. 아이는 앞으로 나아가는 중이며 이는 축하받을 만한 일이다.

아빠는 아이가 조금 진전한 것을 인정하면서 한 번에 모두 완성하기를 요구하지 않으며 너그러움을 보인다. 동시에 아이의 주의를 원래의 목표로 돌리고 그것을 향해 어떤 단계를 밟을지 물어본다. 아빠는 아이에게 목표 중 일부를 달성했는지 물어보고 점진적으로 그 수를 증가시킨다.

질문하고 경청함으로써 이 대화는 아이가 이미 그것에 대해 생각하고 있었음을 보여 준다. 이는 아빠로 하여금 아이를 긍정하고 그 이상의 가능성을 탐구하게 해 준다.

아빠는 아이가 아이디어를 모두 내놓을 때까지 가능성을 탐구하게 한다.

아빠는 아이의 생각에 대해 긍정해 주고 아이의 욕구 파악하기로 전환한다.

욕구 파악하기: 아이가 목표를 향해 계속 나아갈 때, 아빠는 아이가 공부하는 데 무엇에 의해 가장 동기 부여가 되는지 알고 싶다.

어떤 게 가장 끌리니?"

"솔직히 말하면 저는 남는 시간은 자유롭게 보내고 싶어요. 그래야 수업이 없는 친구들과 놀 수 있어요. 일요일 저녁에는 가족 활동을 할 때가 있으니 그걸 놓치고 싶지는 않아요. 공부 시간을 두 배로 늘리는 건 괜찮아요. 그래서 저는 연습이 있는 날 집에 오자마자 숙제를 하기로 했어요."

"네가 하고 싶은 게 그거니?"

"예."

"좋았어! 네 목표를 향해 나아가면서 다음 주에는 뭘 할 거니?"

"저는 계속 숙제를 할 거고 농구 연습이 있는 날에는 꼭 완성할 수 있도록 학교에서 집에 오자마자 숙제를 할 거예요."

"대단한걸! 이런 식으로 학교 공부가 나아지도록 애쓰고 약속하다니 고맙구나. 이것에 대한 너의 책임을 내가 계속 체크해 주기를 바라니?"

"네, 그렇게 해 주세요. 다음 주에 다시 물어봐 주세요."

"물론이지! 나는 네 진전 상황을 보는 게 좋은걸. 네가 신나는 만큼 나도 신나게 만들어 주는 것 같구나!"

이 단계는 흥미로운 사실을 보여 준다. 아이가 가능성을 평가함으로써 아빠는 아이가 가장 좋아하는 가능성을 알게 된다. 이렇게 해서 아빠는 원점으로 돌아가 아이가 가장 해 보고 싶어 하는 것에 대한 전념을 확보한다.

아빠는 전념하고 아이에게 무엇을 할 것인지 구체적으로 이야기해 달라고 한다.

아빠가 아들을 격려함으로써 아들은 성장 지지를 허용하는 후속 조치를 요청한다.

깊이 생각하기

- 부모와 자녀의 관계에서 이런 대화는 어떤 역할은 하는가?
- 이 대화 전체에 걸쳐 구체적으로 아빠는 어떻게 아이를 격려하는가?
- 아이의 진전을 격려하고 앞으로 나아가려는 욕구를 강화했는가?
- 대화 중 어떤 말이 이런 결론을 도출하게 했는가?
- 당신이 자녀와 함께 이런 식으로 책임감에 접근한다면 당신 자신의 인생에는 어떤 변화가 있겠는가?

두 가지 접근법에 대한 평가

첫 번째 대화에서 아빠는 잘못된 모든 것에 초점을 맞추었다. 아이는 목표를 이루지 못했고 아빠는 이 상황에서 아량을 보여 주지 않았다. 아빠는 목표에 대해 스스로 책임을 느껴 죄책감을 사용하여 아이의 순응을 얻으려는 것처럼 보인다. 하지만 이는 아이를 멀리 쫓아 낼 뿐이었고 아이가 앞으로 나아가지 못하게 좌절시켰다. 대화는 급속도로 악화되어 아빠와 아들 모두 냉소적이 되고 서로에게 상처 주는 말을 했다. 이런 관계를 건강하게 회복하고 아들이 아빠와 책임감 관계를 다시 맺으려면 얼마간의 시간과 의도적인 노력이 필요하다. 균형은 부모의 손에 달려 있다. 부모는 자녀의 성장을 지원하고 격려할 수도 있으며, 변화를 이야기하고 요구하게 바꿀 수도 있다. 대체로 자녀의 반응은 부모가 자녀에게 어떻게 접근하는가에 좌우된다.

두 번째 대화에서는 아빠가 아이의 성장에 대한 초점을 유지하고 매우 구체적인 추적 질문을 했다. 그러한 질문은 그가 설정한 목표를 바탕으로 매우 직접적이고 간단명료하며 효과적으로 아이가 어떤 상황에 있는지 이해할 수 있게 해준다. 또한 아빠는 진전을 이룬 것에 대해 이야기하고 성장이 일어날 기대를 나타내며 긍정에 초점을 맞추었다. 아이가 중간 지점에도 도달하지 않았지만, 아빠는 이것을 올바른 방향의 한 단계로 인식하고 축하하기로 하며 더 나아가 아이에게 상기시킨다.

이는 우리의 아량을 보여 주는 좋은 그림이지만 우리는 여전히 기준을 고수한다. 아빠는 부분적 진보를 올바른 방향의 한 단계로 받아 주는 한편 원래 목표가 무엇인지 재확인하고, 아들이 이제는 목표를 향해 어떻게 나아가야 하는지 고려하게 하면서 기준을 유지한다. 부모 코치의 초점은 더 큰 그림에 남아 있고, 이는 부모로 하여금 자녀가 성장하면서 내딛는 작은 발자국을 인식할 수 있게 도와준다. 자녀가 처음부터 목표에 도달할 필요는 없다. 사실 성장은 시간과 장기적인 전념이 특징이지 즉각적인 결과가 특징은 아니다.

전반적으로 아들은 계속 전진하려는 새로운 약속에 의해 특징지어진 성장성을 통해 격려 받는다. 아빠는 아들을 지원하고 격려하도록 준비해야 하기 때문에 이 여정에 초대받는데, 이는 부모가 지닌 가장 위대한 특권이다.

- 자녀에 대한 건전한 책임감 구조의 제공을 고려할 때, 이는 자녀의 성장에 추가적으로 어떤 영향을 미치는가?
- 성장의 어떤 영역에서 자녀에게 책임감에 관한 질문을 할 수 있겠는가?

당신이 자녀에게 주는 책임감을 평가할 때, 건전한 책임감을 주는지 그렇지 않은지를 결정하는 데 도움이 되는 질문이 두 가지 있다.
a. 그것은 목표를 완수하기 위해 나아갈 힘이 되는가?
b. 자녀는 그것을 계속 원하는가?

- 오늘 당신과 자녀는 이러한 질문에 어떻게 답하겠는가?
- 그것은 책임에 대한 건전한 접근법을 향해 나아갈 수 있는가?
- 당신은 무엇을 할 것인가?

진전 격려하기에는 자녀가 어디에 있는지를 이해하고, 어디로 가고자 하는지 알며, 목표를 달성하는 데 필요한 지원을 제공하는 것이 포함된다. 진전 격려하기는 목표를 향한 움직임과

> "인생에서 가장 중요한 것은
> 우리가 무엇을 할 수 있는지
> 알도록 영감을 주는
> 누군가이다."
> —랠프 월도 에머슨

건강한 성장을 위해 자녀에게 필요한 지원, 격려, 책임을 제공하게 될 것이다. 이 진전에 참여하는 부모 코치는 자녀에게 권리를 부여하고 자녀의 꿈을 실현하는 데 도움이 되는 환경을 만들 것이다. 더 나아가 연결을 유지하는 지지적인 관계를 촉진하고 자녀와의 풍부한 관계를 즐기며 책임감을 키워 주는 데에서 오는 기쁨을 즐기게 될 것이다.

결론

몇 가지 마지막 말

『아이의 마음을 사로잡는 성공적인 부모 코칭』은 책임과 변화에 관한 것이다. 흥미롭게도 초점은 자녀의 성장과 변화에 달려 있다. 부모의 기본 책무는 자녀의 성장에 가장 잘 맞는 방식으로 자녀에게 접근하고 상호작용하는 방법을 바꾸는 것이다. 그렇게 함으로써 아이의 삶에서 관계와 성장(변화)을 지원한다. 성공적인 부모 코칭의 기술과 훈련, 마음을 계속 훈련함으로써 당신은 자연스럽게 '코칭을 하는 것'에서 '코치가 되는 것'으로 바뀔 것이고, 이 방법으로 자녀를 임파워링하는 것이 제2의 천성이 될 것이다.

아이를 위한 최고의 코치는 부모라는 것이 나의 깊은 신념이다. 그것은 당신과 나를 뜻한다. 하나님께서 우리를 보살피듯이 아이에게 부모는 최고의 코치이다. 하나님은 부모에게 아이가 인생에 대해 준비하고 투자하는 것에 믿을 수 있는 특권을 부여하시며, 이 역할을 가장 잘할 수 있는 사람은 부모이다. 부모로서 우리는 아이를 잘 알아 가고 어떻게 성장할 것인지에 대한 충분한 시간과 기회, 지식이 있으며, 그러한 이해를 통해 지지하는 관계를 형성하고 더 나아가 미래에 아이의 성장에 도움이 될 수 있다. 이는 큰 소명 의식이 따르는 매우 숭고한 임무인 동시에 큰 동기가 된다. 단지 우리의 아이만 키운다는 의미에서 볼 것이 아니라 더 멀리 아이의 후손까지 키운다고 생각하면 매우 가치 있는 일로 여겨질 것이다. 이 책을 통해 하나님의 축복 속에서 평생 지속되는 건강하고 풍요로운 관계를 형성하길 바란다.

성공적인 부모 코칭 모델

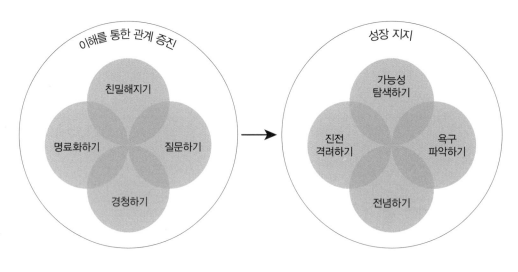

친애하는 독자에게

이 책을 통해 독자가 아이의 마음을 사로잡는 것이 어려우면서도 값진 일임을 깨닫게 되기를 바랍니다. 우리는 독자가 이 책을 읽으면서 겪은 부모 코칭 경험이나 느낀 점이 무엇인지 듣고 싶습니다. www.pro-activeparentcoaching.com에 방문하여 경험과 이야기를 올려 주시길 바랍니다.

이 책에 대한 피드백도 환영합니다. 앞으로 부모 코칭 자료를 만들거나 저서를 집필할 때 피드백을 참고하려 합니다.

시간을 내어 다음 질문에 답해 주신다면 매우 감사하겠습니다.
1. 이 책을 읽고 가장 큰 영향을 받은 것은 무엇입니까?
2. 이 책에서 가장 마음에 와 닿아 유용하게 쓸 수 있을 것이라고 생각하는 부분은 무엇입니까?
3. 이 책의 내용 외에 부모 교육의 주제로 다루었으면 좋겠다고 생각하는 것은 무엇입니까?
4. 이 책을 읽고 다짐하게 된 점이나 자기 자신과 한 약속이 있다면 무엇입니까?
5. 그 밖의 피드백

www.pro-activeparentcoaching.com에서 'feedback'을 클릭하고 의견을 작성하거나 페이스북의 'Pro-Active Parent Coaching: Capturing the Heart of Your Child'에도 의견을 남기실 수 있습니다. 부모 코칭의 자료로 사용해도 되는지 허락 여부도 기재해 주시면 감사하겠습니다.

성공적인 부모 코칭 기술을 계속 배우고 싶다면 원격 강의나 웹사이트의 자료를 참고하시길 바랍니다.

이 책을 통해 성공적인 부모 코칭을 잘 탐구하고 자녀와 좋은 관계를 형성하길 바랍니다.

―부모 코치 그레그

아이의 마음을 사로잡는
성공적인 부모 코칭

초판 인쇄 2018년 4월 1일
초판 발행 2018년 4월 5일

지은이 그레고리 블랜드
옮긴이 이소희·도미향·김응자
펴낸이 박찬후
편집 박민정
디자인 김은정

펴낸곳 북허브
등록일 2008. 9. 1.

주소 서울시 구로구 구로중앙로 27다길 16
전화 02-3281-2778
팩스 02-3281-2768
이메일 book_herb@naver.com
카페 http://cafe.naver.com/book_herb

* 잘못된 책은 구입하신 서점에서 바꾸어 드립니다.

값 15,000원
ISBN 978-89-94938-43-1(03370)